커피 | Coffee Understanding
이해

한미영 지음

고양커피 BOOKS

일러두기

1. 이 책에 나오는 여러 가지 수치는 나의 개인적인 주관적 관점이 있음을 인정합니다.
2. 커피 향미에 대한 표현은 나의 개인적인 관점임을 인정합니다.
3. 이 책의 성분 수치는 개략적인 것으로 특정 샘플 연구를 통한 수치와 다를 수 있습니다.

커피 이해 | Coffee Understanding

이 책을 펴내면서

한국 사람들이 가장 좋아하는 커피.
달콤한 인스턴트 커피, 깔끔하고 향기로운 핸드드립 커피, 깊고 진한 아메리카노... 우리는 매일 커피를 마신다. 나에게 즐거움과 에너지를 주고 편안한 만남을 도와주는 선물이다. 커피 분야의 일을 시작한 지도 10년이 훌쩍 넘었다. 2022년 추운 겨울날 지인과 식사를 하면서 '커피 책을 쓰고 싶다'라는 말을 지나가듯 했다. 그 순간부터 커피 이야기를 하고 싶은 마음이 점점 커지는 것을 느꼈다.

2007년 5월, 이탈리아 커피 유통 회사에서 4년을 근무한 남편은 그 동안 쌓은 경험을 기반으로 커피 회사를 시작하였다. 서울 코엑스몰에 위치한 테이크아웃 커피 전문점 운영, 이탈리아 원두 유통 그리고 커피 교육 사업을 하였다. 2008년 평생교육시설과 제휴하여 고양커피교육센터를 설립하고 기업 및 단체 대상으로 커피 수업을 진행하였다. 이때부터 원두 구매, 교육 자료 준비, 회계 처리 등 회사 업무를 하며 나의 커피 이야기는 시작된다. 2011년 고양시 교육지원청에서 평생교육시설 인가를 받아 지금의 고양커피학원이 되었고 2012년 고용노동부 HRD 직업훈련시설로 승인되어 커피직무훈련프로그램을 운영하고 있다. 그 당시 커피 교육은 불모지와 같았고 우리가 가는 방향이 곧 길이 되었다. 바리스타 학원이 아닌 커피학원이라는 단어에서 알 수 있듯이 고양커피학원 교육은 커피 본연의 향미에 바탕을 두고 바리스타를 키우는 것에 초점을 맞추고 있다.

이 책은 완벽한 커피를 목표로 하고 있다. 이 목표에 도달하기 위해서는 커피 이론, 추출 기술 그리고 바리스타의 노력이 필요하다. 좋은 바리스타가 되는 여정이 힘들어도 누군가는 시작할 것이고, 그 누군가에게 도움이 되었으면 좋겠다. 진심을 다해 내린 커피로 행복을 나누는 이들이 우리 주변에 많아졌으면 한다. 이 바람으로 이 책을 쓰고 있다. 비록 나의 지식은 크지 않지만 커피를 좋아하고 전문성을 갖고자 노력하는 분들과 나누고 싶다.

부족한 지식과 역량으로 시작한 강사로부터 커피 수업을 받았던 수강생들에게 감사를 드린다. 그리고 커피에 대해 함께 치열하게 고민했던 동료들과 나를 이끌어 주며 함께 했던 장제현님께 고마움을 전한다.

2023년 12월 28일
글쓴이 한미영

Contents

Prologue	4	이 책을 펴내면서
	10	Prologue
1. 좋은 생두	14	생두를 공부하는 이유
	18	커피 나무의 시작
	28	커피의 전파
	36	다양한 커피 품종
	45	커피 농사
	50	커피 가공
	60	커피 도정
	72	커피 원산지
	88	좋은 생두 기준
2. 좋은 원두	92	좋은 원두의 조건
	98	커피 로스팅 방법

102	커피 로스팅 구간
116	커피 향미 종류
126	원두 숙성

3. 커피 성분

136	생두 성분의 이해
141	생두 성분의 종류
152	피토케미컬
158	맛있는 커피 성분

4. 커피 추출

172	커피 추출의 시작
176	향과 맛의 자각
183	커피 향미 관능 평가
196	커피 추출 수율
204	추출 수율에 따른 향미 변화
210	커피 추출 기준

5. 완벽한 에스프레소	226	에스프레소 의미
	236	에스프레소 머신 구조
	248	에스프레소 머신 시스템
	272	추출 수율과 투과 속도
	281	에스프레소 추출 기준
	290	에스프레소 추출 환경
	295	에스프레소 추출 단계
6. 완벽한 핸드드립	314	핸드드립 추출의 시작
	324	난류와 드리퍼
	347	추출 원칙과 추출 구간
	363	핸드드립 추출 기준
	374	핸드드립 추출 환경
	377	핸드드립 추출 단계

7. 맛있는 커피

390	원두 선택 기준
395	메뉴 구성
402	원두 가격
406	고객 만족

Supplement

412	나의 커피 이야기

Prologue

바리스타 Barista 는 이탈리아어로 바 Bar + 사람 ista 으로 '바에 있는 사람'을 뜻하는 단어이다. 영어로 차용되어 전 세계에서 보편적으로 사용되고 있다. 단어에서 알 수 있듯이 처음부터 커피를 만드는 사람은 아니었다. 단지 바에서 도움을 주던 바리스타가 커피 추출 업무의 중요성이 커지면서 전문직으로 변한 것이다. 한국에서도 커피를 비롯한 마실 음료를 만드는 일은 존중받지 못하는 직업 중 하나였지만 2000년 전후 에스프레소 문화가 한국에 들어오고 커피 추출에 대한 전문성이 중요해졌다. 바리스타에 대한 인식이 좋아졌고 지금은 많은 사람들이 직업으로 선택하고 있다.

바리스타는 레시피에 맞게 정확하고 빠르게 음료를 제조하는 업무, 고객을 응대하는 업무, 매장을 관리하는 업무, 맛있는 커피 향미를 위해 추출 환경을 만드는 업무 등을 한다. 하지만 인건비 증가와 기술의 발달로 자동화와 로봇화 방향으로 전환되고 업무 환경이 변하고 있다. 특히 한국은 인구 감소를 넘어 소멸이라는 용어를 쓸 정도로 노동 환경이 급속하게 변하고 있고 그 속도가 더욱 가속화될 것은 자명하다. 저임금의 단순 업무를 하는 노동력을 구하는 것이 점점 힘들어지고 있다. 외식산업 생태계가 변곡점을 지나고 있다.

이제부터 창의적인 바리스타로 나아갈 때이다. 커피 향미를 사랑하는 바리스타, 맛있는 음료를 개발하는 바리스타, 아름답게 표현할 수 있는 바리스타처럼 특별함이 필요하다. 본인만의 재능을 살리고 차별화될 수 있도록 노력하는 것이 성공하는 바리스타의 길이 아닐까 싶다. 또한, 고객과 소통이 중요하다. 소통을 잘하기 위해서는 다름을 인정하는 태도가 바탕이 되어야 한다. 고객은 각자 취향을 가지고 있고 바리스타는 고객을 만족시킬 의무가 있다. 다름을 비판하지 말고 고객 소리를 듣는 것이 먼저이다.

시간이 흐르고 문화가 변화면 추구하는 맛의 기준도 바뀐다. 이 변화를 인지하고 항상 새로운 것을 공부하면서 발전해 나아가는 바리스타들이 많아지길 바란다.

좋은 생두

Green Bean

농부의 정성과 더 나음을 위한 노력으로 탄생한 지구의 선물

생두를 공부하는 이유

땅에서 시작한 작은 열매가 마시는 커피로 만들어지기까지 많은 여정을 거친다. 바리스타는 마지막 여정의 주인공이다. '맛있는 커피를 완성하기 위해 향미가 시작되는 근원을 알아야 하는가?' 라는 질문에 각자의 답은 다르다. 근원에 대한 중요성을 알고 커피 공부를 다짐해도 너무 방대한 정보들에 겁부터 나고 낯선 용어들로 나열된 정보들은 실무와 동떨어진 것처럼 보이기도 한다. 커피 역사부터 시작해 계속 이어지는 이론들로 지겨움을 느끼면 중간에 포기하기도 한다. 이런 어려움 속에서도 커피 공부가 필요한 이유는 있다. 커피 향미에 대한 이해가 깊어질수록 커피를 추출하는 기술이 좋아지기 때문이다.

커피 역사 공부는 왜 하는가?

지금 존재하는 커피 세계는 과거 어느 시점, 어느 공간에서 시작되었다. 그리고 역사라는 큰 흐름을 따라 어딘가에서 작은 물줄기로 흐르고 있다. 시간과 공간의 역사적 흐름은 현재의 커피를 만들고 미래로 나아간다. 커피 역사를 이해하는 것만으로 바리스타로서 서 있는 지금의 위치와 바라보고 있는 방향을 알 수 있다.

좋은 생두 Green Bean 란 무엇인가?

좋은 생두를 구분하는 기준은 커피 향미이다. 녹색 생두를 볶아 뜨거운 물로 내리면 향기로운 커피가 탄생한다. 그러나 향미의 좋고 나쁨을 구별하고 충분함과 부족함을 구분하는 것은 쉽지 않다. 커피의 시작인 생두의 이해가 중요하다.

농부의 손 위에 있는 녹색의 커피 열매

직업별 커피 생두의 이해

커피와 관련된 직업은 광범위하다. 커피 재배부터 음료 제조까지 전 세계에 걸쳐 다양한 분야의 사람들이 맛있는 커피 향미를 만들기 위해 노력한다. 하지만 커피를 생산하는 국가와 소비하는 국가 사이에는 향미를 선택하는 기준에 차이가 있다. 농부는 절대적인 품질이 중요하고, 바리스타는 고객이 좋아하는 커피 향미가 중요하다. 커피 로스터는 향미에 대한 철학을 바탕으로 생두를 선택한다. 각자 바라보는 시각 차이로 커피 향미 선택에 주관적 식견이 영향을 미친다. 그럼에도 농산물의 절대적인 품질이 커피 향미의 좋고 나쁨을 판단하는 객관적 기준이라는 사실은 변하지 않는다.

커피를 소비하는 국가에서 대표적인 관련 직업은 커퍼, 로스터, 바리스타이다. 효율적인 자기 개발을 위해 직업별로 주요 업무를 파악하고 커피 공부를 시작하는 것이 좋다.

첫 번째 : 커퍼 Cupper

생두에 내포된 커피 향미를 기준으로 객관적 품질을 평가하는 사람이 커퍼이다. 국제 무역부터 국내 유통까지 생두를 구매하거나 판매하는 분야에서 일을 한다. 예를 들어 무역 회사에서 생두를 구매한다면 결정에 앞서 품질을 확인하는 절차가 있다. 생두 샘플을 로스팅한 후 분쇄한 원두에 뜨거운 물을 부어 커피 향미를 분석한다. 이것이 커핑 Cupping 이다. 커퍼의 주요 업무인 커핑을 잘하려면 지역별 자연환경 및 지리적 특성, 재배 품종 및 향미 특성 등 세부 사항을 아는 것이 먼저이다. 그리고 커핑을 통해 향미 품질을 분석한다. 이 과정이 정확할수록 시장 경쟁력이 있는 생두 구매에 유리하다.

두 번째 : 로스터 Roaster

뜨거운 열을 다루며 생두를 볶는 사람이 로스터이다. 로스팅 과정에서 변하는 향을 구별하고 원하는 향미를 만들어 간다. 원두 구매 고객의 선호도와 연출하고자 하는 커피 향미를 기준으로 생두를 선택한다. 좋은 품질과 합리적인 가격을 모두 충족시키기 위해 원산지별 커피 향미 차이, 좋은 향미 기준, 향미 결점 종류 등 지식을 습득하는 것이 필요하다. 생두는 로스팅 과정에서 생기는 다양한 변수로 향미 변화의 폭이 크다. 그래서 맛있는 커피 한잔을 완성하는데 로스터의 업무 역량이 매우 중요하다. 로스터가 생두에 대한 필요한 지식을 가지고 있는 것만으로도 원하는 커피 향미를 만들 수 있는 토대가 마련된다.

바리스타 손 위에 있는 붉은 커피 열매

세 번째 : 바리스타 Barista

원두 Roasted Bean 향미를 분석하고 커피 음료를 제조하는 사람이 바리스타이다. 고객이 좋아하는 커피 향미를 파악하여 적합한 원두을 선택하고 커피를 추출한다. 수많은 커피 성분 중 맛있는 향미를 추출하는 것은 쉽지 않다. 이 과정에서 원산지, 품종, 가공 방법 등 커피 생두의 기본 정보가 커피 향미를 정확하게 파악하는데 도움을 준다. 또한 커피 추출과 관련된 분야별 지식, 기술 그리고 감각적 인지 능력 향상을 위한 노력이 더해지면 전문가라는 영역에 한 발 더 가까워질 것이다.

커피 나무의 시작

숲속에서 다른 식물들과 조화롭게 자라던 커피나무가 인간의 눈에 처음 발견된 곳이 바로 아프리카 대륙 중동부, 지금의 에티오피아 지역이다. 식물들이 잘 자라는 이유는 단 하나, 자연환경이다. 원형의 지구에 태양광선이 향하는 각도를 말해 주는 위도, 그 위도에 의해 결정되는 일조량, 기온에 절대적으로 영향을 주는 고도, 평균 기온, 토양을 이루는 성분 분포, 그에 따른 영양분 그리고 강수량. 모든 자연 환경이 커피나무 생육에 영향을 준다. 이러한 환경 차이로 지역마다 잘 자라는 종이 다르고 커피 향미에 차이가 발생한다.

커피 나무의 식물학 계통

속씨식물 〉 쌍떡잎식물 〉 용담목 〉 꼭두서니과 Rubiaceae 〉 커피나무속 Coffea

속씨 식물	꽃과 열매가 있는 종자식물로 단단한 씨방이 씨를 보호하고 있는 구조
쌍떡잎식물	씨앗에서 두 장의 잎이 동시에 나오는 식물
용담목	꽃 피는 식물로 주로 전통 의학에서 통증, 불안 등 치료에 사용
꼭두서니과	방선형으로 꽃과 홑잎이 나무줄기 마디마다 마주 보는 형태로 자라며 열대지방과 아열대 지방에 집중적으로 분포

현재 가장 많이 재배되고 있는 커피나무종 Species 은 코페아 아라비카 Coffea Arabica 와 코페아 카네포라 Coffea Canephora 이다. 지속적인 연구로 야생에서 자라는 새로운 종들이 발견되고 있다. 2023년 기준 100종 이상이 보고되어 있으며 코페아 유게노이데스 Coffea Eugenoides, 코페아 안토니 Coffea Anthony 가 대표적인 예이다.

커피 나무와 염색체

커피나무종에서 가장 중요한 식물학적 특징은 염색체 Chromosome 수이다. 인간은 인종이 달라도 정상적인 인체 세포에는 23쌍 46개의 염색체가 존재한다. 커피나무의 염색체 수는 다르다. 아라비카의 염색체가 22쌍 44개이고 카네포라의 염색체가 11쌍 22개이다. 새롭게 알려진 종들 모두 11쌍 22개 염색체를 가지고 있다. 염색체 개수로 보면 아라비카종보다 카네포라종이 지구에서 먼저 발생하였다. 염색체가 22개인 종이 합성하여 44개의 염색체를 가진 종이 만들어진 것이다.

 종의 합성

염색체 22개를 가진 커피나무종이 합쳐져 44개의 새로운 종이 태어난 것을 '종의 합성'이라고 부른다. 이 개념은 한국의 과학자 우장춘 박사가 1935년에 발표한 '배추속 식물에 관한 게놈 분석' 이라는 논문에서 세계 최초로 증명해 냈다. 그 후에 아라비카 커피의 염색체 수 차이가 이 현상임을 알게 된 것이다. 참고로 2014년 로부스타 품종의 게놈 해독이 완성되었다.

코페아 아라비카

발견과 자연환경

코페아 아라비카는 커피의 첫 발견 역사에 기록된 종으로 아프리카 대륙 사하라 사막 이남 동북부 지금의 에티오피아 서쪽에서 6세기경 처음 발견되었다. 향미가 뛰어난 아라비카는 에티오피아 중부에서 남부를 거쳐 케냐, 탄자니아 북쪽에 이르기까지 잘 자란다. 아라비카종이 잘 자라는 지역은 위도 5~10° 사이, 풍부한 일조량, 1500m 이상 고도, 10~20℃ 사이 기온, 연평균 1500~2500mm 사이 풍부한 강수량으로 연중 쾌적한 아열대 기후에 속해 있다. 또한 배수성이 좋고 비옥하여 식물이 자라기에 적합한 토질을 가지고 있다.

품종 특성

에티오피아 숲에서는 야생 커피콩들이 변이를 일으키며 헤아릴 수 없을 정도로 다양한 품종들이 자라고 있다. 아라비카종이 중남미와 아시아 대륙 각지로 전파되면서 현지 자연환경에 적합하게 번이되거나 교배되어 새로운 품종들이 자연적으로 발생한다. 야생 숲이 파괴되면서 자연 발생은 감소하고 있지만 품종 개발을 향한 도전은 계속되고 있다. 병충해에 강하며 생산성이 높은 인공 교배종이 만들어지고 원산지 또는 농장에 적합한 품종을 찾기 위한 연구도 활발하다. 아라비카종에 속해 있는 품종 종류가 많아 일반적으로 아라비카 Arabica 라고 한다.

아라비카종 나무는 5~10m 정도까지 자라며 뿌리가 깊다. 깊은 뿌리로 토양 깊숙이 있는 물을 빨아들일 수 있어 강수량이 많지 않아도 잘 자란다. 지질(지방) 성분은 15~17%로 로부스타종보다 많이 함유되어 있고, 다채로운 과일의 산미와 고소하고 부드러운 향미가 특징이다. 병충해에 약하여 재배하기 까다롭지만 좋은 품질로 가격이 높게 책정된다.

코페아 카네포라

발견과 자연환경

코페아 카네포라종은 아프리카 대륙 사하라 사막 이남 중서부 일대에서 자생하는 커피나무이다. 1869년 잎 녹병으로 실론 (현 스리랑카)의 아라비카 커피나무가 대부분 파괴된 후 1900년에 동남아시아로 도입되면서 커피 산업에 중요한 축이 되었다. 카네포라종이 잘 자라는 지역은 위도 5~10° 사이, 풍부한 일조량, 고도 0~700m 사이, 평균 기온 25~30℃ 사이, 강수량 1500~2500mm 사이, 비옥하면서 모래가 섞인 토양이다. 고도가 낮고 다습한 아열대 기후에서 잘 자라며 중서부 아프리카, 아시아의 베트남, 남미의 브라질이 대표적인 산지이다.

품종 특성

카네포라종 나무는 8~10m 정도까지 자라며 뿌리가 깊지 않아 가뭄에 약한 편이다. 그래서 강수량이 풍부한 지역에서 잘 자란다. 아라비카 종에 비해 관리하기 쉽고 카페인이 많아 병충해에도 강하다. 지질(지방) 성분은 10~12%로 아라비카에 비해 함유 비율이 작다. 과일의 산미가 적으며 쓴맛과 구수한 향미가 특징이다. 카네포라종은 그 향미가 단순하여 저렴한 가격으로 유통되고, 품종 개량은 아라비카종만큼 활발하지 않다. 일반적으로 대표 품종인 로부스타 Robusta 라고 통칭하여 부른다.

커피 나무의 식물학 분류와 특성

분 류	꼭두서니과 코페아속			
원 산 지	아프리카 사하라 사막 이남			
	에티오피아	중서부	중서부	동부 고지대
커피나무 종	아라비카	카네포라	리베리카	유게니오이데스
염 색 체 수	44개	22개	22개	22개
품 종	다양	로부스타 외	리베리카	유게니오이데스
생 산 량	약 65%	약 34%	약 1%	
최적 고도 m	1000 ~ 2000	0 ~ 700	0 ~ 900	1000 ~ 2000
연평균 기 ℃	15 ~ 24	25 ~ 30	25 ~ 30	15 ~ 24
강수량 mm	1500 ~ 2000	2000 ~ 3000	2000 ~ 3000	2000 전후
병 충 해	취약	강함	다소 취약	취약
카페인/100g	0.6 ~ 1.7g	1.5 ~ 3.3g	0.5 ~ 1.8g	0.3 ~ 0.6g
익 는 기 간	6 ~ 9개월	9 ~ 11개월	10 ~ 12개월	
향 미 특 징	과일의 산미	곡물의 달콤함	강한 쓴 맛	부드러움

노란색 열매가 열린 커피나무

커피 나무의 성장

커피 씨앗에 싹이 튼 후 3~4년이 지나 커피 나무 키가 1m 이상 자라면 꽃이 피기 시작한다. 첫 꽃은 눈으로 셀 수 있을 정도로 개수가 적다. 첫 꽃이 피고 1~2년 더 성장하면 줄기가 단단해지고 나뭇가지 마디마디에 꽃이 핀다. 이때부터 수확량이 증가한다. 커피나무는 최대 10~15m 정도까지 자라는 키가 큰 교목으로 50년 이상 길게는 80년까지 생존한다. 하지만 커피 농장에서는 수확이 편리하도록 매년 가지치기를 하기 때문에 키가 작은 관목처럼 보인다. 또한 생산성이 확보되는 20~30년 정도 자란 후 새로운 나무로 교체된다.

우기가 지나 건기에 개화를 시작하고 열매를 맺어 1년에 한 번 수확하는 것이 일반적이다. 일부 지역에서는 1년에 두 번 꽃이 피고 열매을 맺기도 한다. 하얀색인 커피 꽃은 잎과 가지가 만나는 마디에서 피어나고 수분(수술의 꽃가루가 암술에 붙는 현상)이 이루어져 녹색의 열매가 맺는다. 아라비카종은 자가수분이 가능하고 카네포라종은 벌이나 바람 등의 도움이 필요한 타가수분을 한다. 참고로 식물은 기본적으로 자가수분을 회피하는 구조를 가지고 있다. 유전적 다양성을 줄이는 결과를 낳기 때문이다.

 꿀벌과 커피나무

곤충학 박사인 데이비드 루빅 David Roubik 은 1979년 파나마의 열대 연구소 스미스소니언 Smithsonian 에 합류하여 아프리카 꿀벌이 브라질 북쪽으로 퍼질 때 미치는 영향을 연구하기 시작하였다. 20년 이상의 연구로 꿀벌에 의한 타가수분이 아라비카 커피의 생산성을 50%까지 개선할 수 있다는 것을 증명하였다.

나뭇가지 마디에 활짝 핀 커피 꽃

커피 체리 구조

외과피와 과육

점액질과 파치먼트

　녹색의 열매를 맺고 알맞게 익기까지 아라비카는 6~9개월, 카네포라는 9~11개월이 소요된다. 보통 붉은색으로 익으며 품종별로 노랑과 주황색 열매도 있다. 이 열매가 커피 체리 Coffee Cherry 이다. 커피 체리는 외피(껍질) 5%, 과육 40%, 점액질 10%, 씨앗 30%, 기타 15% 로 구성되어 있다. 씨앗이 우리가 마시는 커피의 원재료인 '생두 Green Bean'이다. 위 사진처럼 한쪽은 동그랗고 반대쪽은 평평한 모양인 플랫 빈 Flat Bean 두 개가 서로 마주 보고 있다. 5% 정도 비율로 럭비공처럼 생긴 하나의 씨앗이 발생하는데 이를 피베리 Peaberry 라고 한다. 생두는 체리를 수확 후 가공 과정을 거쳐 건조식품으로 유통된다.

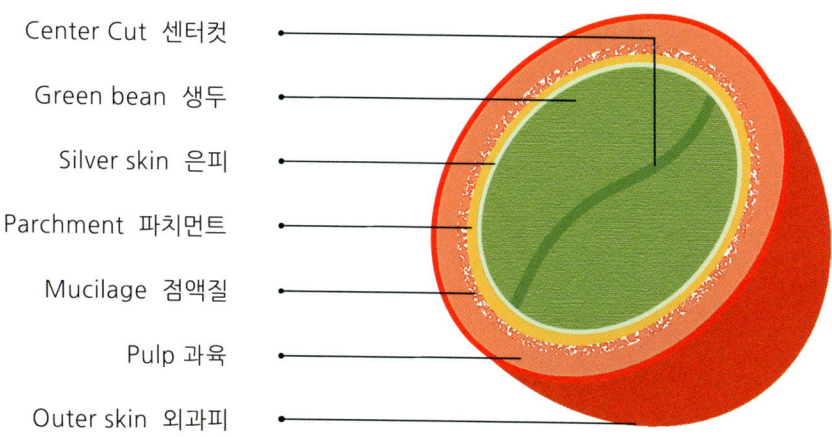

- Center Cut 센터컷
- Green bean 생두
- Silver skin 은피
- Parchment 파치먼트
- Mucilage 점액질
- Pulp 과육
- Outer skin 외과피

체리 내부 구조

외과피	외부로부터 과일 종자를 보호하기 위해 가장 바깥쪽에 있는 껍질
과 육	약한 단맛으로 약 2mm 두께로 약한 먹기에는 너무 적은 양
점액질	파치먼트 표면에 끈적하게 붙어 있는 펙틴 성분이 많은 과육
파치먼트	씨앗을 보호하는 단단한 속 껍질로 얇아 손으로 부술 수 있음
은 피	씨앗을 보호하는 얇은 막
생 두	녹색 씨앗으로 식물체가 되는 배와 필요한 양분을 저장한 배젖으로 구성
센터컷	생두 중앙에 갈라진 틈. 품종에 따라 일자컷, S컷 등 다양한 형태가 있음

커피의 전파

커피의 시작

아비시니아 (에티오피아 옛 지명)에서 염소에게 풀을 뜯기고 있던 목동 칼디는 염소들이 특정한 붉은 열매를 먹은 후 기분이 좋아지고 활발하게 움직이는 것을 발견하였다. 그 붉은 열매 즉 커피 체리를 먹은 칼디 또한 기분이 좋아지고 힘이 생기는 효과를 느끼면서 특별함을 알게 된다. 칼디는 그 지역 이슬람 종교 지도자인 수도원장에게 이 열매를 가지고 갔지만 수도원장은 칼디의 변한 모습에 신의 저주라며 화롯불에 태워 버렸다. 커피 체리는 자연스럽게 커피콩으로 구워졌고 그 향이 수도원 전체로 퍼지게 되어 수도자들이 커피 존재를 알게 되었다. 한 수도자가 화로에 남아 있던 커피콩을 물에 섞어 마셨다. 이 이야기가 커피의 탄생 설화로 서기 6세기경 카파 Kaffa, 지금의 에티오피아 중서부 짐마 Gimma 지역을 배경으로 한다.

 ### 상상 마당

'1000년 어느 날 커피를 마시고 있다' 라고 상상해 보자. 그 당시 커피는 만병통치약이었을 것 같다. 산과 들에서 자라는 풀이 약초라는 이름으로 약의 역할을 하던 때 커피는 고통을 잊게 해주고 기분을 좋게 해주는 귀한 것이었을 것이다. 문헌으로 11세기 페르시아 의사들이 커피를 약으로 삼았다는 기록이 있다. 아마도 커피를 한 번 경험한 사람들이 다시 마시고 싶어하는 마음은 지금의 우리와 같았을 것이다.

이슬람 문화로의 확대

10~11세기부터 에티오피아에서 자라던 커피는 아라비아반도 지금의 예멘 지역으로 전파되었다. 에티오피아를 방문한 무슬림 순례자들이 커피를 경험한 후 예배의 고단함을 덜기 위해 예멘으로 커피를 가지고 돌아갔다. 그들은 커피콩을 골고루 구워서 분쇄한 후 끓여 마셨고 이 음료를 카와 Qahwah 라고 불렀다. 예멘에서 커피 재배가 시작되면서 상업적인 거래도 활발해졌다. 이슬람 문화로 널리 퍼져 세계 최초 커피하우스가 사우디아라비아 남서쪽, 이슬람 성지인 메카에 문을 열었다. 이 시기가 13세기이다. 커피는 이슬람이라는 종교 테두리 안에서 아라비아반도를 거쳐 오스만투르크제국 (현 튀르키예) 이 있는 북동쪽으로 전파되어 카흐베 Kahve 라고 불렸다. 지금도 튀르키예 (전 터키) 에서는 로스팅된 원두를 밀가루처럼 곱게 분쇄하여 물에 끓여 마시는 이브릭 커피가 가장 대중적인 음료이다. 에티오피아 위쪽으로 사하라 사막이 있어 커피가 아프리카에서 유럽으로 직접 전파되는 것은 불가능했다.

커피의 전파 : 이슬람 문화

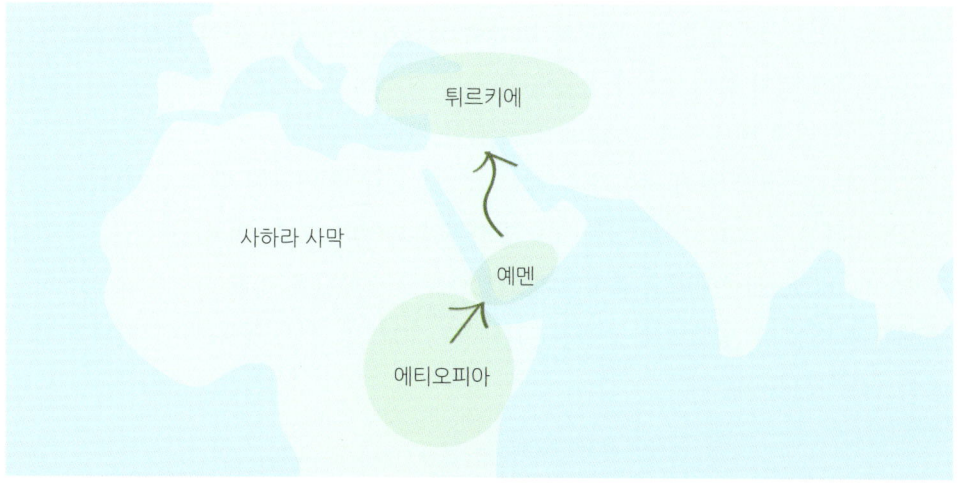

십자군 전쟁

12~13세기에 걸쳐 천주교 교황의 군대가 이슬람 지역에 있는 예루살렘을 탈환하기 위하여 십자군 전쟁을 일으킨다. 전쟁에 참여한 유럽인들은 이슬람 지역에서 새로운 것들을 보고 먹고 경험했을 것이다. 그중에서 커피는 전쟁의 피로를 풀어주고 고통을 덜어주는 귀한 음료로 유럽인들을 사로잡았을 가능성이 크다. 전쟁은 역사의 흐름을 바꾸는 기폭제가 되어 커피의 대륙 간 이동을 가져왔다.

전쟁이 끝나고 유럽인들은 커피를 잊을 수 있었을까?

커피가 유럽으로 퍼지기 시작한 초기, 십자군 전쟁 전부터 약해지던 교황의 힘은 전쟁의 패배로 현저하게 줄어든다. 이슬람의 커피가 탐탁지 않았지만 금지할 수는 없었다. 종교 개혁의 바람이 불며 개신교와 가톨릭이 날을 세워 혼돈이 거듭되는 시기인 1592년에 즉위한 교황 클레멘트 8세는 가톨릭 개혁을 주도하고 이슬람 종교를 품는 도량으로 신망이 높았다. 사탄이 만든 음료라고 불리던 커피에게 세례를 베풀어 허가했다는 전설 같은 이야기가 퍼지면서 커피를 둘러싼 논란은 사라지게 된다.

르네상스와 과학 기술의 발전

십자군 전쟁 이후 유럽은 신의 시대인 중세에서 인간의 시대인 근대로 전환된다. 역사라는 물줄기의 방향을 바꾼 이 변화로 새롭게 만들어진 문화가 르네상스이다. 14~16세기에 걸쳐 르네상스가 유럽을 휩쓸며 각지에서 커피하우스가 문을 열었다. 1645년 이탈리아 베네치아, 1652년 영국 런던, 1669년 파리, 1670년 독일 유럽 전역으로 확대되고 수백 개의 커피하우스가 생겨났다. 이때 영국인 헨리 브렌트 경이 이 음료의 이름을 커피 Coffee 로 붙이며 널리 통용되었다. 또한, 커피하우스를 페니 대학 Penny university 이라고 불렀는데 입장료로 1~2페니를 내면 사람들과 교류하면서 세상을 배울 수 있었기에 붙여진 이름이다. 2023년 기준 영국에서 1페니의 가치는 약 14원 정도이다.

르네상스라는 문화적 전환과 함께 과학 기술이 발전하고 사람들의 생활도 빠르게 변하였다. 특히 동력을 활용한 교통수단이 등장하고 다른 대륙으로 이동이 활발해지면서 커피나무를 잘 자라는 땅에 옮겨 심어 생두 재배에 성공하게 된다.

커피 나무의 이동 : 아시아

아시아는 커피나무가 처음 전파된 대륙이다. 1600년 이슬람 수도승 바바부단 Baba Budan 은 이슬람 지역에서 얻은 커피 종자를 몰래 인도로 가지고 들어와 남부 카나타가에서 커피 나무로 성장시켜 재배에 이른다. 1616년 동인도회사는 인도에서 커피 묘목과 씨앗을 네덜란드로 밀반입하여 암스테르담 식물원에서 증식에 성공한

커피의 전파 : 유럽과 아시아 대륙

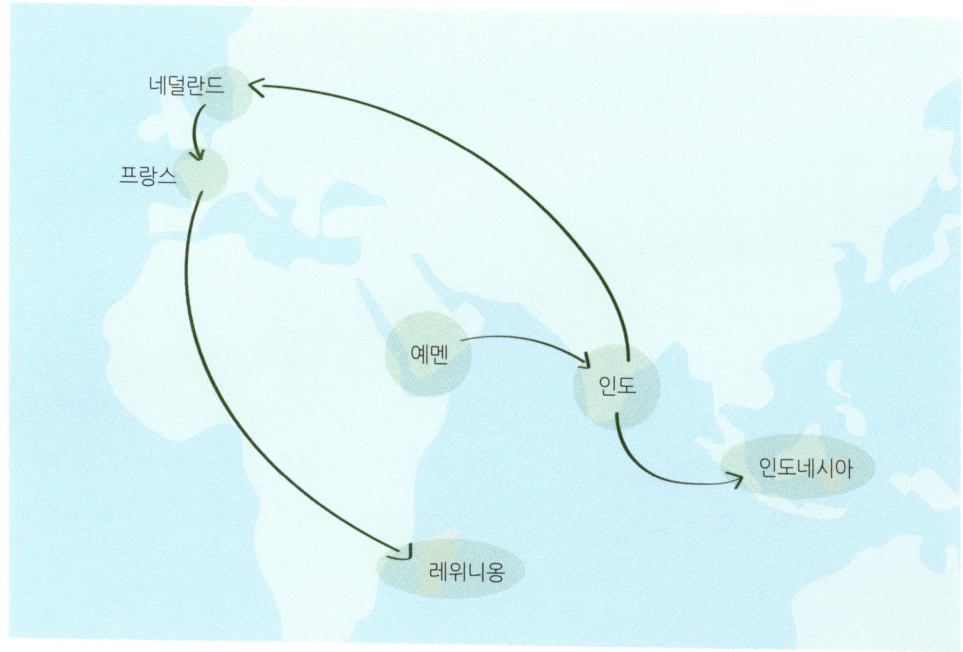

다. 그 이후 1658년 스리랑카, 1696년 인도네시아 등으로 전파되고 커피 재배가 가능한 자연환경에 속한 모든 아시아 국가로 확산된다. 아시아에서 재배된 초기 품종은 예멘에서 시작한 티피카로 커피 녹병 등 병충해에 매우 약했다. 그 결과 1869년 스리랑카에서 전염성이 높고 치명적인 커피 녹병이 발생하여 커피나무가 전멸하게 된다. 연이어 1876년 인도네시아 수마트라, 1878년 자바로 퍼지면서 대체 품종을 찾게 되는데, 그 품종이 바로 로부스타이다. 현재 지대가 낮고 비가 많이 내리는 기후를 가진 아시아 국가에서는 로부스타 품종 재배가 지배적이다.

커피 나무의 이동 : 유럽

1713년 암스테르담 시장은 인도에서 가져와 키우던 티피카 품종 커피나무 묘목을 프랑스 루이 16세에게 선물하였다. 파리 왕립 식물원 Jardin 에서 자라면서 씨앗과 나무 개체 수가 늘어나 프랑스 식민지로 전파된다. 그중 하나가 아프리카 부르봉 Bourbon 섬으로 현재 프랑스 행정 구역인 레위니옹 Reunion 이다. 이 섬에서 자연 변이되어 새로운 품종인 버번 (브루봉의 영어 발음) 종이 만들어졌고 19세기 중반에 이르러 인도, 에티오피아 등으로 전파되면서 아라비카종의 유전적 다양성에 크게 이바지한다.

커피 나무의 이동 : 중남미

중남미 대륙 전파는 암스테르담 식물원과 파리 왕립 식물원에서 시작된다. 프랑스령인 서인도 제도 마르티니크 Martinique 섬에서 근무하던 프랑스 해군 장교 가브리엘 드 클리외 Gabriel de Clieu 는 파리에서 휴가를 보내는 중 커피를 경험한다. 왕립 식물원에 있던 커피나무를 몰래 얻어 마르티니크섬으로 가져오는데, 이때가 1723년이다. 그의 극진한 보살핌으로 1726년 첫 수확을 시작하여 1730년에 수출까지 이른다.

1715년 암스테르담 식물원의 커피 묘목은 가이아나 Guyana 로 전파되면서 아메리카 대륙에 처음 상륙하게 된다. 그 이후 수리남 Suriname 과 카리브해의 식민지로 확장되었고 수리남에서 자라던 커피 나무가 1727년 브라질로 들어간다. 브라질 야생에 적응하며 다양한 변이가 발생하였고 중남미 대륙에 적합한 품종들이 콜롬비아와 코스타리카를 거쳐 멕시코까지 중남미 전역으로 전파되었다. 국가별로 자연환경에 맞게 변이가 일어나고 최적화된 품종에 관한 연구가 더해지면서 커피 생산량은 증가한다. 1800년대 후반 브라질에서 커피 재배가 본격화되고 생산량이 획기적으로 증가한다. 공급과 수요의 동반 상승으로 커피의 대중화 시대가 열리게 된다.

커피의 전파 : 중남미 대륙

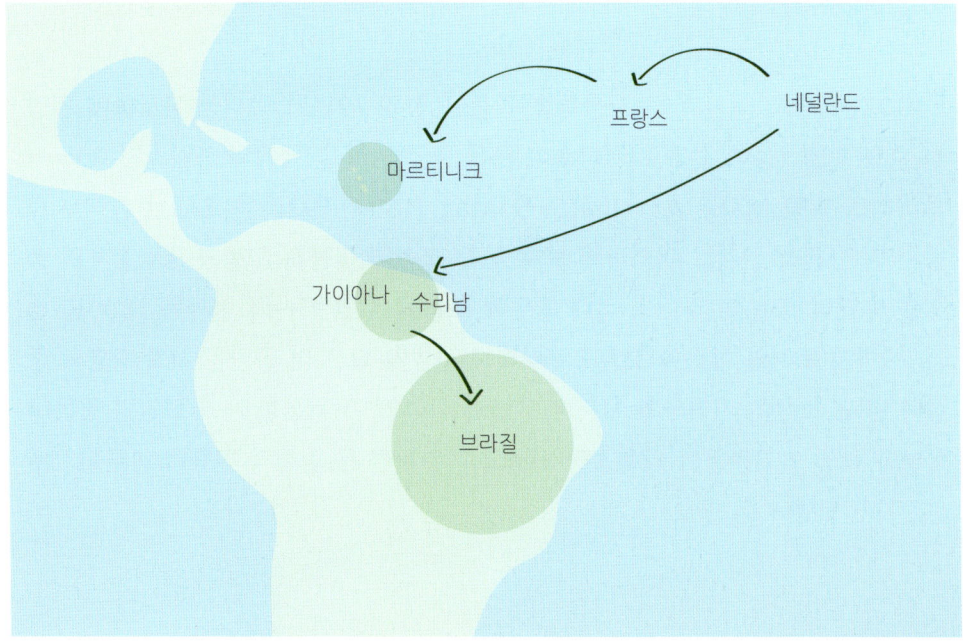

한국 커피의 시작

조선 후기 미국, 러시아 등 서구 열강이 한반도에 들어오면서 한국의 커피는 자연스럽게 시작되었다. 천문학자인 퍼시벌 로웰 P. Lowell (1855 ~1916)의 저서 『조선, 고요한 아침의 나라』에 커피에 대한 첫 기록이 있다. We mounted again to the House of the Sleeping Waves to sip that latest nouveaute in Korea, after-dinner coffee. 고위층으로부터 한강 변 별장으로 초대를 받아 최신 유행품이었던 커피를 마셨다. 라는 내용으로 1884년 1월에 대한 기록이다. 이 사실로 1880년 중반에 이미 커피가 조선에서 유행하고 있었음을 알 수 있다.

1902년 (당시 대한제국) 서울특별시 중구 정동 29번지 덕수궁 북서쪽에 건립한 손탁 호텔 1층에 최초로 커피숍이 문을 열었다. 독일 국적의 프랑스인 마리 앙투아네트 손탁 Marie Antoinette Sontag (1854~1922)은 초대 주한 러시아 공사와 먼 인척 관계로 러시아의 보호 아래 조선에 머물며 고종과 명성황후의 총애를 받았다. 고종의 국내외 접대 업무에 도움을 주었던 손탁 여사는 1895년 정동 29번지 토지와 한옥을 고종으로부터 하사받게 되고 이 공간은 사교 모임의 중심이 된다. 조선의 개혁파와 구미파(유럽과 미국인)가 함께한 사교 모임인 정동구락부와 각국 외교관들의 각축장이 되었고 아관파천 등 정치적 책략이 이루어지는 진원지가 되었다.

현대식으로 재건축한 손탁호텔 전경

　러시아 공사관에 머무는 아관파천 1년 동안 (1896년 2월~1897년 2월) 손탁 여사는 고종을 극진히 대접하였고 고종이 환궁한 후 황실 의전을 담당하는 황실 전례관으로 임명되었다. 대한제국의 영빈관(국빈을 맞이하는 장소)이 필요했던 고종 황제는 1902년 25개 객실을 갖춘 2층짜리 현대식 호텔로 재건축하여 손탁 여사에게 경영을 맡겼다. 이 건물이 한국 최초 서양식 1호 호텔인 손탁 호텔이다. 유명 인사들이 호텔에 머물렀는데 대표적으로 영국 총리 윈스턴 처칠, 소설가 마크 트웨인이 있다. 정동구락부 Chongdong Club 라고 불린 손탁 호텔 1층 커피숍 또한 굉장히 유명하여 많은 서양인들이 찾아 왔다. 커피 애호가로 알려진 고종 황제와 한국 1호 커피숍을 운영한 손탁 여사는 한국 커피 역사에 중요한 인물임은 틀림없다.

다양한 커피 품종

아라비카 품종의 시작은 티피카 Typica 이다. 예멘에서 재배되던 티피카 품종이 여러 경로로 전세계에 퍼지고 그 지역 자연환경에 적응하면서 자연 변이가 발생하고 품종간 교배가 이루어져 새로운 품종이 발생하게 된다. 첫번째 변이 품종이 버번 bourbon 이다. 티피카 품종과 버번 품종이 중남미 대륙에 상륙한 후 변이와 교배를 반복하면서 품종의 다양성이 확대되었다.

품종에 관한 연구를 하기 위해 각국에 커피 연구소가 설립되었다. 이 연구소들은 국가별 지역별로 적합한 품종들을 찾아내거나 인공적으로 교배하여 새로운 품종을 만들어 커피 시장에 소개하는 역할을 한다. 이렇게 만들어진 새로운 아라비카 품종은 커피 녹병 Coffee Leaf Rust, 커피 열매병 Coffee Berry Disease 등 병충해에 대한 강한 저항력을 가지고 있고 좋은 품질과 개성 있는 향미로 소비자들을 사로잡으며 스페셜티 커피 시장을 넓히고 있다.

 대표적인 커피 연구소

브라질 커피 연구소 IBC Institute Brazileiro do Cafe
케냐 스콧 농업 연구소 Scott agricultural Laboratories
포르투갈 커피 연구소 CIFC
콜롬비아 국립커피연구센터 Cenicafe
코스타리카 국립 커피 연구소 ICAFE Institute del Cafe de Costrica

 커피 나무 전염병

커피 녹병 Coffee Leaf Rust

잎에 곰팡이가 번식하여 결국에는 떨어지는 병으로 1869년 스리랑카에서 처음 발병되었으며 이후 전 대륙으로 확산하였다. 커피 나무는 뿌리로 토양에서 영양을 흡수하거나 나뭇잎이 태양열을 받아 광합성을 하면서 영양분을 만든다. 커피 녹병에 걸려 나뭇잎이 떨어지면 영양분이 부족하여 열매가 제대로 맺히지 못한다. 수확량이 보통 30% 정도, 최대 50% 이상 감소하게 된다. 커피 녹병이 발생한 나무는 모두 베어 버리고 새로운 묘목을 심어야 한다. 열매 수확까지 3년 이상 필요하기 때문에 농장에 큰 타격을 준다. 주로 고온 다습한 저지대에서 발생률이 높지만 지구 온난화로 피해 지역이 확대되고 있다.

커피 열매병 Coffee Berry Disease

1900년경에 브라질에서 익지 않은 녹색 열매에 곰팡이가 피는 질병이 처음 발견되었다. 감염된 열매는 바짝 마르며 검은색으로 변하며 생산량이 최대 70%까지 감소할 수 있는 무서운 병이다. 감염균의 포자가 바람을 타고 이동하면 폭발적으로 감염범위가 넓어지고 현저하게 수확량이 감소하여 생두 가격이 인상하게 된다. 커피 열매병은 주로 기온이 낮은 고지대 재배지역에서 많이 발생한다.

익지 않은 녹색의 커피체리

대표적인 아라비카 품종

에티오피아 에어룸 Ethiopia heirloom

에어룸의 Heiloom 은 오랫동안 이어 내려온 가치있는 것을 뜻하는 단어이다. 에티오피아 야생 또는 농장에서 수천년 동안 자란 커피 품종들의 대표 이름으로 다양성을 의미하기도 한다. 과일의 산미, 꽃향기, 부드러운 여운을 가지고 있다.

티피카 Typica

에티오피아 야생 커피 나무가 예멘으로 건너가 처음 재배된 품종이다. 아라비카 품종의 조상으로 불리는 가장 오래된 품종으로 달콤한 산미와 깔끔한 여운을 가지고 있다. 다만 열매가 작아 생산성이 낮고 병충해에 약하다.

버번 Bourbon

티피카 품종이 버번 섬에 상륙한 후 자연적으로 돌연변이가 발생하여 만들어진 종 (티피카의 자연변종) 이다. 달콤하고 부드러운 향미를 가지고 있으며 티피카 종보다 병충해에 강하고 30% 정도 크기가 커 수확량이 많다. 좋은 품질과 높은 생산성으로 중남미 전역에서 많이 재배되고 있다.

카투라 Caturra

20세기 초 브라질에서 처음 발견된 버번의 자연 변종이다. 나무의 키가 작은 것이 특징으로 나무 사이 간격을 좁게 하여 재배한다. 단위 면적당 생산량이 많아 새로운 품종 개발에 많이 활용된다. 하지만 순수 아라비카 품종으로 병충해에 약하다. 한때 콜롬비아 커피 생산량의 절반을 차지했던 카투라 품종이 병충해 피해로 현재 거의 자취를 감추게 되었다. 같은 이유로 중앙아메리카 지역에서도 재배 비율이 낮아지고 있다.

문도노보 Mundo Novo

1943년 브라질에서 처음 발견된 티피카와 레드 버번의 자연 교배종으로 현재 브라질의 주력 재배 품종이다. 환경 적응력이 좋고 병충해에 강하며 버번보다 30% 정도 수확량이 많다. 단맛이 약간 부족하지만, 산미와 쓴맛의 조화가 좋은 품종이다.

카투아이 Catuai

브라질 농업 연구소에서 개발된 카투라와 문도노보의 잡종으로 카투라와 비슷한 성향의 커피 나무이다. 브라질의 주력 품종 중 하나인 카투아이는 카투라보다 품질이 좋아 중앙아메리카에서도 많이 재배되고 있다. 강한 비바람에도 커피 체리가 잘 떨어지지 않으며 병충해에도 비교적 강하다. 하지만 생산기간이 10년 정도로 다른 품종에 비해 짧다는 단점이 있다.

마라고지페 Maragogipe

1870년 브라질에서 발견된 티피카의 자연 변이종으로 지역명을 따서 이름이 붙여진 품종이다. 단일 유전자 변이로 잎이 비정상적으로 크고 나뭇가지 마디와 마디 사이 거리가 넓어 생산성이 상당히 떨어진다. 반면 매우 크다는 장점으로 품종 개량에 많이 활용되고 있다.

마라카투라 Maracaturra

1800년대 후반에 브라질에서 카투라와 마라고지페의 자연 교배종으로 발견되었다. 커피 녹병에 취약하여 재배하는데 많은 노력이 필요한 품종이다. 니카라과의 소규모 농장에서 주로 재배되고 있다.

파카스 Pacas

1949년 엘살바도르 파카스 가족 농장에서 처음 발견된 버번의 자연 변이종으로 작은 키와 깊은 뿌리로 바람과 가뭄에 강하다. 1960년 엘살바도르 커피 연구 기관 ISIC 이 좋은 파카스 품종을 선별하고 배포하여 2023년 기준 엘살바도르 커피 생산량의 25% 정도를 차지하고 있다.

파카마라 Pacamara

1958년 엘살바도르 커피 연구소에서 파카스 품종과 마라고지페 품종의 장점을 결합시켜 개발된 인공 교배종이다. 파카스 품종의 장점인 작은 키, 척박한 환경에서 적응력과 마라고지페 품종의 장점인 좋은 품질, 큰 생두 크기를 모두 겸비하고 있다. 다만 병충해에 약하고 유전적으로 불완전하여 매년 비슷한 품질을 기대하기 어려운 단점이 있다. 매년 컵 오브 엑설런스 Cup Of Excellence 대회에서 상위권을 차지하는 품종 중 하나이다.

SL 28, SL 34

1922년 영국 식민 정부가 스콧 농업 연구소 Scott agricultural Laboratories 를 아프리카 케냐에 세웠다. 야생에서 커피나무 42그루를 수집하고 연구를 진행하여 좋은 품종을 선별하였다. 1935년 기나긴 연구 끝에 가뭄, 질병 및 해충에 강해 재배 품종으로 선택된 것이 SL 28 이다. 특히 뿌리는 60년 이상 수령이 되어도 열매를 맺을 수 있어 오래된 줄기는 자르고 새로운 줄기를 자라게 하는 농사 기법을 활용한다. 새로운 묘목으로 대체하지 않아도 높은 생산력을 확보할 수 있는 품종이다. 그 이후 뛰어난 품질을 가지고 있는 SL 34도 선택되었다. 다만, 커피열매병 CBD 에 취약한 것이 단점이다.

빌라 사치 Villa Sarchi

1950년대 코스타리카에서 발견된 버번의 자연 변이종이다. 커피나무 키가 작은 편으로 높은 고도와 강한 바람에 잘 적응하는 특징을 가지고 있다. 현재 코스타리카에서만 소량 생산된다.

게이샤 Geshia

1930년대 초 에티오피아 서남부 게이샤 마을에서 발견된 품종이다. 에티오피아에서 자생하는 커피 품종 연구를 위해 수집한 종자 중 하나로 케냐, 코스타리카를 거쳐 1963년 파나마에 전파되었다. 처음에는 좋은 품종으로 여겨지지 않았지만 파나마의 아시엔다 라 에스메랄다 Hacienda La Esmeralda 농원의 1,600m 이상 고지대 밭에서 재배되면서 최고의 향미를 가진 커피가 되었다.

대표적인 아라비카 로부스타 교배종

하이브리드 티모르 Hybrid de Tymor / HDT

1920년대 동티모르 섬에서 발견된 아라비카와 로부스타의 변종으로 염색체가 44개인 아라비카 품종에 속한다. 품질면에서는 로부스타 특징이 많이 나타나 부족한 향미로 상품성이 낮지만, 병충해 특히 커피 녹병에 강한 저항력이 있다. 44개 염색체라는 강력한 특징으로 다양한 아라비카 품종과 반복적으로 교배하면 커피 녹병에는 강하고 좋은 향미를 갖춘 새로운 품종이 탄생하게 된다. 이렇게 아라비카 품종 개발에 시발점이 바로 하이브리드 티모르이다.

카티모르 Catimor

1959년 커피 녹병 연구로 유명한 포르투갈 커피 연구소 CIFC가 티모르 섬에서 자라는 수많은 하이브리드 티모르를 수집하여 연구를 진행한다. 그 결과 카투라와 하이브리드 티모르를 인공 교배한 카티모르 품종 개발에 성공한다. 병충해에 강하고 생산성은 높지만, 순수 아라비카 품종에 비해 품질이 다소 떨어진다.

살치모르 Sarchimors

포르투갈 커피 연구소 CIFC 가 빌라사치와 하이브리드 티모르를 교배하여 만든 품종이다. 1971년 브라질 등 중남미 국가에서 테스트를 거쳐 국가별로 적합한 품종을 선택하여 재배하고 있다. 대표적으로 온두라스의 파라이네마 Parainema, 브라질의 오바타 Obata, 투피 Tupi 종이 있다.

콜롬비아 Colombia / 콜롬비아 변종 Varied Colombia

하이브리드 티모르와 카투라의 인공 교배종으로 국립커피연구센터 Cenicafe 가 1983년에 완성하여 농가에 도입되었다. 품질은 다소 떨어지지만 커피 녹병에 강하고 수확량이 많다. 콜롬비아에 커피 녹병이 처음 발병하기 전 만들어져 전염병으로 초토화된 커피 산업을 살린 품종이다.

카스틸로 Castillo

국립커피연구센터 Cenicafe 가 티피카, 버번, 하이브리드 티모르 품종을 인공 교배하여 2002년 완성한 품종이다. 더 나은 녹병 저항성과 좋은 품질이 특징이다. 기후 변화로 인한 수확량 감소 문제를 해결한 품종으로 2023년 기준 콜롬비아에서 가장 많이 재배되고 있다.

이카투 Icatu

1993년 브라질에서 버번 품종과 로부스타 품종을 교배한 다음 문도 노보 품종과 역교배하여 개발하였다. 수확량이 많은 편이고 품질은 뛰어나지만, 가뭄과 추위에 약한 단점이 있다.

루이루 11 Ruiru 11

1970년 케냐 루이루 Ruiru 커피 연구소에서 커피열매병에 면역이 있는 품종 개발을 시작하여 1985년 완성하였다. 카티모르와 SL 28 등 다수의 아라비카 품종이 다중 교배되면서 병충해에 강하고 좋은 품질을 두루 가지고 있다. 케냐에서 SL 28, SL 34 와 함께 많이 재배되고 있는 품종이다.

컵 오브 엑셀런스 Cup Of Excellence COE

  1989년 커피 수입할당제 폐지로 브라질과 베트남의 저렴한 커피가 대량으로 유통되면서 전 세계 생산자들이 파산 위기에 처했다. 이를 타개하기 위해 국제 커피 기구와 무역협회들이 1994년 구르메 프로젝트 Gourmet Project를 시작하였다. 생산자에게 고품질 커피를 생산하도록 독려해 시장 가격 정상화를 모색하는 목적으로 이 프로젝트가 진행되었다. 1999년 브라질 스페셜티 커피 협회에서 새로운 품질의 커피를 선보이고 인터넷 옥션을 통해 판매하는 획기적인 프로그램을 기획하여 성공을 거둔다. 바로 이 프로젝트가 컵 오브 엑셀런스 Cup Of Excellence COE 이다.

  COE는 국가별로 생산된 최고 커피 원두에 부여되는 명칭이다. 선정된 커피 감별사 Cupper 들이 출품된 원두를 평가해 순위를 매기는 방식으로 3주 동안 최소 5번 이상 맛 테스트를 거친다. 5번째 테스트에서 87점 이상 점수를 획득한 커피 중 상위 30개가 컵 오브 엑셀런스 COE로 선정되어 온라인 경매에 진출하게 된다. 대회 마지막 날 6번째 테스트에서 최고 점수를 받은 상위 10개 원두에 대해 최종 점수와 순위를 결정하면서 마무리된다. 미국에 본부를 둔 비영리 국제커피협회인 ACE Alliance for Coffee Excellence 가 주관하며 2023년 기준 브라질, 콜롬비아, 코스타리카, 엘살바도르, 과테말라 등 15개국 아라비카 생산국이 참여하고 있다.

  2004년 에스메랄도 농원의 게이샤 품종이 파나마 COE에서 1위를 차지하며 1파운드 (약 453g) 당 21달러에 낙찰되면서 큰 화제를 모았다. 그 당시 일반 거래가에 20배가 넘는 가격이다. 2007년 COE 생두 경매에서 1파운드 (약 453g) 당 130달러로 경매 기록을 경신하며 스페셜티 커피의 대명사가 되었다. 그 이후 2018년 엘리다 농장의 게이샤 생두가 1파운드에 803달러에 낙찰되면서 최고가 기록을 세웠다.

커피 농사

농부는 커피 열매가 잘 자라도록 거름주기, 가지치기 등 다양한 일을 하며 커피나무를 정성껏 돌보고, 열매가 잘 익으면 수확·가공 과정을 거쳐 녹색의 커피 생두를 생산한다. 생육 환경에 적합한 품종, 수확 방법, 가공 방법 등의 선택이 커피 향미에 영향을 준다. 품질이 좋은 커피일수록 이러한 생육 정보들은 자세히 공개되고 그 사실을 이해하는 것만으로도 커피 향미를 예상할 수 있다.

아라비카종의 생육 조건 Growth Condition for Arabica species

기온과 일조량

아라비카 커피나무 생육에 적합한 기온은 낮 평균 22℃, 밤 평균 18℃이다. 0℃ 이하로 기온이 떨어지면 냉해를 입고 반대로 높은 온도에서는 커피녹병과 커피열매병 발병률이 높아진다. 연간 일조량은 커피 열매를 잘 익게 하는데 중요한 조건으로 2,200~2,400시간이 적당하다. 전 세계 문제인 지구 온난화는 이상 고온과 이상 저온 문제를 만들고 발생 빈도가 늘어나고 있다. 생육에 알맞은 기온을 벗어나는 날이 많아질수록 커피 향미뿐 아니라 전체 수확량에도 영향을 미친다. 예를 들어 2021년 브라질의 냉해로 수확량이 줄면서 국제 생두 가격이 올라갔고 소비자가 마시는 커피 가격 인상으로 이어졌다.

연간 강수량

1,400~2,000mm 사이, 습도가 60% 정도 지역에서 잘 자란다. 참고로 대한민국의 연평균 강수량은 1,300m 정도이다. 커피 열매 생육에 민감하게 영향을 미치는 것은 비가 내리는 시점이다. 꽃이 피는 시기에 비가 오면 수분이 제대로 이루어지지 않아 열매가 맺히지 못하여 생산성이 떨어진다. 커피 열매가 자라는 시기 중 적합한 때에 비가 오지 않으면 체리가 제대로 영글지 않아 씨앗이 통통하지 않고 주름이 생긴다. 잦은 비로 병충해가 심해지기도 한다. 이런 생두는 향미가 풍성하지 않고 밋밋하며 심한 경우 결점두로 분류된다. 이렇게 강수의 양과 시점은 나무 생육과 커피 향미에 중요한 역할을 한다.

재배 고도

재배 고도는 향미 품질에 영향을 많이 주는 생육 조건이다. 재배 고도가 높으면 낮과 밤의 일교차가 커지고 적당히 낮은 온도가 유지되어 커피 체리 과육과 씨앗이 단단하고 높은 산미와 다양한 향미를 가지게 된다. 아라비카 품종 재배에 적합한 고도는 일반적으로 해발 1000~2000m 사이이며 생산 국가별로 위도에 따라 차이가 있다. 중남미 국가를 중심으로 고도를 기준으로 등급을 부여하는 국가가 많다.

떼루아 Terroir

프랑스어로 토지를 뜻하는 단어로 토양의 성질, 성분 등을 전체적으로 나타낸다. 커피나무가 자라는 떼루아 차이로 커피 성분이 달라지고 산미와 바디 등 향미에 영향을 준다. 커피에 좋은 떼루아는 pH 4.5~6.0 사이 약산성으로 부식이 잘 일어나며 배수성이 좋아야 한다. 예를 들어 화산 활동으로 마그네슘, 인, 칼륨 등 미네랄이 풍부한 흑토는 질 좋은 커피를 만드는 데 유리하다. 특히 물기를 오래 품고 있어 건기를 버틸 수 있게 해준다. 알루미늄과 철분을 함유한 적토와 다소 척박하지만 석회질이 포함된 회색토가 커피 재배에 적합하다.

커피나무 심기 Planting

커피 씨앗을 묘판에 심고 알맞게 물을 주면서 30~50일이 지나면 발아한다. 씨앗 아래에서 뿌리가 나온 후 위로 줄기가 자라다가 두 개의 잎을 틔우게 된다. 5~6개월 정도 지나 50cm 정도 작은 나무가 될 때까지 강한 햇빛을 가려주고 그늘이 있는 장소에서 자주 물을 주어야 건강하게 자란다. 그 이후 농장으로 이식되어 나무로 성장하는데, 약 3년이 지나면 재스민 향이 나는 첫 꽃이 피고 열매가 맺힌다. 매년 가지치기 등 나무를 관리하면서 20~30년 동안 커피 체리를 수확한다.

별도로 관리하는 커피 묘목

수확하기 Harvesting

녹색의 열매가 진한 빨간색으로 달콤하게 익으면 체리 수확이 시작된다. 일반적으로 1년에 한 번 수확하며 그 시기는 적도를 중심으로 북반구는 9~12월, 남반부는 4~5월 사이에 분포한다. 콜롬비아, 케냐 등 몇몇 나라들은 우기와 건기가 반복되어 연 2회 열매 수확이 가능하다. 일반적으로 커피 생두를 수확하는 방법은 3가지로 분류된다. 8~10일 간격으로 잘 익은 열매들만을 골라 따는 선별 수확 Selective Harvest, 한 가지의 열매를 한 번에 따는 훑어 따기 Strip Harvest, 한 나무의 열매를 한 번에 따는 기계 수확 Machine Harvest 이 있다.

수확한 생두를 모아 아래 펄핑 기계로 보내는 장소

선별 수확 Selective Harvest

체리를 하나하나 손으로 따는 방법으로 핸드피킹 Handpicking 이라고도 한다. 선별 수확은 저렴한 인건비, 가족 단위 소규모 운영, 고지대 위치, 경사진 토지, 고품질 생두 재배에 적합한 수확 방법이다. 커피 체리를 따는 사람을 피커 Picker 라고 하며 일반적으로 작업량에 따라 급여가 책정된다. 하루 평균 50~100kg의 커피 체리를 수확하는데 10~20kg 상당의 생두로 건조되는 양이다.

훑어 따기 Strip Harvest

커피나무 한 가지의 체리를 한꺼번에 훑어 따는 방법이다. 사람의 손으로 훑어 따는 방법과 갈퀴 같은 도구인 데리카데이라 Derricadeira가 진동을 가하며 훑어 내리는 방법이 있다. 덜 익거나 너무 익은 생두가 함께 수확되어 커피 품질이 다소 떨어지는 문제가 있어 좋은 생두와 안 좋은 생두를 분리하는 과정이 필요하다. 핸드피킹 방법과 비교하면 수확 비용이 절감되기에 커피 품질이 다소 떨어지는 저지대 커피 농장에서 많이 선택하는 방법이다.

기계 수확 Machine Harvest

기계를 사용하여 나무에 달린 열매 전체를 한꺼번에 따는 방법이다. 대표적으로 나무를 흔드는 기계인 '하퍼'를 이용하여 열매를 떨어뜨리는 방법과 트랙터 옆에 회전 솔을 달아 커피나무를 훑으며 수확하는 방법이 있다. 기계 수확은 덜 익은 생두뿐만 아니라 잎과 잔가지까지 섞여 있으므로 반드시 이물질을 제거하는 선별과정이 필요하다. 커피나무가 평평한 대지에 일자로 자라는 대규모 농장에 적합한 방법이다. 브라질은 커피 체리가 거의 같은 시기에 비슷하게 영글고 대규모 농장도 많아 기계로 수확하는 비율이 높다. 커피 체리가 75% 정도 익었을 때가 수확 시기이다.

커피 가공

커피 가공 Coffee Process 이란 체리를 물리적, 화학적 또는 생물학적 변화를 일으켜 향미를 향상시키고 수분 함량을 줄여 저장성을 높이는 일련의 과정을 의미한다. 커피 향미를 향상시키는 발효와 수분을 줄이는 건조 방법을 기준으로 크게 3가지로 분류한다.

1. 내추럴 가공 Natural Process
   수확한 체리를 그대로 건조하면서 자연스럽게 발효가 동시에 진행

2. 펄프드 내추럴 가공 Pulped Natural Process
   체리 껍질을 벗기고 남은 과육과 점액질을 건조하면서 동시에 발효가 진행

3. 와시드 가공 Washed Process
   껍질과 과육을 제거하고 물과 효소를 사용하여 발효를 빠르게 진행 후 건조

건조 Dehydration

체리 수확 후 60% 정도 함유한 수분을 11% 정도까지 줄이는 것이다. 건조된 체리의 수분 함량이 13% 이상이 되면 곰팡이가 증식하므로 그 이하 수분 함량을 지키는 것은 중요하다.

발효 Aerobic Fermentation

우리 눈에 보이지 않는 균이나 효모 등 작은 미생물이 커피 열매 또는 점액질에 있는 탄수화물을 유기산, 알코올, 이산화탄소 등으로 분해하는 화학 작용이다. 모든 커피는 수확 후 가공 단계에서 발효가 진행되며 체리의 외과피(껍질), 과육 그리고

점액질이 발효에 중요한 역할을 한다. 내추럴 가공은 체리 그대로 건조되는 과정에서 자연적으로 과육 발효가 진행된다. 와시드 가공은 껍질과 과육이 제거된 체리가 물속에서 발효되면서 점액질과 씨가 분리된다. 이러한 발효 방법과 정도에 따라 커피의 향, 산미, 단맛 등 향미가 달라진다. 좋은 생두에 관심이 커지면서 발효 과정에 세심한 변화를 주거나 새로운 방법을 개발하여 좋은 커피 향미를 만들기 위한 노력이 계속되고 있다. 대표적으로 무산소 발효가 있다.

무산소 발효 Aerobic fermentation 는 산소가 거의 없는 공간에서 혐기성 미생물을 활용하여 발효가 진행된다. 무산소 탱크의 온도를 설정하여 일정하게 발효를 진행시키면 커피 체리가 서서히 물러지며 향미가 향상된다. 낮부터 밤까지 변하는 기온으로 발생하는 과육과 점액질의 당분 감소가 개선되어 날카롭고 거친 향미는 줄고 부드럽고 안정적인 단맛과 과일의 향미가 풍부해진다. 2016년부터 다양한 무산소 발효 방법들이 개발되고 있다. 외과피와 과육을 제거하는 펄핑 여부와 정도 차이로 체리 상태가 다르기 때문에 무산소 발효의 세부 방법도 달라진다. 부드러운 산미를 만들기 위해 발효 과정 중 단맛을 첨가하거나 젖산균을 추가하기도 한다.

 혐기성 미생물

산소가 없는 상태에서 정상적인 생육을 하는 작은 생물로 유산균, 광합성 세균들이 혐기성 미생물에 속한다. 외부 공기가 차단되면 미생물은 호흡을 멈추고, 산소가 없어도 생존할 수 있는 발효로 미생물 내부 시스템이 전환된다. 산소가 없는 발효 과정에서 미생물은 체외에서 섭취한 유기물을 완전히 태울 수 없기 때문에 에너지(열)을 만들어 내지 못한다. 대신 유기물이 대충 타다가 만 중간물질이 남는데 이 물질이 중요한 역할을 하는 경우가 많다.

내추럴 가공방법으로 건조된 체리, 파치먼트, 생두

내추럴 가공 Natural process

커피 체리의 외피, 과육, 점액질이 건조되는 동안 자연스럽게 발효되며 만들어진 새콤 달콤한 풍미가 씨앗에 천천히 스미는 방법이다. 내추럴 가공 방법으로 건조된 생두를 로스팅하여 추출한 커피는 다양하고 풍성한 향미가 특징이다.

내추럴 가공은 커피 체리를 수확한 후 나뭇가지 등 이물질을 제거하고 건조대 위에 올려 그냥 말린다. 체리가 상하는 것을 방지하기 위해 갈퀴질로 뒤집어 주면서 밤이슬 또는 비에 젖지 않도록 덮개를 덮어 주고 해가 뜨면 걷어내는 과정을 15~20일 동안 반복한다. 날씨에 따라 그 이상 시간이 걸리기도 한다. 일단 기후 문제가 발생하면 과육이 무르면서 과발효가 생기거나 일조량 부족으로 곰팡이가 생길 위험이 높아진다. 이로 인해 부정적인 향미를 갖고 있는 결점두가 발생하여 품질이 저하된다. 가장 단순한 가공 방법으로 좋은 품질을 만들지만 그만큼 농부의 손길이 필요하다. 생두를 말리는 동안 햇빛이 좋고 건조한 기후를 가진 국가에서만 선택 가능한 방법이다. 대표적으로 브라질, 에티오피아, 예멘 등이 있다.

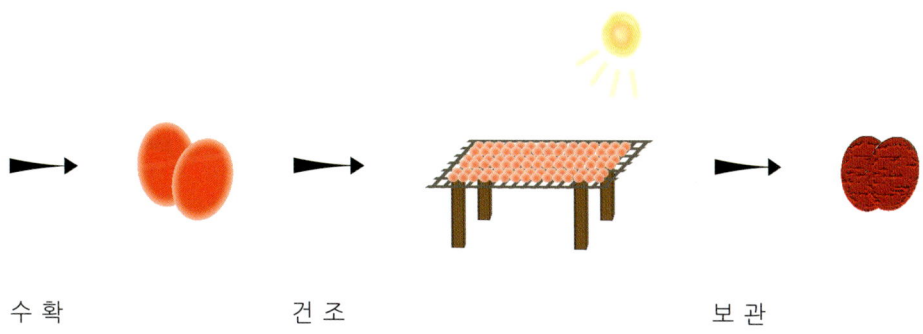

수 확   건 조   보 관

펄프드 내추럴 가공 Pulped Natural process

체리 외과피를 제거하고 남은 과육과 점액질의 풍미가 건조되는 동안 씨앗에 스미는 자연 건조 방법이다. 펄프드 내추럴 가공은 커피 체리를 수확한 후 기계로 외과피와 일부 과육을 제거하는 펄핑 Pulping 을 거친 후 건조대로 이동하여 자연 건조된다. 내추럴 가공보다 건조시간이 짧고 과육이 무르는 경우가 적어 과발효의 위험성이 줄어든다. 따라서 발효와 건조 과정에서 발생하는 결점 위험 요소를 감소시키고 과육 발효로 만들어진 풍미가 더해져 품질이 향상된다.

1990년대 초반 브라질에서 개발되어 농장에 도입되었으며 2023년 기준 브라질 생두 중 약 40% 정도가 이 방법으로 가공되고 있다. 펄프드 내추럴 가공은 중남미 다른 국가로 전파되면서 허니 프로세스로 발전한다. 커피 향미의 풍성함과 깔끔함을 동시에 충족시킬 수 있어 스페셜티 커피에 자주 사용된다.

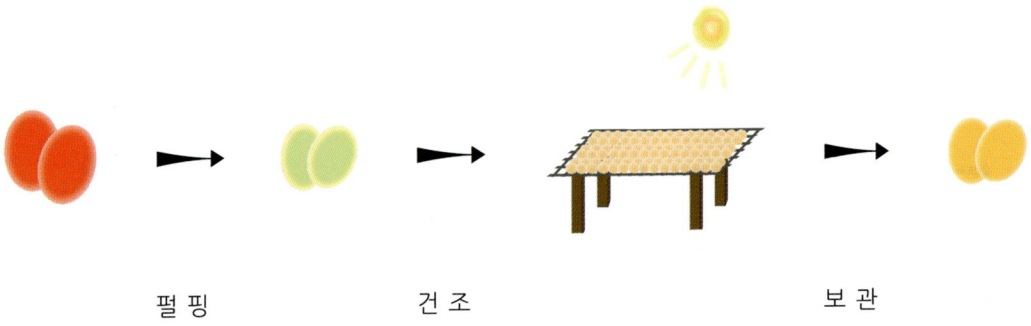

펄 핑   건 조   보 관

허니 프로세스 Honey process

펄프드 내추럴 가공과 기본적인 방법은 동일하지만 품질을 더 향상시키기 위해 남은 과육을 일정 온도에서 발효시킨다. 외피를 벗기고 남은 과육양으로 색이 다르게 건조된다. 예를 들어 과육이 거의 없으면 화이트 계열의 색으로 건조되고 과육이 많을수록 붉은 계열의 색으로 진해진다. 허니 프로세스의 세부 가공 방법의 이름은 아래와 같이 건조된 파치먼트 색을 기준으로 정한다. 이렇게 세분화된 가공방법은 커피 향미의 다양성을 나타내는 지표가 되고 생두 품질의 신뢰를 높인다. 코스타리카에서 개발한 허니 프로세스는 중남미 국가에서 넓게 사용되고 있다.

허니 프로세싱의 가공 방법 종류

화이트 허니 - 엘로우 허니 - 골드 허니 - 레드 허니 - 블랙 허니

White Honey - Yellow Honey - Gold Honey - Red Honey - Black Honey

에티오피아 남부 와싱스테이션에 설치된 생두 건조대

와싱 스테이션 Washing Station

가가호호에서 재배한 생두가 모이는 커피 가공시설로 펄핑, 발효, 건조 과정이 이루어지는 공간이다. 에티오피아 농장은 대부분 가족 단위 아주 작은 규모로 공공 가공시설이 필수이며 마을 사람들이 이 곳에 모여 함께 작업을 한다. 반면 커피 농장 규모가 큰 경우 단독으로 가공시설을 운영한다.

아래 그림은 에티오피아 커피 가공 시설로 위쪽에서 체리를 모아 아래로 보내면 건물 내부에 있는 펄핑 기계로 껍질을 제거한다. 하단 여러 개의 수조에서 발효가 진행되고 수로를 따라 이동하면서 껍질이 완전히 제거된다.

에티오피아 남부 와싱스테이션 전경

와시드 가공 Washed process

체리의 외과피, 과육, 점액질을 펄핑과 발효를 통해 깨끗하게 제거한 후 건조하는 방법이다. 수확한 체리를 모아 펄핑 기계로 보내 외과피와 과육을 먼저 제거한 후 점액질이 붙어 있는 파치먼트를 발효 수조로 이동시킨다. 잘 익어 속이 꽉 찬 콩은 아래로 가라앉고, 덜 익은 콩은 위로 뜨는 원리로 품질 좋은 생두를 먼저 선별한다. 끈끈한 점액질 mucilage 에 둘러싸인 생두를 효소와 함께 물에 12시간 이상 보통 24~48시간 동안 담가 발효시킨다. 발효가 마무리되면 점액질이 흐물흐물해지면서 떨어져 나가고 일부 남아 있는 점액질은 수로를 통과하는 세척 과정을 통해 모두 제거된다. 노르스름한 파치먼트 상태의 생두를 건조대에 올리고 수분 함량이 11% 정도 될 때까지 말리면 가공 과정이 마무리된다.

펄핑이 완료된 생두가 이동하여 모이는 발효 수조

더블 와시드 가공 방법 Double Washed Precess

물에 담가서 발효하고 세척하는 과정을 2번 거치면서 점액질을 깨끗하게 제거한 후 건조하는 방법이다. 시간과 인력 비용이 증가하지만 강한 산미와 깔끔한 여운으로 품질을 향상시킨다. 기존 와시드 방법보다 발효시간이 길지만 72시간을 넘기지 않는다. 최대 시간을 넘기면 과발효가 발생하여 시큼한 향미가 나타날 수 있다. 무거운 바디를 가지고 있는 케냐와 탄자니아가 이 방법을 채택하는 대표적인 국가이다.

웻 헐 가공 방법 Wet-Hull Process

펄핑을 한 후 발효시켜 점액질을 제거하는 과정은 기존 와시드 방법과 같지만 건조하는 방법은 다르다. 파치먼트 수분이 50% 정도까지 건조되면 유통이 시작된다. 도정 과정 전 2차 건조가 진행되는데 30% 수분 함량까지 생두를 말린 후 파치먼트를 제거한다. 생두 상태로 11% 수분 함량까지 마지막 건조를 시행한다. 일반적인 와시드 방법은 수확 후 2~3개월 가공 기간이 소요되지만, 웻 헐 가공 방법은 한 달 정도 가공 기간으로 수출이 가능하다. 일 년 내내 습도가 높은 원산지에서 많이 선택되며 대표적으로 인도네시아, 베트남 등이 있다.

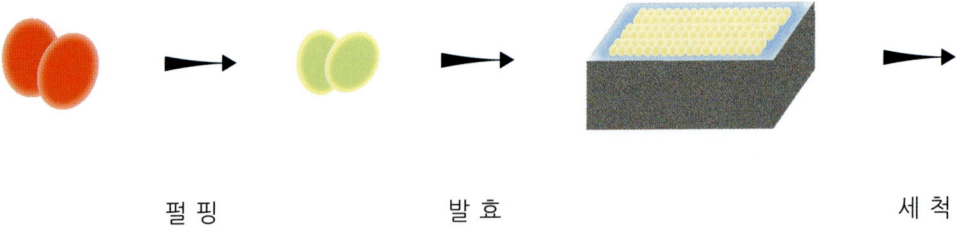

펄 핑   발 효   세 척

체리 껍질을 제거하는 디펄핑 기계의 작동 모습

와시드 방법으로 가공된 커피는 깔끔한 풍미와 밝은 산미가 특징이다. 다른 방법에 비해 결점두가 많지 않아 부정적인 향미가 적은 편이다. 와시드 방법의 특성상 물이 많이 사용되기 때문에 물이 풍부한 국가나 지역에서 활용된다. 아라비카종을 기준으로 브라질과 에티오피아를 제외한 커피 생산국의 주요 가공 방법이다.

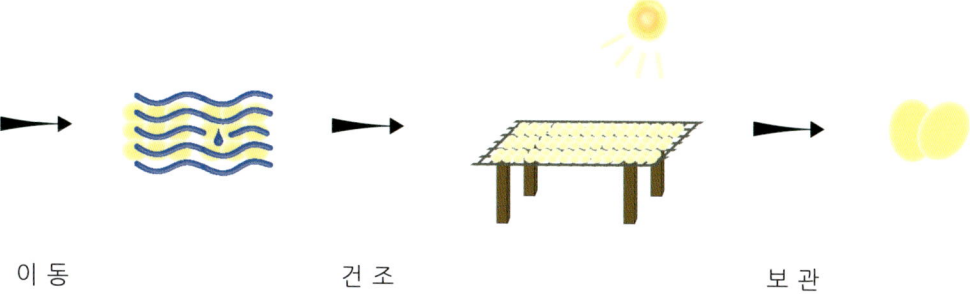

이 동   건 조   보 관

커피 도정

커피 도정 Coffee Milling 이란 건조된 커피 체리의 겉껍질과 파치먼트를 벗겨내 씨앗 즉 생두가 드러나도록 처리하는 것을 의미한다. 탈곡 Hulling - 광택 Polishing - 등급 및 분류 Grading and Sorting 3 단계를 순차적으로 거치면서 도정이 진행된다. 이 과정이 완료되면 우리가 구매하는 생두 Green Bean 의 모습으로 바뀌게 된다.

탈곡 Hulling

금속 또는 작은 돌 등 이물질을 제거하는 것부터 시작한다. 가장 먼저 진공청소기 원리로 제작된 기계가 가벼운 이물질을 처리한다. 그리고 자석을 통과하면서 금속 불순물을 제거하고 디스토너 Destoner의 진동으로 돌을 분리한다. 3단계에 걸친 이물질 제거가 끝나면 탈곡기로 이동하여 건조된 껍질 Dried Hust 과 파치먼트 Parchment 를 건조된 체리에서 분리한다.

광택 Polishing

건조된 생두에 붙어 있는 은피 Silver skin 를 정리하는 과정이다. 건조된 은피가 생두에 지저분하게 붙어 있으면 외관상으로도 보기 좋지 않고 생두를 볶을 때 떨어져 나와 타면서 연기가 많이 발생한다. 특히 내추럴 가공으로 건조된 생두에는 다른 가공에 비해 은피가 많이 붙어 있어 로스팅 과정에서 연기가 원활하게 배출되도록 대기의 흐름을 잘 조절해야 한다. 광택 과정 마무리 단계에서 껍데기, 부서진 생두 등 가벼운 불순물을 공기를 활용하여 날리면서 제거한다.

등급 및 분류 Grading and Sorting

탈곡과 광택 과정을 거친 생두를 크기, 밀도, 색상 (결점두), 향미를 기준으로 분류하고 등급을 매기는 단계이다. 원산지별 등급 기준이 다르며 표시하는 명칭 또한 상이하다.

스페셜티 Specialty 등급

커피 향미 품질이 기준이 되며, 커피 감별사인 커퍼가 커핑을 통하여 향미 품질을 확인한 후 점수로 결과를 도출한다. 점수가 80점 이상일 때 스페셜티 등급이 부여되고 특히 87점 이상이면 최고급 커피로 인정된다.

커피 원산지 표시 해석

콜롬비아 수프리모	콜롬비아의 등급 기준은 생두 크기이다. 수프리모는 가장 크기가 큰 생두를 의미한다.
케냐 AA	케냐의 등급 기준은 생두 크기이다. AA는 가장 크기가 큰 생두를 의미한다.
에티오피아 예가체프	에티오피아의 등급 기준은 결점두 개수로 최고 등급은 G1 이다. 예가체프는 커피가 재배되는 지역명이다.
과테말라 안티구아	과테말라의 등급 기준은 재배 고도로 최고 등급은 SHB 이다. 안티구아는 커피가 재배되는 지역명이다.

에티오피아 커피 생두 공장에서 결점두를 고르는 모습

결점두에 의한 분류

결점두는 좋지 않은 향미를 나타내는 지표로 개수가 많을수록 낮은 등급으로 분류된다. 결점두를 제거하는 방법은 사람이 눈으로 생두 모양과 색상을 확인하면서 손으로 골라내는 방법과 색상 분류기를 활용하여 스캔하여 분리하는 방법이 있다. 결점두 향미를 제거하면 품질이 좋아지고 높은 점수로 평가된다.

에티오피아　　　　　　　　　　　　　기준 : 생두 300g 당 결점두 수

G1	Grade 1	3개 이하
G2	Grade 2	4 ~ 12개
G3	Grade 3	13 ~ 25개
G4	Grade 4	26 ~ 45개
G5	Grade 5	46 ~ 100개
G6	Grade 6	101 ~ 153개
G7	Grade 7	154 ~ 340개
G8	Grade 8	340개 이상

브라질　　　　　　　　　　　　　　기준 : 생두 300g 당 결점두 수

NO.2		4개 이하
NO.3		5 ~ 12개
NO.4		13 ~ 26개
NO.5		27 ~ 46개
NO.6		47 ~ 86개

생두 크기에 의한 분류

생두 크기 기준으로 등급을 분류하고 크기가 클수록 높은 등급이 부여된다. 대표적인 원산지로 케냐, 콜롬비아, 탄자니아, 하와이가 있다. 채망 같은 도구인 스크린의 통과 여부로 생두 크기를 결정한다. 스크린 사이즈 (채망 구멍의 크기) 는 가장 큰 지름이 대략 7.94mm이고 0.4mm씩 작아지면서 스크린이 제작된다. 20번 스크린에 가장 큰 구멍이 뚫려 있고 번호가 작아질수록 구멍 크기 또한 작아진다. 20 ~ 8번까지 총 13 단계의 스크린이 있다. 일반적으로 생두가 스크린 17번을 통과하지 못할 정도로 크면 최고 등급으로 분류한다.

생두 스크린

콜롬비아

기준 : 생두크기 - 스크린사이즈

Supremo	수프리모	17
Excelso	엑셀소	14 ~ 16
U.G.Q	보통 좋은 품질	13
Caracoli	카라콜리	12

케냐

기준 : 생두크기 - 스크린사이즈

E	Elephant Bean	18 이상
AA		17 ~ 18
AB		15 ~ 16
C		14 ~ 15
T T		15 ~ 17 & 낮은 밀도
T		12 이하
PB	Peaberry 피베리	

하와이

기준 : 생두크기 및 결점두(300g 기준)

Ewtra Fancy	엑스트라 팬시	스크린19, 결점두 8 미만
Fancy	팬시	스크린18, 결점두 12 미만
no.1	넘버1	스크린16, 결점두 18 미만
Select	셀렉트	결점두 5%
Prime	프라임	결점두 20%

재배 고도(밀도)에 의한 분류

재배 고도가 높을수록 품질이 좋아지는 특징을 기준으로 등급을 부여한다. 높은 고도는 큰 일교차를 만들어 생두가 단단해지고 다양한 산미와 향미를 갖게 된다. 넓은 테이블 위에 생두를 놓고 미세한 진동을 활용하면 밀도 차이로 생두가 분리된다. 브라질과 콜롬비아를 제외한 대부분의 중남미 국가에서 채택한 분류 방법이다.

최상 등급 생두는 SHB Strictly Hard Bean 매우 단단한 콩 또는 SHG Strictly High Grown 매우 높은 고도에서 자란 콩으로 구분한다. 이 이하 등급은 아래 표처럼 국가별로 다르게 표기한다.

코스타리카 기준 : 재배고도

SHB	Strictly Hard Bean	1,200m 이상
GHB	Good Hard Bean	1,100 ~ 1,250m
HB	Hard Bean	800 ~ 1,100m
MHB	Medium Hard Bean	500 ~ 1,200m
HGA	High Grown Atlantic	600 ~ 900m
MGA	Medium Grown Atlantic	600 ~ 750m
LGA	Log Grown Atlantic	200 ~ 600m
P	Pacific	400 ~ 1000m

과테말라 기준 : 재배고도

SHB	Strictly Hard Bean	1,400m 이상
HB	Hard Bean	1,200 ~ 1,400m
SH	Semi Hard Bean	1,000 ~ 1,200m
EPW	Extra Prime Washed	900 ~ 1,000m
PW	Prime Washed	750 ~ 900m
EGW	Extra Good Washed	600 ~ 750m
GW	Good Washed	600m 미만

멕시코 기준 : 재배고도

SHG	Strictly High Grown	1,700m 이상
HG	High Grown	1,000 ~ 1,6000m
PW	Prime Washed	700 ~ 1,000m
GW	Good Washed	700m 이하
Especiate	Prime Washed	
Defectuosos	디펙투어소스 / 결함이 있는	

재배고도 700m 이하 생두 수출 금지

Grean Bean

생두 보관

보관 환경

생두를 보관하기에 적합한 온도는 10~24℃ 사이, 습도는 40~50% 사이이다. 이 조건들이 충족되는 환경에서 생두를 보관하는 것이 품질 유지에 중요하다. 한국처럼 봄, 여름, 가을, 겨울 기온과 습도 편차가 큰 나라에서는 커피 생두를 온습도가 제어되는 저장창고에 보관한다. 장마철 높은 습도에 방치하면 습기를 흡수하여 부피가 커지는데 눈으로 구별될 정도로 그 변화가 뚜렷하다. 또한 커피 향미에 치명적인 손상을 입힌다. 온습도계로 정확한 수치를 확인하면서 적절한 보관 환경을 유지하는 것이 바람직하다.

포장 방법과 운송

온도와 습도 이외에 생두 품질을 저하시키는 요소는 빛, 산소, 습기, 냄새이다. 이를 차단하기 위해 생두를 담는 마대 안에 두꺼운 비닐봉지를 사용하여 이중 포장을 하는데 이를 그레인프로 Grain Pro 라고 한다. 생두가 고가일수록 저해 요소를 더 확실하게 차단하기 위해 진공 비닐 포장을 하거나 진공 은박 포장으로 빛까지 완전히 차단한다. 또한, 일정한 온도와 습도를 설정할 수 있는 특수 컨테이너를 사용하여 품질 유지를 강화하기도 한다. 포장된 생두는 주로 배로 운송하지만 기간 단축을 위

| 수 확 | 뉴 크랍 New Crop | 1년 | 패스트 크랍 Past Crop |

해 비행기도 가능하다. 구매자는 생두 주문 과정에서 구체적인 포장과 배송 방법을 선택한다.

보관 기간과 품질

커피 생두 품질은 보관 기간을 기준으로 3단계로 분류한다. 뉴크랍 New crop 은 수확 후 1년 이내 생두, 패스트크랍 Past crop 은 수확 후 1년부터 2년 사이 생두, 올드크랍 Old crop 은 수확 후 2년 이상 보관한 생두를 의미한다. 예를 들어 2022년 12월에 수확한 생두는 가공, 탈곡, 이송 등을 거쳐 2023년 5월 전후로 해외로 배송된다. 2023년 12월까지는 뉴크랍 생두로 가장 신선하고 향미 손실이 거의 없다. 수확 후 1년이 지나면 패스트크랍으로 분류되지만, 생두 품질 저하 정도가 크지 않다. 특히 2024년 5월까지는 뉴크랍 생두를 구매할 수 없는 것이 현실이므로 패스트크랍 생두 구매는 자연스러운 일이다. 2024년 12월이 되면 수확한 지 2년이 지난 생두는 올드크랍으로 분류된다. 오래된 묵은 향이 드러나기 시작하며 생두 품질과 가격 모두 하락한다.

묶은 쌀로 밥을 하면 단맛, 고소한 맛 등 맛있는 풍미가 약해지고 텁텁한 맛이 강해진다. 건조 과정을 거친 농산물에서 대부분 비슷한 맛의 변화가 나타난다. 커피 향미를 중요하게 여긴다면 올드크랍 생두를 피하는 것이 좋다. 이처럼 오랜 보관으로 변하는 커피 향미를 알고 싶다면 직접 경험하는 방법이 최선이다.

2년　　　　　올드 크랍 Old Crop

서남아시아

아프리카　　　　　　　남아시아　　　　　　　동남아시아

인도양

커피 벨트 Coffee Belt

중앙아메리카

남아메리카

태평양

대서양

커피 원산지

커피는 열대 지역 중에서 영하의 기온으로 떨어지지 않고 강수량이 풍부한 환경에서 잘 자라는 식물이다. 북위 25° ~ 남위 25° 사이 커피 재배가 가능한 기후와 토양을 가지고 있는 전체 지역을 커피 벨트 Coffee Belt 또는 커피 존 Coffee zone 이라고 한다. 아프리카, 아시아, 아메리카 대륙에 걸쳐 폭넓게 분포되어 있으며 약 50여 개국이 있다.

커피 벨트에 속한 국가들은 각자의 재배 환경에 맞게 품종을 선택하고 재배한 후 가공 및 분류를 거쳐 생두를 수출한다. 고도가 600m 이상인 지역에서는 아라비카 종이 재배되고 그 이하 고도에서는 카네포라 (로부스타) 종 재배가 일반적이다. 간혹 한 나라 안에 재배 환경이 다양한 경우 아라비카 품종과 카네포라 품종을 함께 생산하기도 한다. 원산지마다 향미 개성이 달라 커피 선택 시 중요한 기준이 된다.

아프리카 Africa / 서남아시아 Southwest Asia

커피 종 Coffea Species 의 기원인 아프리카 대륙은 커피나무가 자라기에 좋은 자연 환경을 가지고 있다. 에티오피아, 케냐, 탄자니아, 르완다, 말라위, 브룬디 등을 비롯하여 서남아시아 아라비아반도 서남쪽 끝에 있는 예멘까지 아라비카종을 재배한다. 주로 아프리카 동부 인도양 연안에 있는 고지대를 중심으로 산지가 형성되어 있다. 카네포라 종은 아프리카 중부와 대서양 연안 저지대에 위치한 국가에서 재배된다. 대표적으로 우간다, 카메룬, 코트디부아르, 콩고민주공화국 등이 있다.

빨강 : 아라비카　파랑 : 로부스타

탄자니아 Tanzania

북부인 킬로만자로-모시 지역과 남부인 음베야 MBEYA, 음빙고 MBINGO 가 주요 재배지로 지역명을 기준으로 구분한다. 비옥한 토양과 풍부한 강수량으로 견과류의 고소함과 바디감이 좋은 부드러운 커피로 유명하다.

우간다 Uganda

아라비카 도입이 먼저 이루어졌으나 병충해로 로부스타 종으로 대체되어 생산량의 약 80% 정도를 차지한다. 국토 대부분이 산간지역인 브룬디는 영세농민들이 버번 종을 위주로 재배한다.

에티오피아 Ethiopia

에티오피아는 아프리카 대륙 내에서 해발 고도가 1,500~4,550m에 이르는 고원지대가 가장 넓게 펼쳐져 있는 국가이다. 고도 1,500~2,200m 지역에서 아라비카종이 재배되며 지금도 여러 지역에서 야생 커피나무가 자란다. 특히 에티오피아 남부에서 재배되는 커피는 화려한 꽃향기와 다양한 과일의 산미가 어우러진 최고의 커피 중 하나로 전세계에서 사랑을 받는다. 유명한 산지로 예가체프, 시다모, 구지 등이 있으며 작은 마을 단위 협동조합으로 생산된다.

에티오피아 예가체프 첼바 G1 내추럴

에티오피아 남부 예가체프 지역에서 재배하고 첼바 와싱 스테이션에서 내추럴 가공방법으로 건조한 G1 등급 커피를 의미한다.

대 표 품 종	에티오피아 에어룸 Ethiopia heirloom
수 확 시 기	10 ~ 2월
가 공 방 법	내추럴 가공방법 70%, 와시드 가공 방법 30%
품 질 등 급	결점두 기준 : G1 ~ G8
생 산 특 징	연간 생산량 : 약 44만 톤 , 세계 3위의 아라비카 생산국
생 산 지 역	남부 : 시다모 Sidamo, 예가체프 Yirgacheffe 남서부 : 짐마 Gimma, 동부 : 하라 Harra
커 피 향 미	강렬한 꽃과 과일의 향미를 머금고 있는 매력적인 커피

케냐 Kenya

케냐는 수도인 나이로비에서 북쪽으로 180km 떨어진 케냐산 주위 고원지대를 중심으로 커피 재배가 활발하다. 대표적으로 키암부, 니에리, 키린야가, 엠부 등이 있다. 수십만 개의 소규모 커피 농장을 육성하고 그 농가들을 단위 협동조합으로 구성하여 관리한다. 그리고 별도의 대형 커피 농장도 조성하는 국가적 정책으로 적극적으로 커피 산업을 발전시켜 왔다. 또한 모든 커피가 나이로비로 집결되어 랏 Lot (농장에서 구분하는 밭) 별로 경매를 통해 판매되는 시스템을 가지고 있다.

케냐 키암부 AA

케냐 키암부 지역에서 재배하고 와시드 가공 방법으로 건조한 AA 등급 커피를 의미한다. 케냐는 주로 와시드 가공 방법을 채택하기 때문에 거의 표기하지 않는다.

대표품종	SL 28, SL34, 루이루 11
수확시기	10~12월 사이 60%, 6~8월 사이 40%
가공방법	주 : 와시드 가공
품질등급	생두 크기 기준 : AA, AB, PB 등
생산특징	연간 생산량 : 약 3.9만 톤, 약 75% 정도가 소규모 농가
생산지역	케냐산 동쪽 : 엠부 Embu, 키린야가 Kirinyaga 케냐산 서쪽 : 니에리 Nyeri, 키암부 Kiambu, 나쿠루 Nakuru
커피향미	과일류, 베리류, 와인, 복합성이 뛰어나며 단맛과 강렬한 산미

아시아 Asia

아시아 커피는 브라질에 이어 세계 2위 생산량을 자랑하는 베트남을 중심으로 광범위하게 펼쳐 있다. 대부분 국가가 카네포라 품종을 재배하고 일부 고도가 높은 지역에서만 아라비카 품종을 재배한다. 카네포라 품종은 품질면에서는 다소 떨어지지만 병충해에 강하고 단위 면적당 높은 생산성으로 가격 경쟁력이 우수하다. 특히 연유, 캐러멜, 초콜릿 같은 재료들을 혼합하여 제조하는 커피 음료에 적합하다.

인도네시아 Indonesia

2021년 기준 커피 생산량 세계 4위인 국가로 로부스타가 70%, 아라비카가 30% 비율로 연간 765,000t을 생산한다. 주요 재배 지역은 자바, 수마트라, 술라웨시, 발리, 티모르와 같이 섬 단위로 구분된다.

베트남 Vietnam

1857년 프랑스에서 티피카 품종 커피나무가 들어왔지만 커피 녹병으로 재배가 확산되지 못했다. 1900년 이후 남서부 고산지대를 개간하여 카네포라 품종을 대규모로 재배하기 시작하였다. 초콜릿의 달콤함과 토스트의 구수함이 강한 커피에 연유를 첨가하여 만든 베트남식 커피음료가 유명하다. 내추럴 가공방법이 일반적이고 와시드와 웻 폴리싱 Wet Polishing 방법으로 가공된 생두도 있다. 웻 폴리싱 가공은 과육, 파치먼트, 생두에 남아 있는 은피까지 제거한 후 건조하는 방식으로 생두 표면이 매끄럽고 커피 향미가 깔끔하고 달콤하다.

베트남 로부스타 G1

베트남에서 재배한 로부스타 품종 커피로 G1 등급 커피를 의미한다.

대표품종	로부스타 Robusta
수확시기	로부스타 1 ~ 4월, 아라비카 12 ~ 1월
가공방법	주 : 내추럴 가공
품질등급	결점두 기준 : G1 ~ G5
생산특징	연간 생산량 : 약 189만 톤, 세계 1위 로부스타 생산국
생산지역	닥락 Dak Lak, 람동 Lam Dong, 닥롱 Dak Long
커피향미	토스트, 구수함, 좋은 바디감

남아메리카 South America, 중앙아메리카 Central America

남아메리카 대륙은 오랜 역사와 많은 생산량으로 전 세계 커피 물량과 가격을 결정짓는 중요한 커피 생산지역이다. 남아메리카 동부 브라질과 서부 안데스산맥을 중심으로 콜롬비아, 에콰도르, 페루, 볼리비아 등 고산지대에서 품질 좋은 아라비카종이 재배된다.

중앙아메리카는 북쪽의 멕시코부터 남쪽의 파나마까지 전 지역에서 커피가 재배되며 과테말라 일부를 제외하고 주로 아라비카종만이 생산된다. 대부분 화산성 토양으로 유기물이 풍부하고 높은 해발 고도로 아라비카 커피를 생산하기에 적합하다. 주로 와시드 가공 방법을 채택하며 해발 고도에 따른 밀도를 기준으로 등급을 분류한다. 국가, 지역, 농장별로 가장 적합한 품종과 가공 방법 등을 선택하여 생두를 재배한다. 특별한 커피를 위한 노력은 계속되고 있다.

브라질 Brazil

세계 1위 커피 생산 국가인 브라질은 1727년 처음 커피나무를 심기 시작하여 생산량이 꾸준히 증가했다. 1900년 초 전 세계 생산량의 80%까지 커피 시장을 장악하였다. 2023년 기준 아라비카종 85%, 로부스타종 15% 비율로 재배하며 전체 생산량의 35% 정도를 유지하고 있다. 대규모 농장에서 농기계를 활용한 재배로 다른 원산지에 비해 수익률이 높다. 최근에는 무산소 발효 방법을 개발하는 등 품질면에서도 전 세계 커피 시장에 지대한 영향을 주고 있는 국가이다.

브라질 세라도 내추럴 NY2 FC

고도 1,000m 이상 사바나 기후 지대 세라도에서 재배하고 내추럴 가공 방법으로 건조한 NO2 등급 커피를 의미한다. FC Fine Cup 는 발효도에 따른 향미 등급으로 아래 단계로 GC Good Cup 이 있다.

대표품종	문도노보, 카투아이, 버번, 카투라, 티피카
수확시기	5 ~ 9월
가공방법	내추럴 가공 60%, 펄프드 내추럴 가공 40%
품질등급	결점두 기준 : NO. 2 ~ NO.6
생산특징	연간 생산량 : 약 340만 톤, 아라비카 75%, 로부스타 25%
생산지역	미나스 제라이스 Minas Gerais, 상파울로 Espírito Santo 에스페레투산토 Espírito Santo, 파라나 Patana
커피향미	초콜릿과 견과류, 섬세한 산미, 바디감이 좋고 달콤

콜롬비아 Colombia

안데스산맥 북부에 있는 콜롬비아는 아라비카종만을 재배하며 2023년 기준 세계 3위의 생산량을 차지한다. 커피 향미 품질에 중점을 둔 콜롬비아는 국립커피연구센터 Cenicafe 에서 새로운 품종을 개발하고 FNC 콜롬비아 커피 생산자 조합에서 효율적으로 품질을 관리한다. 높은 고도, 토양에 적합한 품종 선별, 체계적인 재배 가공으로 콜롬비아 커피는 산미가 뛰어나고 전체적으로 품질이 좋다.

콜롬비아 후일라 수프리모 와시드

콜롬비아 남부 후일라 지역에서 재배하고 와시드 가공 방법으로 건조한 수프리모 등급 커피를 의미한다.

대표품종	콜롬비아, 카스틸로
수확시기	10 ~ 2월 : 75%, 4 ~ 6월 : 25%
가공방법	주 : 와시드 가공, 개성 있는 향미를 위해 다양한 가공 방법 채택
품질등급	생두 크기 기준 : 수프리모, 엑셀소 등
생산특징	연간 생산량 : 약 80만 톤, 세계 2위의 아라비카 생산국
생산지역	북부 : 산탄데르 Santander 중부 : 안티오키아 Antioquia, 톨리마 Tolima 남부 : 나리뇨 Nariño, 카우카 Cauca, 후일라 Huila
커피향미	북쪽은 다크 초콜릿의 바디, 남쪽은 과일의 산미가 강해지는 특징

페루 Peru

페루는 안데스산맥이 전 국토의 대부분을 차지하고 있는 산악 국가로, 유기농 커피 분야에서 리더로 빠르게 부상하고 있다. 페루에서 생산된 농산물 중 커피가 1위이며 국가에서 지정한 커피의 날에 축제가 열린다. 미디엄 바디와 긴 여운 그리고 밝은 산미와 초콜릿 향이 조화로운 커피로 특히 마샬 Marshall 품종이 우수한 평가를 받고 있다.

페루 SHB 마이크로랏 핀카 로젠하임 와시드

페루 로젠하임 농장, 작은 밭에서 재배하고 와시드 가공 방법으로 건조한 SHB 등급 커피를 의미한다.

대표품종	티피카, 카투라, 카티모르, 버번 외
수확시기	7 ~ 11월
가공방법	주 : 와시드 가공, 개성 있는 향미를 위해 다양한 가공 방법 채택
품질등급	재배고도 기준 : SHB, HB 등
생산특징	연간 생산량 : 약 26만 톤
생산지역	북부, 중부, 남부로 나뉘며 22만 개의 소규모 농장으로 구성. 가파른 언덕이나 산악지역에서 재배
커피향미	부드러운 산미와 비교적 가벼운 바디감

코스타리카 Costa Rica

코스타리카는 국토의 40%를 국립 공원과 자연보호구역으로 지정하여 보존하는 국가이다. 커피 재배에 적합한 약산성의 화산 토양 지역을 중심으로 농장이 분포되어 있다. 대부분 유기 농법으로 경작되어 크기가 작고 생산량도 많지 않으나 품질이 좋기로 유명하다. 밝은 산미와 부드러운 바디가 조화롭게 균형을 이룬다. 커피 품질 관리를 위해 로부스타 품종 경작을 법으로 금지하는 국가로 철저한 품질 관리와 효율적인 커피 산업 정책을 펼치고 있다.

코스타리카 따라주 SHB 라 파스토라 허니

코스타리카 따라주 지역, 라 파스토라 농장에서 재배하고 허니 프로세싱으로 건조한 SHB 등급 커피를 의미한다.

대표품종	카투라, 카투아이, 빌라 사치, 버번 외
수확시기	10 ~ 3월
가공방법	주 : 와시드 가공, 개성 있는 향미를 위해 다양한 가공 방법 채택
품질등급	재배고도 기준 : SHB, GHB, HB 등
생산특징	연간 생산량 : 약 8만 톤
생산지역	따라주 Tarraza, 웨스트벨리 West Vally, 센트럴 밸리 Central Vally, 부룬카 Brunca
커피향미	밝은 과일의 산미, 좋은 바디감, 깔끔한 여운의 좋은 밸런스

온두라스 Honduras

온두라스는 커피 재배에 우수한 자연 환경을 가지고 있다. 최근에는 품종 개량, 경작, 수확, 가공, 건조 방법에 대한 정보를 농부에게 보급하고 교육을 실시하는 정책을 펼쳐 커피 산업이 빠르게 발전하고 있다. 병충해에 강하고 수확량과 품질이 우수한 ihcafe-90, 임피라 lempira, 파라이네마 parainema 등 새로운 품종 재배가 확대되고 있다. 온두라스 커피의 향미 특징은 온화한 산미와 달콤한 캐러멜 향미를 가진 부드러움이다.

온두라스 SHB 산타 바바라 와시드 EP

온두라스 산타 바바라 지역에서 재배하고 와시드 가공 방법으로 건조한 SHB 등급 커피를 의미한다. EP European Preparation 는 유럽 수출 기준.

대표품종	카투아이, 빌라사치, 파카스, 버번 외
수확시기	11 ~ 4월
가공방법	주 : 와시드 가공, 개성 있는 향미를 위해 다양한 가공 방법 채택
품질등급	재배고도 기준 : SHG, HG 등
생산특징	연간 생산량 : 약 33만 톤, 세계 4위의 아라비카 생산국
생산지역	산맥이 있는 중앙 지역을 중심으로 엘 파라이소 El Paraiso, 아갈타 Agalta, 코판 Copan 외
커피향미	달콤하고 부드러우며 온화한 과일의 산미가 특징

과테말라 Guatemala

과테말라는 국토 대부분이 미네랄이 풍부한 화산재 토양, 뚜렷한 건기와 우기, 큰 일교차 등 커피 재배에 이상적인 자연 환경에 속해 있다. 안티구아, 아티틀란, 코반, 프라이아네이스 고원, 우에우에테낭고, 오리엔테, 삼 마르코스 8개로 생산 지역을 나누며 지역마다 커피 향미에 차이가 있다. 특히 화산지역과 인접해 있는 농장이 많아 특유의 스모크 향미로 유명하다. 좋은 품질을 위해 그늘 재배를 주로 채택하며 상큼한 과일향, 견과류의 풍미 그리고 높은 바디가 특징이다.

과테말라 안티구아 SHB 마르가리타 와시드

과테말라 안티구아 지역에 위치한 마르가리타 농장에서 재배하고 와시드 가공 방법으로 건조한 SHB 등급 커피를 의미한다.

대표품종	버번, 티피카, 카투아이, 카투라
수확시기	12 ~ 4월
가공방법	주 : 와시드 가공, 개성 있는 향미를 위해 다양한 가공 방법 채택
품질등급	재배고도 기준 : SHB, HB 등
생산특징	연간 생산량 : 약 23만 톤
생산지역	안티구아 Antigua, 아티틀란 Atitlan, 산마르코 San Marco 우에우에테낭고 Huehuetenange 외
커피향미	풍부한 바디감과 초콜릿의 향미와 단맛이 강함

멕시코 Mexico

멕시코는 중남미 최북단에 위치하며 북부는 커피존에 포함되지 않는다. 남부 화산지역을 중심으로 커피가 재배되며 유기농법과 그늘 경작법으로 품질 향상에 힘쓰고 있다. 1,600m 이상 고지대에서 재배하는 커피에 가장 높은 품질 등급인 에스트레 멘테 알투라를 부여한다. 알투라 Altura 는 스페인어로 '높다' 또는 '꼭대기'를 의미한다. 700m 이하 저지대에서 생산된 커피 수출을 금지하고 있다

멕시코 알트라 치아파스 소코두스코 와시드

멕시코 고원지대 치아파스 주 소코두스코 지역에서 재배하고 와시드 가공 방법으로 건조한 알투라 등급 커피를 의미한다.

대표품종	버번, 카투라, 마라고지페, 문도노보
수확시기	11 ~ 3월
가공방법	주 : 와시드 가공, 개성 있는 향미를 위해 다양한 가공 방법 채택
품질등급	재배고도 기준 : SHG, HG 등
생산특징	연간 생산량 : 약 23만 톤
생산지역	남부 과테말라 접경지역 치아파스 Chiapas, 베라크루즈 Veracruz, 오악사카 Oaxaca 외
커피향미	가벼운 산미와 견과류의 부드러운 바디

엘살바도르 El Salvador

엘살바도르는 대한민국 경상북도 크기의 작은 나라로 국토 대부분이 커피 재배가 가능한 산악지역이다. 전 국토의 80%가 커피 생산이 가능한 자연조건을 가지고 있으나 2023년 기준 약 12%가 커피 농장으로 조성되어 있다. 서쪽 지역인 아파네카와 산타아나가 대표 생산지이고 전체 생산량의 약 75%를 차지하고 있다. 좋은 품질을 위해 주로 그늘 재배를 하고 자연 보호에도 힘써 커피 농장과 야생 동물 서식지가 조화롭게 공존하고 있다. 크림 같은 부드러움에 산뜻하고 달콤한 과일의 산미가 잘 어우러진 향미가 특징이다.

엘살바도르 플로 블랙 허니 SHG

엘살바도르 플로 농장에서 재배하고 블랙 허니 프로세싱으로 건조한 SHG 등급커피를 의미한다.

대표품종	버번, 파카스 외
수확시기	10 ~ 3월
가공방법	주 : 와시드 가공, 개성 있는 향미를 위해 다양한 가공 방법 채택
품질등급	재배고도 기준 : SHG, HG 등
생산특징	연간 생산량 : 약 4.4만 톤
생산지역	서쪽 : 아파네카 Apaneca, 산타아나 Santa Anan
커피향미	허브향과 감귤류의 산미를 바탕으로 고소하고 부드러운 향미

최근 커피 생산량

2021년 기준 커피 생산 국가별로 생산량 1위는 브라질 38.5%, 2위는 베트남 17.1%, 3위는 콜롬비아 8.4%, 4위는 인도네시아 7.1%, 5위는 에티오피아 4.3% 순이다. 상위 5개의 생산국이 전체 생산량의 75%를 차지한다. 이어 온두라스 3.6%, 인도 3.4%, 멕시코 2.4%, 페루 2.2% 순이다. 국가별 생산수율은 로부스타를 생산하는 베트남이 ha(10,000m^2) 면적당 2.4t, 주로 아라비카를 생산하는 브라질이 ha당 1.4t, 온두라스와 콜롬비아가 0.9t, 그 밖의 국가는 0.7t 수준이다. 국제커피협회 ICO Internation Coffee Oranization 가 2022년 12월 11일에 발표한 '커피 시장 보고서 Coffee Market Report'에서 2021/2022 커피 연도 세계 커피 총생산량은 1억 6720만 포대(1포대 60kg)이다. 이 생산량은 2020/2021 커피 연도보다 2.1% 감소한 수치이다. 아라비카는 93,970포대로 전년 대비 7.1% 감소하였고, 로부스타는 73,200포대로 전년 대비 5.1% 증가하였다. 대륙별로는 남아메리카가 77,473포대로 1위이며 아시아가 51,433포대로 2위이다. 아프리카와 중앙아메리카가 각각 19,270포대, 18,993포대를 생산했다.

2021/22 커피 연도 : 2021년 10월 ~ 2022년 9월

포대에 담긴 생두

좋은 생두 기준

건조된 커피 생두는 녹색 계열의 색을 띠며 노란 느낌의 연두색부터 검은 느낌의 회녹색까지 다양하다. 형태는 타원형으로 좁은 폭 기준 3~7mm 정도로, 품종 및 원산지별로 2배 이상 크기 차이가 난다. 냄새는 풋 내음을 바탕으로 아라비카 품종의 경우 신향이, 로부스타 품종의 경우 달콤함이 나타난다. 좋은 생두는 크기가 균일하고 선명한 색을 띠며 결점두가 적을수록 높은 품질로 평가받는다.

좋은 생두의 기준은 한마디로 좋은 향미이다. 커피 품질을 의미하는 컵 퀄리티 Cup Quality 는 향미의 강도, 다양성, 산미, 바디, 여운 등으로 평가된다. 좋은 컵 퀄리티를 가지고 있는 커피는 항목별로 좋은 평가를 받으며 가격 또한 높게 책정된다. 품질 향상을 위하여 새로운 품종 개량, 적합한 영양분 투입, 농사 기법, 가공방법 개선 등 커피라는 음료가 소비자에게 도달할 때까지 각 분야 전문가들의 기술과 마음이 더해진다. 이러한 노력으로 좋은 생두와 맛있는 커피가 시장을 활기차게 만들고 있다. 세계적으로 좋은 커피에 관심이 커피면서 완성도 높은 커피 한 잔에 그만큼 가치를 지불하는 소비자도 많아지고 있다.

국제 표준에 의해 높은 점수를 받은 커피를 모든 사람이 좋아할까?
어떤 사람은 과일의 향미와 산미가 지배적인 커피를 좋아하고 다른 사람은 고소하고 부드러운 커피를 선호한다. 객관적으로 전자의 커피가 높은 점수로 평가되어 가격이 높게 책정된다. 하지만 주관적인 판단은 다를 수 있다. 바리스타는 객관적인 기준과 고객의 주관적인 취향을 정확히 아는 것이 중요하다. 그리고 타인의 취향을 존중하는 마음을 잊어서는 안 된다.

결점두 Defect Bean

불쾌한 커피 향미를 만드는 원인이며 열매, 수확, 가공, 보관 단계마다 발생하는 이유가 다양하다. 커피 향미 품질을 정확히 알기 위해 결점두의 종류와 특징에 대한 이해가 필요하다. 일반 사람이 커피 시음을 통해 결점두 종류를 찾는 것은 거의 불가능한 일이다. 하지만 쾌쾌함, 탁하게 쓴맛, 떫은맛 등 기분 좋지 않은 향미로 느껴진다. 사과를 먹을 때 과육이 썩었거나 충격으로 손상된 부위를 씹는다면 누구나 그 불쾌감을 알 수 있는 것과 같은 원리이다. '나는 커피 맛을 잘 모른다' 라고 생각하는 것은 경험이 부족하여 정보가 충분치 않기 때문이다. 좋은 커피와 좋지 않은 커피를 비교하는 훈련을 1시간 정도 받으면 좋고 나쁨의 구분은 누구나 가능하다.

결점두 종류

열매 단계	적합한 시기에 비가 오지 않아 미성숙 생두 Immature 벌레 먹은 생두 Insect Damage
수확 단계	땅에 떨어져 흙에 오염되어 발효된 생두 Black Bean 덜 익은 생두 Unriped Bean 너무 많이 익은 생두 Sour Bean
가공 단계	곰팡이 생긴 생두 Fungus Damages 과발효 생두 Sour Bean 깨진 생두 Brocken Bean 체리 껍데기 Hull / Husk
보관 단계	부적절한 온도와 습도로 보관된 바랜 생두 Floater

좋은 원두

Good Roasted Bean

커피 로스터의 노력으로 탄생한 수천 가지 향들의 축제

좋은 원두의 조건

우리는 매일 음식을 먹으며 살아간다. 밥, 고기 등 음식을 통해 생명을 유지하고 과일, 커피 등 디저트로 즐거운 삶을 영위한다. 전 세계에서 가장 많이 사랑받는 음료인 커피, 그 이유는 무엇일까? 오랜만에 친구를 만나 분위기 좋은 카페에서 커피를 마시거나 바쁜 일상 속에서 에너지를 충전하기 위해 마신다. 커피를 마시는 이유는 다양하지만 좋아하는 마음은 같을 것이다. '맛있는 커피는 무엇입니까?' 라는 질문에 커피를 좋아하는 사람도 선뜻 대답하기는 쉽지 않다. 객관적으로 좋은 커피가 무엇이고 내가 좋아하는 향미가 무엇인지 아는 것만으로도 만족감은 배가 될 수 있다. 맛있는 음식은 기본에 충실할 때 만들어진다. 좋은 식자재, 적합한 조리법 그리고 조리하는 사람의 실력이라는 세가지 기본 조건이 모두 충족될 때 맛있는 음식이 된다.

이 책에서 '좋다' 의 기준은 객관적인 품질이고 '맛있다' 의 기준은 개인 취향이다.

맛있는 커피의 조건

식자재	원두	좋은 향미
조리법	추출	커피 성분
조리하는 사람	바리스타	방법 선택

생두 선택 방법

좋은 원두의 제 1 조건은 좋은 생두이다. 생두를 보고, 만지고, 냄새 맡고, 씹어도 커피 향미를 상상하기란 불가능하다. 그래서 생두를 구매하는 사람들은 커피 시음을 통해 품질을 확인한다. 전문적인 용어로 커핑 Cupping 이라고 한다. 생두 품질의 정확한 확인을 위해 생두를 밝게 볶아 커피 본연의 향미를 판별한다. 열에 의해 변하는 향미를 최소화하기 위해서이다.

생두 품질 평가

커핑을 하기 전 커피 생두의 원산지, 품종, 가공 방법, 등급 등 농장에서 제공하는 정보들로 기본 품질과 향미를 예상한다. 원두를 분쇄하여 일정 시간 동안 뜨거운 물에 담가 추출한 커피를 시음하면서 좋은 향미와 좋지 않은 향미를 구체적으로 분류하고 품질을 평가한다. 맛있는 향미가 다양하고 풍성할수록 높은 점수를 받고 불쾌한 향미가 나타나면 감점이 된다. 생두에 점수가 부여되고 객관적인 품질 등급이 된다. 이 과정은 국제 표준을 기준으로 이루어지며 이를 토대로 등급과 가격이 결정된다.

커핑에 대한 자세한 내용은 4. 맛있는 커피 추출 p183에 있다.

좋은 원두의 조건

식자재	생두	좋은 품질
조리법	로스팅	열원 선택
조리하는 사람	로스터	향미 연출

생두 분류와 가격

생두는 품질과 가격을 기준으로 일반 생두, 좋은 생두, 최고급 생두로 구분이 가능하다. **일반 생두**는 품종과 원산지를 기준으로 가격이 결정된다. 아라비카 품종과 로부스타 품종으로 구분이 먼저이고 다음으로 원산지를 확인한다. 동일한 품종이라고 해도 원산지가 다르면 가격 차이가 있다. **좋은 생두**는 등급, 재배지역 등 객관적인 정보와 향미 품질로 가격이 결정된다. 아라비카 품종 중에서 향미가 다양하고 향미 결점이 적은 생두가 좋은 생두에 속하며 '프리미엄 아라비카' 라고도 칭한다. 원산지별로 다소 차이가 있지만 1kg 기준 15,000원 이상이면 좋은 생두에 속할 확률이 높다. **최고급 생두**는 커피 향미 품질과 희소성으로 가격이 결정된다. 최고급 생두로 볶은 원두는 맛있는 커피 향미로 가득 차 있으며 향미 결점도 거의 없다. 1kg 기준 30,000원 정도부터 최고급으로 분류될 가능성이 크다.

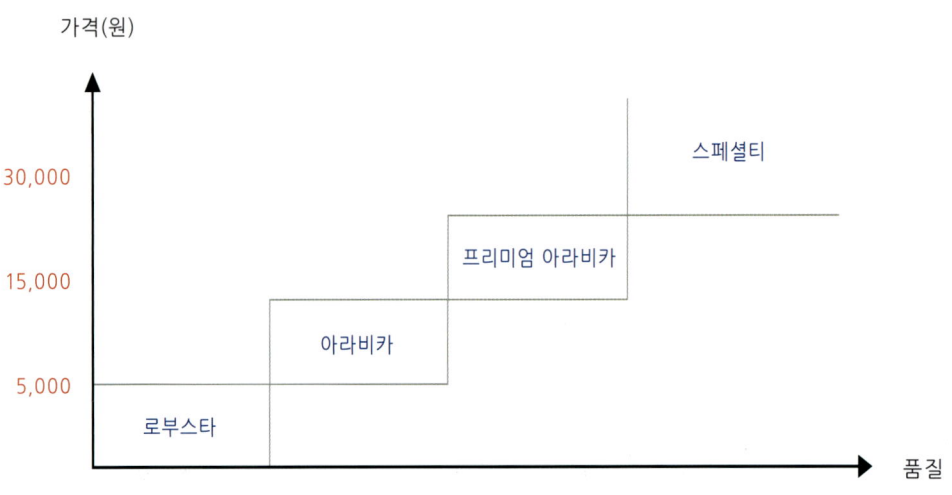

2023년 인터넷 소매가 기준

그 이상 가격으로 유통되는 생두라면 종이 한 장 차이의 특별함을 가지고 있다. 종이 한 장 차이로 명품이 되어 매우 큰 가치로 인정받는다. 원두를 선택하는 데 있어 가장 중요한 것은 가격에 대한 편견이 아닌 품질에 합당한 가격을 구분하는 역량이다.

최고의 생두, 좋은 생두, 일반 생두 - 로스터라면 당신의 선택은 무엇인가?

원두를 생산하는 로스터라면 좋은 생두를 합리적인 가격에 구매하고자 하는 마음은 당연하다. 문제는 가격의 범위이다. 로부스타 품종은 1kg 기준 5,000원 정도지만 아라비카 품종은 일반적으로 1kg 기준 10,000원 전후로 분포되어 있다. 스페셜티 등급은 1kg 기준 20,000원부터 300,000원 이상까지 가격 범위가 상당히 넓다. 로스터는 구매 고객이 선호하는 향미, 사용 용도, 판매 가능한 가격 등 여러 사항을 고려하여 생두를 선택한다. 최고 품질을 선택할지 아니면 고객 취향과 가격을 모두 감안하여 선택할지는 로스터의 철학에 속하는 영역이다. 이 단계에서 생두에 대한 국제 표준을 안다면 좋은 생두를 합리적인 가격으로 구매하는데 유리하다.

 좋은 사과를 선택하는 방법

좋은 사과의 객관적 기준
1. 품종과 재배지역에 관한 정보를 알면 어느 정도 사과의 맛을 예상한다.
2. 크기, 모양, 색, 상해 정도를 눈으로 보고 향을 맡으면서 품질을 확인한다.
3. 시식을 통해 단단한 질감, 풍부한 과즙, 향, 산미, 단맛을 파악한다.
4. 품질 평가를 하고 합리적인 가격인지 판단한다.

커피 로스팅의 중요성

맛있는 음식을 선택할 때 원재료와 요리법 중 무엇이 더 중요할까? 정말 결정하기 어려운 질문이다. 원두를 만들기 위해 볶는 행위는 일종의 요리법으로 로스팅 Roasting 이라고 한다. 커피 로스팅은 물 또는 기름 등을 전혀 사용하지 않고 단지 열을 가하여 생두를 볶는 요리법이다. 로스팅 완성도가 커피 향미에 가장 크게 영향을 준다고 해도 과언이 아니다.

커피 로스팅이란

커피 생두가 고온에서 볶아지면서 성분이 열분해 되어 향미가 만들어지는 과정을 의미한다. 단단한 생두를 타지 않게 골고루 볶는 기술 능력과 향의 변화를 파악하면서 커피 향미를 만들고 결정하는 감각 능력이 결합해야 로스팅이 완벽해진다. 기온, 습도, 바람, 화력 등 변수들이 주는 영향을 감안하면서 유연하게 로스팅하는 기술을 습득하기란 쉽지 않다. 로스팅 과정에서 표현되는 향미는 천 가지 이상으로 다양하고 풍부한 정도(강도)가 다르다. 이 차이로 만들어지는 각양각색의 향미들과 조합되는 비율까지 생각해보면 로스터가 만들어내는 커피 향미는 무한대로 다양해진다. 명확한 정답이 없는 문제를 담당하는 사람이 바로 로스터 Roaster 이다.

샘플러 - 로스팅 과정 중 커피 향미를 확인하는 도구

커피 로스팅 방법

로스팅 방법은 커피콩을 볶는 열원 차이로 구분하며 화력으로 공급되는 열원의 종류는 전도열과 대류열이 있다. 전도열 Conductive Heat 은 가열된 물체에 접촉하여 열이 이동하고, 대류열 Convective Heat 은 물이나 공기의 난류로 열이 이동한다. 전도열이 커피콩에 직접 영향을 미치는 직화 방법, 대류열로 커피콩을 볶는 열풍 방법, 전도열과 대류열을 모두 활용하는 반열풍 방법이 있다.

직화식 로스팅

장작, 가스 또는 전기 등을 활용하여 불이나 열을 만들어 그 열원 위에 구멍이 있는 망이나 금속으로 된 팬을 올려 뜨겁게 달구어 볶는 방법이다. 직화식 로스터기는 주로 전도열을 사용하며 대류열이 미치는 영향은 크지 않다. 뜨거운 열을 건조된 생두에 직접 가하기 때문에 단단한 생두 안쪽까지 골고루 볶이는 것이 매우 어렵다. 그 결과 원두 내부와 외부의 볶임 정도가 다를 수 있고 특히 겉면이 더 진하게 로스팅 될 가능성이 크다. 가정에서 100~300g 사이 소량의 생두를 볶을 때 많이 사용된다.

 복사열 Radiant Heat

복사열이란 물체에서 방출하는 전자기파를 직접 물체가 흡수하여 열로 변하는 것을 의미한다. 로스팅 과정에서 커피콩으로 이동한 열량이 경계선을 넘으면 터지게 된다. 이 시점 이후부터 열 흡수와 방출이 동시에 진행된다. 커피콩에서 방출하는 열을 다른 커피콩이 흡수하는데 이 열을 복사열이라고 한다.

오래전부터 커피를 즐겼던 에티오피아에서는 지금도 시장이나 작은 카페에서 넓찍한 팬 위에 생두를 볶아 원두를 만들어 커피를 끓인다. 사람들이 옹기종이 모여 앉아 커피를 마시는 것이 에티오피아의 일상이다.

직화식 로스팅 - 2012년 네팔

열풍식 로스팅

오븐에서 빵을 굽듯이 뜨거운 공기 즉 대류열을 활용하여 볶는 방법이다. 열원과 드럼이 분리되어 있고 열풍이 이동하면서 드럼 내부로 들어간다. 드럼 온도와 열풍 온도가 동일하여 전체적으로 커피콩이 균일하게 볶아진다. 생두 투입전 로스터기 예열시간이 길고 로스터가 온도를 조절해도 열풍에 바로 반영되지 않는 단점이 있다. 공기 흐름을 잘 유도하여 드럼 아래와 위의 온도차를 조절하는 기술이 필요하다.

일정한 커피 향미를 만드는데 효율적인 방법으로 규모가 큰 로스팅 공장에서 많이 선택한다. 열풍식 로스터기는 비교적 고가이며 열원이 가스가 아닌 전기일 경우 별도의 전기 설비를 구축해야 한다.

반열풍식 로스팅

직화식 로스팅의 전도열과 열풍식 로스팅의 대류열을 모두 활용하는 방법이다. 생두가 투입되어 볶아지는 원형의 금속 드럼, 공기의 흐름을 제어하는 댐퍼, 원두를 식히는 냉각팬 등으로 구성되어 있다. 보통 가스 불로 드럼 자체를 뜨겁게 달구고 가스 불 주위의 뜨거운 공기를 드럼 안으로 유도하면서 로스팅이 진행된다. 로스터는 열원 세기로 온도를 조절하고 댐퍼로 공기 흐름을 제어하는 방법으로 개성 있는 커피 향미를 만든다.

반열풍식 로스터기는 1~400kg까지 생두를 투입할 수 있을 만큼 드럼 크기가 다양하다. 드럼 크기가 클수록 전도열보다 대류열로 커피콩이 볶아져 커피 향미가 균일하게 만들어진다. 열풍식 로스터기와 비교하면 저렴한 가격으로 소형 로스터리 카페부터 대형 로스팅 공장까지 사용되는 대중적인 로스터기이다.

튀르키에 서부 지중해 연안에 있는 가란티 공장 내부 모습이다. 아직 완성되기 전 로스터기들로 다음 공정을 기다리고 있다. 전기, 도색 등 후공정을 거쳐야 완성된 모습을 갖추게 된다.

반열풍식 로스터기 - 2018년 튀르키에

커피 로스팅 구간

커피 로스팅 구간은 로스팅 온도, 커피콩 칼라, 향미 변화를 기준으로 구분된다. 로스터기를 달구는 예열 구간, 생두의 수분을 제거하는 건조 구간, 향미를 만드는 로스팅 구간, 원두를 식히는 냉각 구간이 있다. 로스터기를 점화하고 예열이 시작되는 순간부터 컨트럴패드 Control pad 에 표시되는 로스팅 온도를 주시하는 것이 좋다. 생두를 투입한 후 전도열, 대류열, 복사열에 의해 변하는 로스팅 온도를 체크하고 드럼 내부에 있는 커피콩을 샘플러로 꺼내 커피 향미를 후각으로 확인한다. 로스팅 전 과정에서 커피 향미와 로스팅 온도 변화를 체크하여 화력의 세기와 로스터기 내부 공기 흐름을 조절한다. 원하는 향미가 완성되면 원두를 배출하고 빠르게 식히는 과정으로 커피 로스팅이 완성된다.

예열 구간 Preheating Stage

커피 로스터기에 생두를 투입하기 전, 로스터기 예열이 선행되어야 한다. 예열 온도는 커피 향미에 영향을 주기 때문에 정확성이 중요하다. 낮은 온도로 로스팅을 시작하면 전체 로스팅 시간이 길어지고 커피 향미가 생동감을 잃어 밋밋해진다. 반대로 높은 예열 온도로 시작하면 로스팅 시간이 짧아져 맛있는 커피 향미를 충분히 만들지 못한다. 특히 원두 표면이 탈 수 있으니 주의해야 한다. 로스팅 예열 온도를 몇 ℃ 로 정하는 것부터 좋은 향미를 만드는 로스팅의 시작이다. 예열 온도는 약 200℃ 전후이며 생두 투입량에 비례하여 예열 온도가 달라진다.

열풍 온도는 로스터기 내부 공기를 측정한 온도이다. 로스팅 온도는 커피콩의 온도를 의미한다. 기계마다 측정하는 위치에 차이가 있어 온도 수치가 다를 수 있다.

컨트롤 패드 구성 - 반열풍식 로스터기

열풍 온도 Air Temperature

로스팅 온도 Roasting Temperature

로스팅 시간 Roasting Time

작동 시작 Start

작동 멈춤 Stop

타이머 작동 Time

건조 구간 Drying Stage

뜨거워진 로스터기에 생두가 투입되면 내부 온도가 떨어지면서 로스팅이 본격적으로 시작된다. 생두가 열을 흡수하여 점점 뜨거워지고 서서히 건조가 진행되면 녹색 계열의 생두가 연두색을 거쳐 완전히 노란색으로 변한다.

수분 증발 단계

커피콩 온도가 100℃ 이상으로 올라가면 겉면부터 수분이 수증기로 기화되어 증발하는 구간을 의미한다. 수분 증발은 커피콩 겉면부터 시작해 내부로 확대된다. 풋내가 나던 커피콩이 점점 건초 냄새로 바뀌고 녹색은 노란색 계열로 변한다.

엘로우 단계

로스팅 온도가 140℃에 다다르면 수분 증발이 커피콩 전체로 확대되어 내부까지 노란색으로 완전히 변한다. 빵 굽는 냄새와 신향이 시작되는 이 시점의 로스팅 포인트가 라이트 Light #95이다. 다른 성분은 열분해 시작 전으로 신맛만 도드라진다.

생 두 수분 증발 라이트 로스트

로스팅 구간 Roasting Stage

생두 내부까지 충분히 건조가 진행된 후 커피콩에 열이 더 가해지면 맛있는 커피 향미가 만들어진다. 원두가 볶이면서 만들어지는 커피 향미를 단계별로 분류한 것이 로스팅 포인트 Roasting Point 이다. 다른 표현으로 로스팅 칼라 Roasting Color 라고도 한다. 향미 변화와 함께 커피콩 색이 진해지기 때문이다. 라이트 - 시나몬 - 미디엄 - 하이 - 시티 - 풀시티 - 프렌치 - 이탈리안 8단계로 구분하고 숫자 표기는 #95부터 10단위로 #25 까지 작아진다.

시나몬 Cinnamon 로스팅 포인트 #85

지속적인 열 공급으로 로스팅이 계속 진행되고 160℃에 다다르면 커피콩이 연한 황갈색으로 변하면서 빵 굽는 맛있는 냄새가 나타난다. 맛있는 빵 굽는 냄새는 탄수화물과 단백질이 열에 의해 맛있게 변화는 마이야르 반응 Maillard reaction의 결과이다. 시나몬 구간은 마이야르 반응의 시작을 의미하며 약하게 단맛이 나타나지만 가장 지배적인 맛은 신맛이다. 커피콩이 열을 계속 흡수하면서 마이야르 반응이 확대되고 맛있는 향미 또한 계속 증가한다.

미디엄 Medium 로스팅 포인트 #75

190~200℃에 다다르면 커피콩 세포 내부에 남아 있는 수증기와 열분해된 커피 성분이 화학 반응을 일으키며 이산화탄소를 만든다. 이때 발생하는 이산화탄소가 점점 증가하면서 세포벽에 엄청난 압력을 가하고, 이 압력으로 커피콩의 가장 약한 부분인 센터 컷이 벌어지는 파열이 발생한다. 이것을 크랙 Crack 또는 펑 소리가 난다는 뜻으로 파핑 Poping 이라고 한다. 1차 크랙으로 커피콩 부피가 50~60% 정도 팽창하면서 매우 단단하고 딱딱했던 구조가 부서질 수 있을 정도로 약해진다. 1차 크랙은 1~2분 정도 진행되며, 노란색이 완전히 없어지고 갈색으로 변한다.

마이야르 반응에 대한 자세한 내용은 3. 맛있는 커피 성분 p162에 있다.

하이 High 로스팅 포인트 #65

로스팅 온도가 200℃ 이후부터 열원에서 공급되는 전도열과 대류열 뿐만 아니라 원두 자체에서 발산하는 복사열까지 더해져 열량 변화가 커진다. 1차 크랙으로 커피콩 내부 공기 구멍이 커지면서 쉽게 열에 영향을 받는 상태가 되어 빠르게 열분해가 진행된다. 엔자이메틱 아로마 Enzymatic Aroma 는 계속해서 감소하고 커피콩 내부에서는 마이야르 반응 Maillard reaction 과 당의 카라멜화 Sugar Caramelization 가 동시에 진행되면서 새로운 향미가 만들어진다. 커피 향미가 빠르게 변하기에 로스팅 온도를 세심하게 살피면서 열원과 공기 흐름 조절에 집중해야 한다. 붉은 갈색이 진한 갈색으로 변하고 단맛과 신맛이 조화를 이루는 지점이 바로 하이 로스팅 포인트이다.

당의 카라멜화에 대한 자세한 내용은 3. 맛있는 커피 성분 p168에 있다.

아로마에 대한 자세한 내용은 2. 좋은 원두 p116에 있다.

시나몬 로스트　　　미디엄 로스트　　　하이 로스트

시티 City 로스팅 포인트 #55

커피콩 내부 온도 210~215℃ 에서 갈색 Brown 원두가 밤색 Dark Brown 계열로 색이 진해진다. 단맛이 강해지고 쓴맛이 나타나는 지점이다. 반열풍 로스터기의 경우 드럼에서 전해지는 전도열, 열풍으로 만들어지는 대류열 그리고 크랙 시점부터 원두에서 분출되는 복사열이 복잡하게 작용한다. 단시간에 급격하게 향미가 변하기 때문에 로스터의 기술력과 집중력이 필요한 구간이다. 로스터의 작은 실수로도 커피콩 끝부분이 타거나 내부와 외부가 골고루 볶이지 않는다.

풀 시티 Full City 로스팅 포인트 #45

커피콩 내부 온도가 215~220℃에 다다르면 이산화탄소, 일산화탄소, 질소 화합물과 같은 가스의 압력으로 2차 크랙이 발생한다. 2차 크랙은 1차에 비해 상대적으로 짧고 약하게 진행되며 커피콩 부피가 80~90%까지 팽창하고 원두 조직의 밀도는

약해진다. 커피콩 세포 내부에 수분이 아주 적어지는 현상인 탈수가 발생하여 커피콩은 바삭해지고 건열에 의한 아로마가 나타난다. 단맛이 최대치를 찍고 쓴맛이 점점 강해지며 오일 성분이 표면에 나타나기 시작한다. 엔자이메틱 아로마가 현저하게 감소하면서 신맛은 약해진다.

프렌치 French 로스팅 포인트 #35

커피콩 내부 온도가 225~230℃가 되면 세포벽을 감싸고 있는 커피 오일이 가열되어 표면 전체에 나타난다. 커피콩은 흑갈색으로 변하고, 단맛은 약해지며 쓴맛이 도드라진다. 이렇게 로스팅된 원두로 내린 커피를 마시면 혀의 촉감으로 매끄러움도 느껴진다.

이탈리안 Italian 로스팅 포인트 #25

그 이상 열을 가해 커피콩을 볶으면 향미가 많이 파괴되고 쓴맛과 탄 맛이 지나치게 강해진다. 보편적으로 이탈리안 로스팅까지 볶지 않는다.

냉각 구간 Cooling Stage

로스터가 원하는 커피 향미가 완성되면 뜨거운 커피콩을 바로 배출하여 빠르게 온도를 떨어뜨려야 한다. 냉각 속도가 느리면 원두 내부에서 열분해가 계속되면서 더 볶는 것과 같은 효과가 나타난다. 계획했던 로스팅 포인트를 놓치게 되고 원하는 커피 향미를 잃게 된다. 한여름 무더운 날씨에 로스팅을 진행하면 로스터기의 냉각팬만으로 원두 온도가 빠르게 내려가지 않는다. 이 경우 외부 냉각 장비를 별도로 사용하여 냉각 속도를 올려야 한다.

로스터기에서 냉각팬으로 배출되는 원두

Roasted Bean

로스팅 구간와 온도

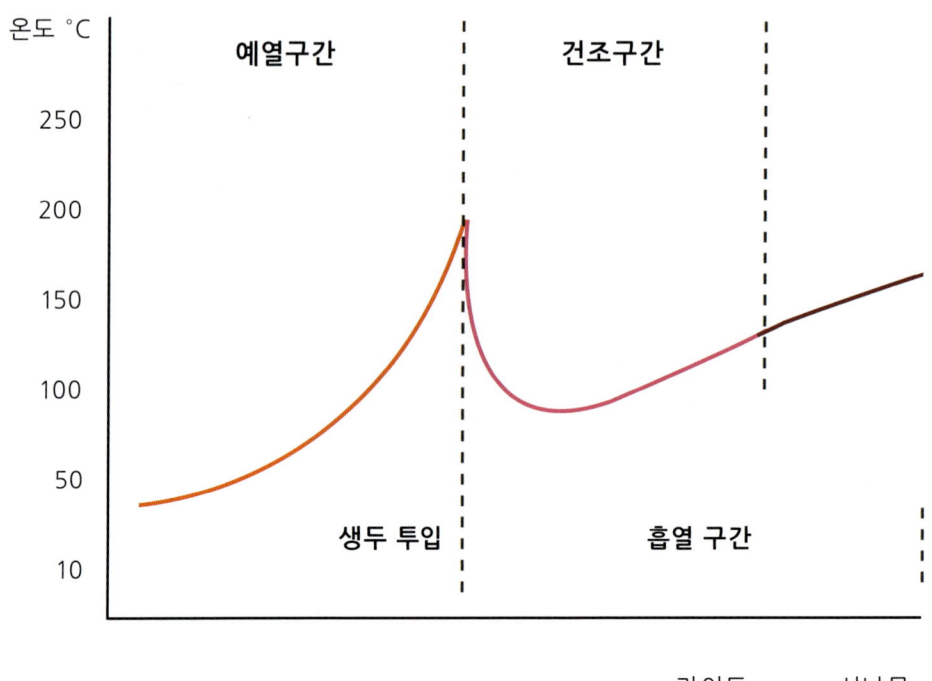

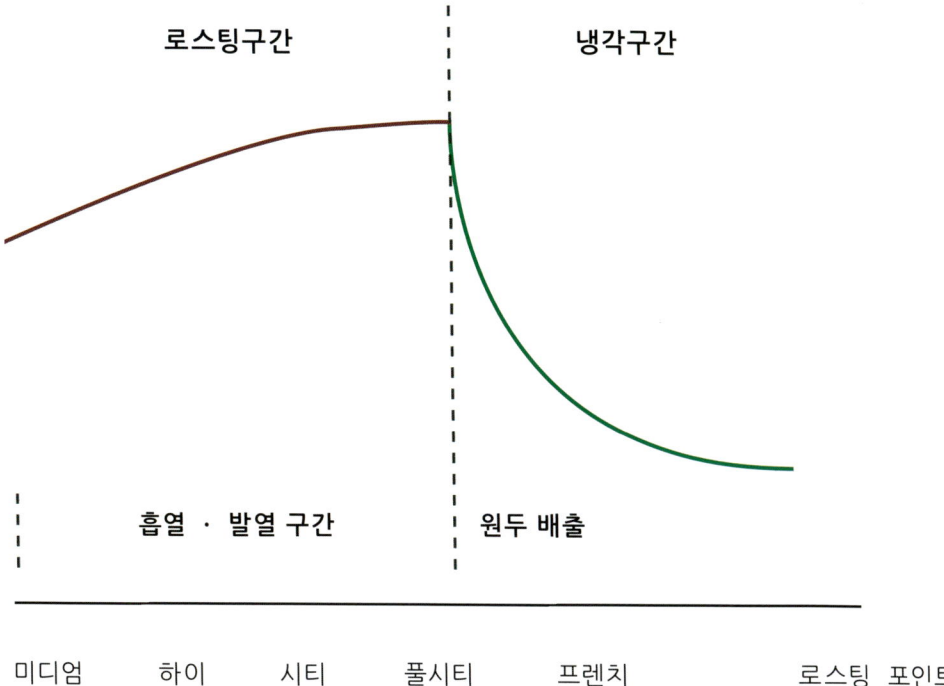

커피 로스팅에 의한 변화

커피 생두는 로스팅 과정에서 물리적 변화와 화학적 변화가 다양하게 일어난다. 색의 변화, 부피 팽창, 무게 감소는 물리적 변화이고 커피 향미는 화학적 변화로 만들어진다. 구체적인 사항은 다음과 같다.

색의 변화
녹색의 생두가 열에 의해 볶아지면서 노란색을 거쳐 갈색의 원두로 변한다. 로스팅 진행 과정에서 색은 점점 어두워진다.

향의 변화
식물 풋내가 마른 지푸라기를 거쳐 빵 굽는 향으로 변한다. 건조 단계를 거쳐 로스팅 단계에서 맛있는 커피 향미가 완성된다.

부피 팽창
지속적인 열 공급으로 원두가 팝콘처럼 터지게 되는 크랙이 발생하여 부피가 팽창한다. 생두보다 40~80% 정도 부피가 커진다.

무게 감소
11% 전후 생두 수분이 1~2% 정도만 남기고 증발하고 커피 성분이 열분해되어 연기로 배출되기도 한다. 결과적으로 전체 생두 무게의 약 18% 정도 감소하며 감소 비율은 로스팅 포인트에 영향을 많이 받는다.

커피 로스터의 과제

로스팅 과정에서 초 단위로 변하는 물리·화학적 변화를 체크하면서 원하는 로스팅 포인트를 결정하는 것은 어려운 과제이다. 로스터는 생두가 가지고 있는 본연의 향미가 로스팅 과정에서 변하는 순간을 따라가며 최상의 향미가 표현되는 원두를 만든다. 최고의 로스터가 되기 위해 노력과 경험이 함께 하는 긴 여정을 거치면서 자신만의 실력을 쌓아야 한다.

다음은 로스터가 해결해야 할 대표적인 과제이다.

1. 크랙으로 커피콩이 터지면서 감싸고 있는 은피 Silverskin 가 완전히 떨어져 나간다. 커피콩과 은피는 팽창률이 달라 서로 분리되는데, 분리된 은피를 체프 Chaff 라고 한다. 체프는 아주 가벼워 드럼 내부 공기 흐름으로 이동하여 드럼 외부에 별도로 있는 체프 통으로 모이고 로스팅이 끝나면 버려진다. 이 과정에서 적당한 공기 흐름을 유도하지 못하면 드럼 안에서 체프가 타면서 연기가 원두에 남아 매캐한 향이 커피에서 나타난다.

2. 꽃이 피고 열매를 맺어 영그는 과정에서 엔자이메틱 아로마 Enzymatic Aroma 가 만들어진다. 이 향미는 굉장히 섬세하여 로스팅 과정에서 쉽게 약해지기 때문에 아로마를 살리기 위해서는 밝게 볶아야 한다. 그 결과 로스팅으로 생성되는 단맛과 부드러움을 포기하기도 한다.

🫘 로스팅 포인트와 커피 향미

라이트 Light	시나몬 Cinnamon	미디움 Medium	하이 High
풋내음의 강한 산미 #95	강한 산미 약한 단맛 #85	중간 단맛 강한 산미 #75	조화로운 산미와 단맛 #65

시티 City	풀시티 Full City	프렌치 French	이탈리안 Italian
강한 단맛 산미의 조화 #55	중간 단맛 깊은 초콜렛 #45	중간 쓴맛 매끄러움 #35	강한 쓴맛 탄향 #25

커피 향미 종류

커피를 한 모금 마시면 입안 가득 커피 향미가 퍼진다. 커피 향미는 그 범위를 정할 수 없을 만큼 다양하고 복잡하다. 품종, 원산지, 로스팅 등 조건들로 향미 종류와 함유량이 다르고 성분마다 물에 녹는 비율 차이로 다양성은 더 확대된다. '동일한 향미의 커피는 없다.' 라고 해도 과언이 아니며 그 매력은 상상 이상이다. 반대로 너무 복잡하여 '커피 향미를 잘 안다.' 라고 말하는 것 자체가 어렵다. 커피 향미를 잘 알고 싶다면 종류를 분류하여 단순화시키는 것이 중요하다. 생두가 자라면서 만들어지는 고유의 향미, 로스팅 과정에서 갈변 반응으로 만들어지는 향미, 건류 현상에 의해 만들어지는 향미, 향미 결점으로 분류한다. 4가지로 분류된 향미 특징과 세부 항목을 알아가면서 감각으로 느낄 수 있는 커피 향미가 늘어난다.

커피 씨앗이 품고 있는 고유의 아로마

커피 열매가 익어가는 과정에서 다양한 효소 작용이 발생한다. 이때 생성되는 향미를 엔자이메틱 아로마 Enzymatic aroma 라고 한다. 자연 상태에서 만들어지는 아로마이기에 생두의 식물학적 특징과 재배 정보가 아로마의 특징을 말해준다. 떼루아에 맞는 커피 나무를 심어 열매를 맺고 수확 가공에 이르기까지 모든 단계에서 이 아로마가 생성된다. 물기를 머금고 있는 식물에서 나는 싱그러운 향으로 커피에게 생동감을 준다. 과일, 꽃, 채소 아로마로 구분되고 대부분 후각에서 느껴진다. 엔자이메틱 아로마의 대표 성분인 유기산은 물에 잘 녹고 신맛을 가지고 있어 이 아로마가 풍부할수록 커피 산미가 강해진다. 하이 High 로스팅 포인트에서 가장 강하며 그 이후부터는 계속 감소한다.

유기산에 대한 자세한 내용은 3. 맛있는 커피 성분 p171에 있다.

과일 Fruity 로 분류되는 아로마

커피 품질을 가늠하는데 중요한 기준이며 다양함과 풍성함으로 평가된다. 고도가 높고 일교차가 큰 자연환경에서 과일 향미가 잘 만들어진다. 과일류는 시트러스류 Citrus, 베리류 Berries, 열대과일류 Tropical fruits, 핵과류 Stone fruits, 기타류 Others 로 분류되고 다시 다양한 특정 과일로 세분된다. 이렇게 커피에서 느껴지는 과일 종류가 많고 강도가 높을수록 좋은 품질로 인정받는다.

꽃 Flower 으로 분류되는 아로마

향기로움과 고급스러움을 나타내는 커피 향으로 매우 가볍고 섬세하여 감지하기가 그리 쉽지 않다. 특히 시티 #55 포인트 이상으로 로스팅하면 파괴될 확률이 높다. 커피에서 느낄 수 있는 꽃 향기로는 재스민 Jasmine, 장미 Rose, 라벤더 Lavender, 꿀 Honey 이 있다.

녹색 채소 Green Vegetable 로 분류되는 아로마

신선한 채소와 풀 내음의 허브향으로 구분한다. 허브 Herb, 완두콩 Pea, 오이 Cucumber, 고수 Coriander 가 대표적인 예이다. 로스팅 과정에서 생두가 충분히 볶아지지 않아 나타나는 풋내는 좋지 않은 향으로 구분된다.

커피 로스팅으로 생성되는 아로마

녹색의 생두가 로스팅 과정을 거치면 갈색의 원두가 된다. 이렇게 만들어지는 아로마를 슈가 브라우닝 아로마 Sugar Browning aroma 라고 한다. 마이야르 반응과 당의 캐러멜화 등 다양한 화학 반응으로 고소하고 달콤한 향미가 생성된다. 견과류 Nutty, 캐러멜 Caramel, 초콜릿 Chocolate 순으로 나타난다. 시티 #55 에서 풀시티 #45 사이로 로스팅된 원두에서 가장 잘 나타난다.

견과류 Nutty 로 분류되는 아로마

고소하고 부드러운 느낌으로 다가오는 아로마이다. 후각으로 감지될 뿐만 아니라 미각에서 감칠맛으로 느껴지는 향미이다. 아몬드 Almond, 땅콩 Peanut, 호두 Walnut, 잣 Pine nut, 피칸 Pecan, 헤이즐넛 Hazelnut, 피스타치오 Pistachio 처럼 우리가 일상에서 즐기는 거의 모든 견과류 향미가 커피에서 발견된다. 재배 조건이나 로스팅 칼라가 바뀌면 아로마로 나타나는 견과류 종류가 달라진다. 참고로 헤이즐넛 커피라고 적혀 있는 인스턴트 혹은 원두커피는 인공 향을 첨가하여 만든 커피로 견과류 향미와는 전혀 무관하다.

곡류 Cereal 로 분류되는 아로마

고도가 낮은 지대의 생두에서 강하게 나타나며 베트남 등 아시아에서 자라는 로부스타 품종의 대표 아로마이다. 보리차 같은 곡물 차를 좋아하는 한국 사람에게 가장 익숙한 아로마이기도 하다. 하지만 국제적 기준으로 높은 점수를 받는 향미는 아니기에 인스턴트 또는 저렴한 커피를 마실 때 경험할 수 있다. 곡물 Grain, 쌀 Rice, 보리 Barley, 옥수수 Corn, 비스켓 Biscuit, 맥아 Malt 등이 커피에서 느낄 수 있는 대표적인 향미이다.

캐러멜 Caramel 로 분류되는 아로마

커피 로스팅 과정에서 당의 캐러멜화로 생성되는 달콤한 아로마이다. 설탕을 국자에 놓고 물을 조금 넣은 후 끓이면 갈색의 달고나가 되는데, 이것이 바로 캐러멜이다. 구체적으로 설탕 Sugar, 황설탕 Brown sugar, 케인 슈가 Cane sugar, 마시멜로 Marshmallow, 캐러멜 Caramel 등으로 분류된다. 이 아로마는 단맛으로 나타나지만 강도가 너무 약해 미각으로 감지하기가 쉽지 않다.

초콜릿 Chocolate 으로 분류되는 아로마

맛있게 쌉쌀한 아로마로 로스팅할 때 갈변 반응이 많이 진행될수록 강하게 나타난다. 카카오 Cacao, 카카오닙스 Cacao nips, 어두운 초콜릿 Dark chocolate, 초콜릿 Chocolate, 밀크 초콜릿 Milk chocolate 등이 대표적인 예이다. 특히 초콜릿, 견과류, 캐러멜 향미가 조화를 이루는 커피를 마시면 입안 가득 고소함과 달콤함이 차오르고 부드러운 여운으로 풍성한 커피 향미가 지속된다.

기타류 Others 로 분류되는 아로마

대부분 마이야르 반응으로 만들어진다. 대표적으로 홍차 Black tea, 바닐라 Vanilla, 요거트 Yogurt, 크림 Cream, 버터 Butter 등이 있다.

강한 로스팅으로 생성되는 아로마

220℃ 이상 로스팅이 진행되면 열에 의해 섬유질이 변하게 된다. 이러한 건열 반응에 의해 만들어지는 아로마를 드라이 디스틸레이션 아로마 Dry Distillation aroma 라고 한다. 향신료류와 훈연향류으로 구분하며 삼나무 Ceder, 정향 Clove-like, 후추 Pepper, 계피 Cinnamon, 담배 Tobacco, 탄향 Burnt, 연기 Smoky 등이 있다. 쓴맛 또는 쏘는 듯한 자극으로 표현되기도 한다.

프렌치 #35 또는 이탈리안 #25 로스팅 포인트에서 커피 오일과 함께 나타난다. 쓴 맛이 강하고 매끄러운 커피에서 이 아로마가 나타난다. 만약 #45 풀시티 원두에서 건열 반응에 의해 만들어지는 아로마가 발견된다면 로스팅 과정에서 원두 끝부분이나 내부 섬유질이 타면서 발생할 확률이 높다. 이것은 잘못된 로스팅으로 만들어진 향미 결점에 속한다.

향미 결점

향미 결점 Aroma Taint 은 체리가 성장하는 시점부터 가공, 저장, 로스팅, 원두 보관까지 전 기간에 걸쳐 발생한다. 향미 결점이 생기는 원인은 매우 다양하고 결점 종류도 많다. 이 아로마는 결점이 만들어지는 지점을 기준으로 6단계로 구분한다. 생육 단계, 수확가공 단계, 저장숙성 단계, 로스팅 단계, 원두보관 단계, 추출후보관 단계이다. 단계마다 생성 원인을 구분하고 아로마 종류를 이해하는 것이 핵심이다.

생육 단계에서 생기는 결점은 기온, 강수량, 일조량, 해충 등 각종 스트레스 요인과 수확 시기의 부적합으로 주로 발생하며 생두의 형태와 색으로도 파악된다.

생육 단계에서 발생하는 향미 결점

검은 생두 Black bean
생두 내외부에 전체 또는 부분적으로 검은색을 띤다. 흙에 접촉하거나 늦은 수확으로 발생한다. 과일이 과발효된 향미로 나타난다.

시큼한 생두 Sour bean
노랑 또는 붉은색이 생두 전체에 돌며 불쾌한 신맛이 특징이다. 높은 습도로 나무에서 발효, 농익음, 땅에 떨어진 체리, 오염된 물로 가공 등이 원인이다.

쉘 Shell
커피콩 속이 비어 있는 형태로 조개껍데기와 비슷하다. 유전적 요인으로 발생하며 케냐에서 많이 발생한다. 로스팅 과정에서 더 강하게 볶이져 향미 결점이 된다.

벌레 먹은 생두 Insect damaged bean
커피 체리에 벌레가 침입하면 생두에 작은 구멍이 생기고 간혹 구멍 안에 곰팡이가 피기도 한다. 썩은 향미로 불쾌감을 준다.

주름진 생두 Withered bean
강한 햇빛, 가뭄, 해충 등으로 커피나무에 스트레스가 쌓이면 잘 자라지 않아 작고 표면에 주름이 생긴다. 커피에서 풋내와 비릿한 향으로 나타난다.

물에 뜨는 생두 Floater bean
가벼워 물에 뜨며 바랜 것처럼 하얀색이 감도는 것이 특징이다. 가공 후 보관 단계에서 수분이 빠져나가면서 발생한다. 밋밋하고 부족한 향미로 나타난다.

향미 결점은 코로 인지되는 것보다 커피를 마신 후 입안에 퍼지는 커피 향미로 대부분 자각된다. 특히 여운에서 많이 느껴진다. '어느새 다 마셨네...' 라는 느낌이 들었다면 커피에 향미 결점이 적을 가능성이 크다. 반대로 향미 결점이 많아 여운이 나쁘면 커피를 남기는 경우가 많다. 이렇게 향미 훈련을 받지 않아도 느낌으로 알 수 있는 것이 향미 결점이다. 간혹 신선한 흙내음이 약하면 좋은 느낌을 주어 향미 특징으로 인정되기도 한다. 하지만 향미 결점은 불쾌함을 주기에 좋지 않은 향미로 분류된다.

단계별 향미 결점

수확 가공	리오이 Rioy	요오드 같은 약품 향으로 주로 내추럴 가공 생두에 발생
	러버리 Rubery	커피 열매를 늦게 수확하여 부분적으로 마를 때 생성
	발효 Fermented	불쾌한 신맛
	흙냄새 Earthy	커피 여운에서 느껴지는 흙냄새
	퀴퀴한 향 Musty	곰팡이 냄새
저장 숙성	기름냄새 Hidy	동물의 지방이나 가죽 냄새
	풋내 Grassy	풀냄새와 아린 맛이 결합된 냄새
	지푸라기 Strawy	장기 보관으로 유기물질 소실이 원인
	나무 Woody	불쾌한 나무 냄새, 장기 보관으로 유기물질 소실이 원인

로스팅 과정	그린 Green	낮은 열로 짧게 로스팅하여 불완전한 갈변으로 생성
	빵굽는 향 Baked	낮은 열로 장시간 로스팅하여 불완전한 캐러멜화로 생성
	팁트 Tipped	열량 공급 속도가 너무 빨라 콩이 부분적으로 타서 발생
	탄내 Scorched	강한 열이 짧은 시간에 공급돼 콩 표면이 타서 발생
원두 보관	플랫 Flat	원두 산패로 향기 성분이 소멸하여 발생
	배피드 Vapid	유기물질이 소실된 밋밋한 커피 향
	인시피트 Insipid	플레이버 성분이 소실되어 부족한 커피 향
	스테일 Stale	유기물질과 지방산의 산화로 생긴 오래된 향
	랜시드 Rancid	산패되어 불쾌한 기름 냄새
추출 후 보관	플랫 Flat	추출 후 커피 향기 성분이 소멸되어 발생
	어서빅 Acerbic	추출 후 뜨거운 상태로 보관하여 생성되는 강한 신맛
	브라이니 Briny	물이 증발하고 무기질 성분이 농축되면서 나는 짠맛
	태리 Tarry	커피 단백질이 타서 생성된 불쾌한 맛
	브래키시 Brackish	무기물 농축으로 나타나는 금속적인 짠맛

엔자이메틱 아로마 Enzymatic aroma 종류

	시트러스류 Citrus, 레몬 Lemon, 오렌지 Orange, 감귤 Tangerine, 라임 Lime, 자몽 Grape fruit
	베리류 Berries, 딸기 Strawberry, 블루베리 Blueberry, 크랜베리 Cranberry, 블랙베리 Blackberry, 라즈베리 Raspberry
	열대과일류 Tropical fruits, 키위 Kiwi, 파인애플 Pineapple 망고 Mango, 바나나 Banana, 코코넛 Coconut
	핵과류 Stone fruits, 살구 Apricot, 자두 Plum, 복숭아 Peach, 체리 Cherry
	포도 Grape, 사과 Apple, 멜론 Melon, 배 Pear, 수박 Watermelon
	재스민 Jasmine, 장미 Rose, 라벤더 Lavender, 꿀 Honey 부케 Bouquet
	허브 Herb, 오이 Cucumber, 완두콩 Pea, 파 Green Onion

슈가 브라우닝 아로마 Sugar Browning aroma 종류

아몬드 Almond, 땅콩 Peanut, 호두 Walnut, 잣 Pine nut 피칸 Pecan, 헤이즐넛 Hazenut, 피스타치오 Pistachio	
곡물 Grain, 쌀 Rice, 보리 Barldy, 옥수수 Corn, 비스켓 Biscuit, 맥아 Malt	
설탕 Sugar, 황설탕 Brown sugar, 마시멜로 Marshmallow 솜사탕 Cotton candy, 케인슈가 Cane sugar, 캐러멜 Caramel	
카카오 Cacao, 카카오닙스 Cacao nips, 다크 초콜릿 Dark chocolate, 초콜릿 Chocolate, 밀크 초콜릿 Milk chocolate	
홍차 Black tea, 바닐라 Vanilla, 요거트 Yogurt, 크림 Cream 버터 Butter	

드라이 디스틸레이션 아로마 Dry Distillation Aroma 종류

삼나무 Ceder, 정향 Clove-like, 후추 Pepper, 계피 Cinnamon 담배 Tobacco, 탄향 Burnt, 연기 Smoky	

원두 숙성

원두 숙성 Aging 이란 로스팅 과정에서 열분해를 통해 생성된 커피 향미가 안정되면서 풍성해지는 것을 의미한다. 로스팅으로 생성된 이산화탄소, 휘발성 성분, 멜라노이드 성분 등 화합 물질이 주변 대기로 이동하면서 진행된다. 원두를 둘러싸고 있는 주변 환경이 다르면 숙성 속도가 바뀐다.

디개싱

원두 숙성 과정에서 가장 먼저 시작되는 변화는 가스 Gas 가 배출되는 디개싱 Degassing 이다. 로스팅 직후 원두는 가스를 가득 머금고 있으며 대부분 이산화탄소 CO_2 이다. 원두 내부의 기체 밀도가 공기 밀도보다 높기 때문에 자연스럽게 고밀도에서 저밀도로 가스가 이동한다. 디개싱이 진행되면서 그 밀도차가 줄어들고 빠져나가는 속도가 느려지다가 차이가 없어지면 멈춘다. 디개싱 초반에는 가장 많이 함유된 가스인 이산화탄소 위주로 배출되다가 이산화탄소 밀도가 커피 향기 밀도와 비슷해지면 함께 빠져나간다. 이렇게 함께 빠져나가는 시기에는 공기와의 밀도차가 크지 않기 때문에 디개싱이 느리게 진행된다.

향미 감소

긍정적인 향미 변화인 숙성 구간이 지나면 좋은 향미가 감소하는 단계로 진입하게 된다. 향미 감소 Staling 는 산소, 수분, 열, 빛에 의해 일어나기 때문에 이 4가지 환경을 관리하는 것이 중요하다. 위해 요소를 차단하고 적절한 환경에서 보관하면 향미 감소는 수개월에 걸쳐 매우 천천히 진행된다.

원두 숙성의 필요성

커피는 수천 가지 향들로 만들어지지만 분쇄할 때 공기 중으로 상당 부분 휘발되어 사라진다. 커피를 마실 때는 물 또는 압력에 의해 녹는 향미가 더 중요하다. 로스팅 과정에서 생성되는 이산화탄소 자체는 무해 무미 무취하며 원두 내부로 산소가 침투되는 것을 막아 커피 산패를 지연시키는 장점을 있다. 반면 원두 내부에 이산화탄소가 많으면 물이 커피 성분과 만나는 것을 방해하여 커피 성분을 제대로 녹이지 못한다. 또한, 커피 성분과 함께 녹으면서 탄산수처럼 혀에 톡 쏘는 자극을 준다. 이산화탄소의 충분한 배출로 커피 성분이 잘 녹을 때 맛있는 커피가 추출되기에 원두 숙성은 꼭 필요하다.

갓 볶은 원두에 대한 편견

커피 수업 중에 좋은 원두의 조건에 대하여 종종 묻는다. 커피 교육을 처음 경험하는 분 또는 커피 교육 경험이 있는 분 모두를 대상으로 한 이 질문의 답은 거의 비슷하다. '향이 좋은 원두'라는 대답이 가장 많다. 그중에 꼭 포함되는 것이 바로 '갓 볶은 커피' 이다.

한국 사람들은 갓 지은 밥을 가장 좋아한다. 이런 연상 작용을 이용한 대기업의 TV 광고로 '갓 볶은 원두로 내린 커피가 맛있다' 라는 생각이 자리 잡게 된 것 같다. 신선한 원두가 좋은 원두의 필수 조건이라면 커피 분야에서 우리보다 앞선 유럽이나 미국에서 수입된 원두는 무역 과정에서 생기는 시간 때문에 무조건 '맛없는 커피' 일 수밖에 없다.

숙성 시간

커피 원두는 건조식품으로 오래 보관된 원두로 커피를 추출해서 마셔도 배탈이 나는 일은 거의 없다. 참고로 식품 제조 표시를 기준으로 원두의 소비기한은 1~3년 사이가 일반적이다. 커피는 향미를 즐기는 음료로 여기서 중요한 것은 '맛있게' 이다. 숙성 기간에 서서히 휘발성 향미가 손실되지만 로스팅 후 일정 기간 이산화탄소가 배출되어야 커피 향미가 안정되고 맛이 좋아진다. 로스팅 직후 포장된 원두를 기준으로 최소한 2주 정도 디개싱 시간이 필요하다. 최소 기간은 로스팅 포인트, 분쇄 여부, 포장 등 여러 조건으로 늘어난다. 참고로 분쇄된 원두의 경우 숙성 시간은 중요하지 않다. 분쇄 과정에서 가스 및 향기 성분이 빠르게 휘발되기 때문이다.

로스팅 후 시간 경과에 따른 커피향의 변화

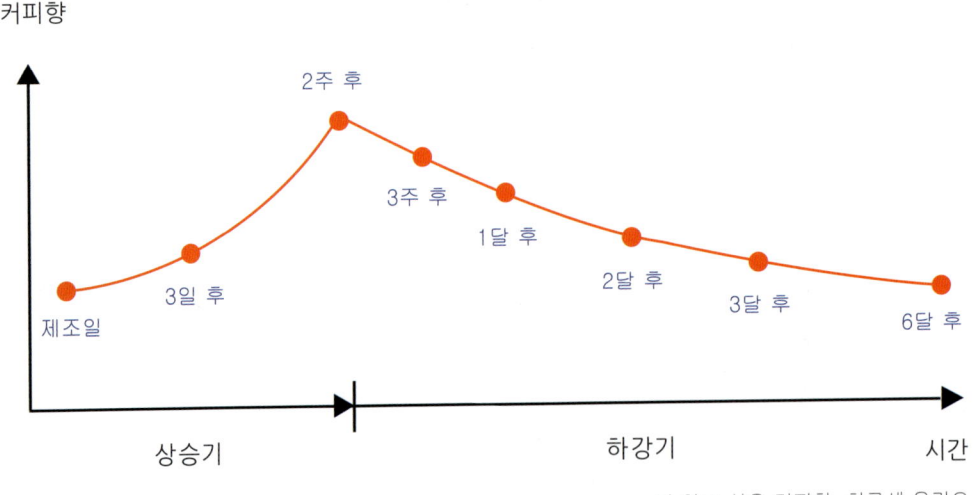

더 알고 싶은 커피학, 히로세 유키오

추출과 숙성 시간의 관계

원두 숙성 초반 감소하는 향미는 본래 물에 잘 녹지 않는 물리적 특징을 가지고 있으며 분쇄할 때 상당 부분 휘발되어 사라진다. 분쇄향 Fragrance 이 약해지면 추출되는 향미 Flavor 도 줄어들지만 분쇄향의 감소 비율만큼 추출한 커피 향미가 약해지는 것은 아니다. 바리스타는 선택한 원두가 필요로 하는 숙성 시간을 정확히 파악해야 한다.

추출 방법별로 이산화탄소가 주는 영향 정도는 다르다. 예를 들어 핸드드립은 분쇄 원두가 공기 중에 노출된 상태에서 추출이 이루어진다. 이 과정에서 이산화탄소가 공기 중으로 분산되어 사라지기 때문에 디개싱 기간이 짧아도 커피 성분은 잘 녹는다. 반면 에스프레소는 분쇄 원두가 기계에 장착되면서 공기 접촉이 단절되어 분쇄 원두 내부에 있는 이산화탄소가 추출에 영향을 많이 준다.

숙성 시간에 영향을 주는 요인

숙성 시간에 영향을 주는 주요 요인으로는 로스팅 포인트, 아로마 밸브, 포장 방법이 있다. 최소 숙성 시간은 짧게는 2주에서 길게는 2개월까지 다양한다.

1. 로스팅 포인트

로스팅 칼라 차이로 이산화탄소 총량과 배출 속도가 다르다. 이산화탄소는 열분해로 발생하는 물질로 일반적으로 로스팅 시간이 길어질수록 많아진다. 하지만 커피 성분이 타면 원두 내부에 남아 있지 않고 연기와 함께 배출되어 이산화탄소량은 적어진다. 또한 진한 칼라로 로스팅한 원두의 경우 조직을 구성하는 공기 구멍 크기가 커져 배출 속도가 빠르다. 일반적으로 시티 로스팅 포인트 원두의 숙성 시간이 가장 길다.

2. 아로마 밸브

아로마 밸브 Aroma Valve 는 로스팅한 원두를 포장지에 담았을 때 원두에서 발생하는 가스를 밖으로 배출시켜주고 외부의 산소 유입을 막아주는 역할을 한다. 지름 2cm, 높이 4mm 정도 크기인 원형 플라스틱 구조물 안에 필름이 있어 포장지 내부 가스 밀도가 높아지면 이 필름이 벌어지면서 빠져나가는 원리로 작동한다. 디개싱이 충분히 이루어지지 않은 원두를 일반 포장지에 밀봉하면 가스 압력으로 봉투가 터지게 된다. 아로마 밸브 사용으로 로스팅 후 바로 포장이 가능하고 작은 구멍을 통해 서서히 디개싱이 진행된다. 아로마 밸브는 숙성 시간을 길게 유도하여 커피 향미를 풍성하게 한다. 분쇄되지 않은 원두 Whole Bean 또는 분쇄 원두 Ground Bean 모두 포장지 내부에 아로마 밸브가 장착된 포장지를 사용하며, 소비자들은 이 밸브를 통해 커피 향미를 확인한다.

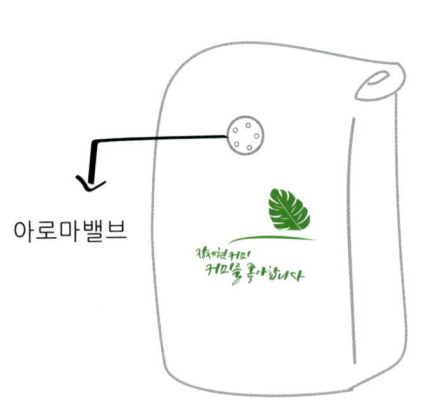
아로마밸브

3. 포장 방법

커피 로스팅 완료 후 생산 공정 차이로 원두에 함유된 이산화탄소 양이 다르다. 원두를 포장하지 않고 공기 중에 노출된 상태로 보관하면 빠르게 이산화탄소가 배출된다. 배출 시간은 노출 환경에 영향을 받지만 로스팅 완료 시점을 기준으로 24시간이 지나면 약 40%까지 배출된다. 반면 로스팅 후 바로 원두를 포장하면 배출 시간은 훨씬 길다. 또한 포장 단위 차이로 배출 시간이 다르다. 일반적으로 소포장은 100~300g, 중포장은 1~1.5kg, 대포장은 2~3kg로 구분한다. 포장 단위가 커질수록 배출 시간은 길어진다.

장제현 커피 숙성 기간

장제현 커피의 로스팅 포인트는 제품별로 차이가 있지만 시티 City, 풀시티 Full City, 프렌치 French 사이에서 결정된다. 간혹 커피 향미가 특별할 경우 하이 High 로스팅 포인트가 선택되기도 한다.

로스팅 직후 계량 - 포장 - 보관 순으로 생산 프로세스가 바로 연결되어 디개싱 Degassing 이 천천히 진행된다. 250g 단위 포장 원두로 핸드드립 추출을 한다면 최소 2주일 정도 숙성한 원두를 추천한다. 카페에서 에스프레소 추출에 많이 사용하는 1kg 단위 포장 원두는 한 달 정도 숙성 시간이 필요하다.

당일 로스팅한 원두를 보내드립니다.
국내 로스팅 원두의 경우 이런 슬로건으로 마케팅하는 예도 있다. 바로 로스팅 된 원두를 구매한다면 최소 2주 지난 후 개봉을 추천한다.

보관 Storage

포장된 원두를 개봉한 후부터는 보관이라고 한다. 보관의 주요 목표는 개봉하여 공기 중에 노출된 원두의 산패를 최대한 지연시키는 것이다. 산패를 일으키는 주요 원인으로는 산소, 직사광선, 온도, 습도가 있으며 위해 요소를 최대한 차단하는 것이 중요하다.

개봉된 원두 보관 방법

1. 기존 포장지에 그대로 원두를 보관한다.
   커피 포장지는 비닐 사이에 알루미늄 호일이 있는 제품으로 빛을 차단한다.

2. 직사광선을 피하고 서늘한 곳에 보관한다.
   한여름 실내 온도가 40℃ 이상 되거나 직사광선으로 원두 온도가 올라가면 커피 향미에 변화가 일어난다.

3. 공기 접촉을 최소화하도록 꼼꼼히 접고 집게, 실링기 등으로 밀봉한다.

4. 대용량으로 포장된 원두는 미리 소분한다.
   커피를 추출하기 위해 반복적으로 포장 봉투를 개봉하면 산소가 유입되어 산패가 빨라진다. 봉투의 개폐가 10회 이하가 되도록 소분하고 작은 은박 봉투를 준비하여 완전히 밀봉한다.

5. 냄새 차단을 한번 더 싶다면 밀봉된 원두를 전용 밀폐 용기에 넣어 보관한다.

실링기 : 고열로 비닐류 봉투를 녹여 완전히 접착하는 기계

개봉된 원두의 나쁜 보관 방법

1. 투명 용기에 보관

개봉된 원두를 유리병 또는 투명 밀폐 용기에 부어 보기 좋게 보관하는 것은 나쁜 보관 방법이다. 원두가 용기 내 산소와 접촉하게 되고 직사광선이 바로 투과하여 원두 산패가 빠르게 진행된다. 카페에서 그라인더 호퍼에 원두가 있는 상태로 마감하면 안 되는 이유도 같은 맥락이다.

2. 냉장 또는 냉동 보관

실온 보관이 가능한 원두를 냉장 또는 냉동으로 보관하는 것도 피하는 것이 좋다. 개봉한 원두를 100% 밀폐하지 않고 냉장 보관하면 냉장고의 음식 냄새를 흡착하여 각종 불쾌한 냄새가 나는 커피가 된다. 또한 냉장고에 보관 중인 원두를 밖으로 꺼내면 온도 차이로 표면에 물방울이 생기고 산패가 빠르게 진행된다. 냉장 보관한 미개봉 원두를 사용할 경우 실온과 같아질 때까지 기다린 후 개봉해야 한다.

좋은 보관 방법

나쁜 보관 방법

커피 성분

Coffee Ingredients

감각은 적분처럼 쌓아가는 느낌의 우주이고
기술은 미분처럼 쪼개지는 사실의 원자이다.

생두 성분의 이해

식물은 지구에서 우리와 함께 살아가고 있는 소중한 존재이다. 살아 숨 쉬는 대지 위에서 향기로운 꽃, 싱그러운 풀, 새콤달콤한 과일, 풍요로운 곡식, 고소하고 부드러운 견과류 등 다양한 모습으로 풍성한 향과 맛이라는 선물을 준다. 이 다양성은 어디에서 시작하는가?

물질은 가장 작은 입자인 원자 Atom 에서 시작되지만, 존재일 뿐 특성을 가지지 못한다. 원자들이 다양하게 배열 또는 조합되어 물성을 가진 가장 작은 입자인 분자 Molecule 가 만들어진다. 예를 들어 수소 원자 H 2개와 산소 원자 O 1개가 만나 물 분자 H_2O 가 되고 물이라는 물질적 특징을 가지게 된다. 1g 물에 3,346 × 1022개 분자가 있으니 우리가 볼 수 있는 세계가 아닌 것은 확실하다. 하지만 이 세계를 조금 들여다보는 것만으로도 지금 우리가 경험하는 세상을 더 이해할 수 있다. 커피가 우리에게 주는 향미와 효능을 잘 이해하기 위해 보이지 않은 작은 세상을 한번 들여다보려고 한다.

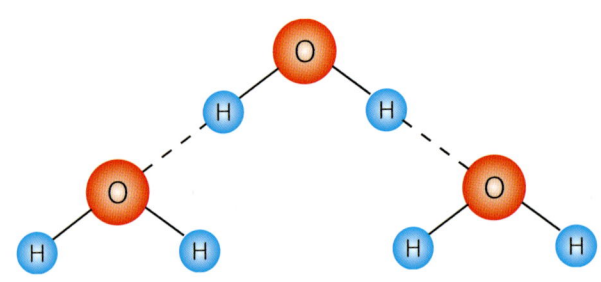

커피의 다양한 성분이 로스팅 과정에서 어떻게 만들어지는지 알기 위해서는 먼저 원자 단위인 작용기 Functional group 에 대한 이해가 필요하다. 작용기란 한 개 이상의 원자로 구성된 원자단으로 특정 작용기를 포함한 분자는 특정 화학 반응을 일으킨다. 물질의 종류와 관계없이 작용기를 가지고 있는 분자는 다른 물질의 분자와 분해·결합되면서 새로운 분자(물질)를 만든다. 로스팅 과정에서 커피 성분 분자 속 작용기가 열에 계속해서 반응하면서 새로운 물질들이 만들어진다. 특히 향미 성분이 만들어지는 원리를 이해하는데 도움이 된다.

 커피에 중요한 작용기 종류

카보닐기 Carbonyl group 구조

카보닐기는 산소 원자와 탄소 원자가 이중결합 C=O 되어 있어 탄소의 나머지 전자 두 개가 타 분자와 결합하는 작용기이다. 마이야르 같은 화학적 반응으로 다양한 방향성 물질을 역할을 한다. 카보닐기 종류는 알데하이드 - CHO, 케톤 - COR', 카복실산 - COOH, 카복실산 에스터 -COOR' 같은 화합물이 있다.

알데하이드기   케톤기   카복실산기   카복실산 에스터

하이드록시기 -OH

한 개의 수소 원자와 한 개의 산소 원자로 이루어져 있으며 '수산기'라고 한다. 하이드록시기는 작용기끼리 수소 결합을 가능하게 하고 물에 친화성을 띠는 특성이 있다. 분자 구조가 단순하여 가벼운 저분자량 물질과 다수의 하이드록시기로 구성된 커피 성분은 물에 잘 녹는 특징을 보인다.

페닐기 -C_6H_5

탄소와 수소로 이루어진 작용기로 순환 고리 구조로 배열되어 있다. 방향족 탄화수소의 일종으로 많은 유기 화합물에서 발견된다. 예를 들어 페놀 Phenol C_6H_6O 은 페닐기 -C_6H_5와 하이드록시기 -OH 가 결합 된 구조로 달콤한 향을 내는 방향족 화합물이다. 우리 몸에 이로운 물질로 유명한 폴리페놀은 페놀그룹이 두 개 이상 연결된 구조로 된 화합물이다. 커피의 플라보노이드, 탄닌 같은 물질이 폴리페놀로 분류되며, 방향성 물질이면서 몸에 이로운 역할도 수행한다.

테르펜 $(C_5H_8)n$

테르펜은 탄소와 수소로만 구성된 화합물로 아이소프레노이드 Isoprenoid 구성단위 C_5H_8 가 여러 개 연결된 구조이다. 예를 들어 아이소프레노이드 2개 결합을 모노테르펜 Monoterpene, 3개 결합을 세스쿼테르펜 Sesquiterpene 이다. 커피에 함유된 방향성 물질인 디테르펜 Deterpene 은 4개 결합으로 탄소 C 원자가 20개로 구성된 $C_{20}H_{32}$ 화합물이다. 커피 이외에도 향이 나는 물질 중 상당수가 테르펜 구조로 되어 있다.

에스테르 ester

에스테르는 작용기는 아니지만, 화학적 결합의 한 종류로 새로운 물질을 만드는 데 중요한 역할을 한다. 분자 내 양이온이나 음이온의 이동으로 분자 단위가 변하면서 결합력이 생기는 방식이다. 물질(분자)이 알코올 Alcohol과 반응하여 물을 잃고 결합하는 구조로 로스팅 과정에서 많이 발생한다.

알코올은 하이드록시기 - OH가 탄소 C 원자에 결합한 유기 화합물을 의미한다. 접미사 ~올 ~이 은 하이드록시기 - OH 가 주 작용기로 결합한 화합물 이름에 사용되기도 한다. 참고로 술이나 소독제로 흔히 사용하는 용어인 알코올은 에스테르 화합물의 종류이다.

생두 성분의 종류

커피 생두 Green bean 는 열매를 맺는 나무의 씨앗으로 약 2,000가지 물질로 이루어져 있다. 물, 탄수화물, 지질(지방), 단백질, 무기질, 비타민 그리고 기타 성분으로 분류한 구성 비율은 아래 표와 같다. 건조된 커피 생두는 탄수화물 55~60%, 단백질 10~15%, 지질 10~15%, 수분 11% 그리고 그 밖의 기타 성분으로 구성되어 있다. 일반적인 건조 식물들과 비슷하다. 생두를 로스팅한 원두는 지질 성분이 3~4% 증가하고 수분함량이 8~10%로 줄어드는 것을 제외하고는 영양학적 성분 차이는 크지 않다.

커피 성분 구성

단위: %

성분종류	생두		원두	
	함유 비율	용해 비율	함유 비율	용해 비율
탄수화물	60	10	60	16
지질	13	0	17	0
단백질	13	4	14	2
기타	12	10	9	8

이 수치는 계략적인 것으로 생두 품종에 따라 변할 수 있음

탄수화물 Carbohydrates

탄수화물은 탄소 C, 수소 H, 산소 O 3개의 원자로 구성된 탄화수소물이다. 생체분자로 에너지 저장, 구조 지탱 등 다양한 역할을 한다. 탄수화물은 단당류, 이당류, 올리고당 그리고 다당류로 분류한다. 큰 범주의 단당류는 단당류, 이당류, 올리고당을 포함하고 있다. 단당류는 종류별 강도의 차이는 있지만 모두 단맛으로 나타나고 다당류는 아무런 맛이 없거나 약간 쓴맛이 나기도 한다.

단당류 Monosaccharide $C_6H_{12}O_6$ 는 가장 작은 단위의 탄수화물로 더이상 분해되지 않는 화합물이다. 대표적으로 과당 Fructose, 포도당 Glucose, 갈락토스 Galactose 가 있다.

이당류 Disaccharide $C_{12}H_{22}O_{11}$ 는 단당류 2개가 결합된 화합물로 대표적으로 자당 Surcose, 젖당 Lactose, 맥아당 Maltose 이 있다.

올리고당 Oligosaccharide 는 단당류 3~9개가 결합된 화합물로 분자 구조를 기준으로 종류가 다양하다.

다당류 polysaccharide 는 단당류 10개 이상이 결합된 화합물로 대표적으로 셀룰로스 Cellulose, 녹말 Starch, 글리코젠 Glycogen 이 있다.

탄수화물과 밥

보통 한국 사람들은 탄수화물하면 주식인 밥을 연상한다. 밥은 설탕과 달리 입에 넣자마자 달다고 느끼는 것이 아니라 씹을수록 달달해진다. 밥의 주요 성분인 다당류 녹말이 침에 의해 분해되면서 단당류로 바뀌어 단맛이 강해진다.

단당류 종류

과당	살구, 복숭아, 파인애플, 꿀에 많이 함유, 설탕보다 1.5배 단맛이 강한 환원당
포도당	포도, 바나나, 꿀에 많이 함유, 과당과 분자식은 동일하나 배열이 다른 환원당
갈락토스	유제품, 아보카도에 함유. 설탕의 30% 정도 단맛이 나는 환원당
자당	사탕수수에 함유. 설탕으로 불리며 포도당 1분자와 과당 1분자 결합된 이당류
젖당	유당으로 불림. 포도당 1분자와 갈라토스 1분자가 결합된 약한 단맛의 환원당
맥아당	쌀, 밀 같은 곡물 종자 싹에 함유. 포도당 2 분자가 결합된 환원당.
올리고당	3~9개의 단당류가 연결된 분자로 종류가 다양함. 설탕의 1/8 정도 단맛.

다당류 종류

셀룰로스	식이섬유의 한 종류로 섬유소라고 함. 구조 지탱 역할을 하는 비소화성 다당류
펙틴	식물 세포벽에 있는 끈적이는 겔 형태의 다당류
녹말	에너지 저장 역할을 하고 광합성 작용으로 만들어진 소화성 다당류
글리코젠	동물의 간과 근육에 저장된 동물성 전분으로 포도당으로 전화되어 에너지로 이용

생두 성분 중 55~60%를 차지하는 탄수화물은 용해도를 기준으로 가용성, 난용성, 불용성으로 구분한다. 커피는 성분(용질)을 물(용매)에 녹여 마시는 음료이기에 용질이 용매에 녹는 한도인 용해도가 중요하다.

불용성 탄수화물

생두 탄수화물 중 약 75%가 물에 전혀 녹지 않는 불용성 성분이다. 대표적으로 식이섬유에 속하는 셀룰로스 Cellulose 로 생두 구조를 지탱하는 비소화성 물질이다. 셀룰로스의 13% 정도는 로스팅 과정에서 분해되면서 사라지며 원두에 37% 정도 남는다. 원두를 씹어서 먹더라도 완전히 분해되지 않고 배출되는 물질로 커피를 추출할 때 대부분 물에 녹지 않고 찌꺼기로 버려진다.

난용성 탄수화물

생두 탄수화물 중 약 10%가 물에 잘 녹지 않는 난용성 성분이다. 커피 생두에 포함되어 있는 대표적인 난용성 탄수화물로 다당류인 녹말과 펙틴이 있다. 녹말은 에너지를 저장하는 역할을 하며 식물의 씨앗에 많다. 커피 생두는 커피나무 열매의 씨앗으로 발아할 때 에너지원으로 사용하기 위해 녹말을 함유하고 있다. 로스팅 과정에서 저분자 탄수화물인 덱스트린으로 변하여 달고 고소한 향미와 물에 잘 녹는 특성을 가지게 된다. 커피 체리의 점액질 부분에 많이 함유되어 있는 펙틴은 식이섬유의 한 종류이다. 로스팅으로 열분해되어 가용성 성분으로 바뀐다.

가용성 탄수화물

생두 탄수화물 중 약 15%가 물에 녹는 가용성 성분으로 단당류, 이당류, 일부 다당류가 속해 있다. 가장 많이 함유되어 있는 자당 Surcose 즉 설탕은 로스팅 과정에서 캐러멜화되고 다른 성분들은 마이야르 반응으로 대부분 다른 화합물로 바뀌면서 소실된다.

용어 정리

식이섬유 Dietary fiber

사람의 체내 소화효소에 의하여 분해되지 않는 식물성 물질을 의미하며 크게 불용성 식이섬유와 가용성 식이섬유로 분류한다. 가용성 식이섬유는 물에 녹거나 물을 흡수하고 팽창하여 대장에서 박테리아에 의해 발효된다. 펙틴, 점액질 Mucilage 이 대표적인 종류이다. 불용성 식이섬유는 물에 녹지 않으며, 대장에서도 대사되지 않고 배출된다. 대표적으로 셀룰로스가 있다.

펙틴 Pectin

열매가 열리는 고등식물체에 널리 분포하며 세포 간 물질 또는 세포막 구성 성분으로 존재하는 콜로이드 상태의 다당류이다. 콜로이드 상태란 용질이 용매에 녹지 않고 균일하게 퍼져 떠다니는 상태로 끈적이는 겔, 거품 등이 속해 있다.

펙틴의 주요 효능

1. 식이섬유로서 소화기의 건강을 증진한다.
2. 콜레스테롤 수치를 낮추고 당뇨병을 예방한다.
3. 포만감을 향상하여 체중 감량에 도움을 준다.

지질 Lipid

지질은 비극성 용매(녹이는 물질)에 용해되는 생체분자들을 총칭하는 용어이다. 비극성이란 양성자 (+ 양극) 와 전자 (- 음극)의 차이가 적어 전기적으로 안정적인 물질을 의미한다. 비극성 용매의 대표적인 예가 식물성 기름이고 극성 용매의 대표적인 예가 물이다. 참고로 지질은 종류별로 녹는 용매가 다르다.

지질의 구조

지질은 탄소 C와 수소 H로 구성되어 있는 화합물로 조합된 원자들의 개수와 배열 차이로 종류가 다양해진다. 지질 중 가장 작은 단위 물질을 지방산 Fatty acid 이라고 한다. 긴 탄화수소 끝에 카복실기 -COOH 를 가지고 있는 화합물로 일반적으로 R-COOH 로 표시한다. 보통 자연에서는 지방산 단독으로 존재하지 않고 지방산과 지방산이 결합하거나 지방산과 다른 물질이 결합한 형태로 존재한다. 글리세롤 지질, 인지질, 스팅고 지질, 당 지질, 폴리케티드, 스테롤 지질, 프레놀 지질로 크게 분류한다. 흔히 지질 Lipid 과 혼동하는 지방 Fat 은 글리세롤 지질의 한 종류인 트리글리세라이드 Triglyceride 이며 에너지를 저장하는 역할을 한다. 지질이 더 포괄적인 개념이지만 같은 의미로 사용되기도 한다.

지질의 역할

지질은 세포를 구성하는 유기 화합물로 종류마다 담당하는 역할이 다르다. 생명체의 에너지원 역할, 지용성 비타민 등 비극성 물질을 녹이는 용매 역할, 세포막 사이에서 물 투과를 조절하는 역할 등 다양하다. 특히 뇌의 절반을 차지하는 성분으로 세포막, 세포 연결, 신경 전달 같은 중요한 역할을 한다.

지질의 종류와 역할

글리세롤 지질 Glycerol lipid	단일 mono, 이중 di, 삼중 tri 글리세롤로 구분되며 지방산이 에스테르 결합으로 이루어짐.
인 지질 Phospho lipid	지방산, 글리세롤, 인산으로 구성되어 있으며 물질대사와 신경전달에 연루된 중요한 물질이다. Phosphatide 라고도 함.
스핑고 지질 Sphingo lipid	매우 복잡한 구조로 주로 동물에 존재하며 다른 지질과 합성되어 다양하게 변환된 물질.
당 지질 Saccharol lipid	일반적으로 올리고당과 지질이 결합된 구조로 세포막의 안전성, 면역반응, 세포 조직 연결 같은 역할을 함.
폴리케티트 Polyketide	케톤과 메틸렌기 사슬로 구성된 천연물로 마약, 향료, 의약품에 사용되는 2차 대사산물에 속함.
스테롤 지질 Sterol lipid	식물과 동물에 모두 존재하며 호르몬, 신호전달 같은 중요한 역할을 함.
프레놀 지질 Prenol lipid	강한 향기가 나는 테르펜 구조체, 광합성을 돕고 자외선의 유해 작용을 막는 식물 색소인 카로티노이드, 방향족 화합물인 퀴논과 하이드로퀴논이 있음.

생두 성분 중 10~15%가 지질로 구성되어 있다. 로스팅 과정에서 다양한 화학적 반응으로 1~2% 함유량이 증가한다. 품종별 구성 비율에 차이가 있으며 아라비카종이 약 15%, 로부스타종이 약 10% 지질을 포함한다. 커피 지질 중 약 20%가 커피 향미에 영향을 주며 지질 함량이 많은 아라비카종이 향미가 풍부하다. 커피 지질 중 약 5%가 인체에 생리학적 효능을 보이며 이로울 수도 해로울 수도 있다.

Composition of lipids of green coffee 생두 지질 구성

Maier 1981 DATA

Compounds	성분 종류	비율 %
Triglycerides	트리글리세라이드류	75.2
Esters of diterpene alcohols & fatty acids	디테르펜 에스테르류	18.5
Esters of sterols and fatty acids	스테롤 에스테르류	3.2
Sterols	스테롤류	3.2
Tryptamine derivatives	트립타민 유도체류	0.6-1.0
Phosphatides	인지질류	0.1-0.5
Diterpene alcohols	디테르펜 알코올류	0.4
Tocopherols	토코페놀류	0.04-0.06

생두에 포함된 대표적인 지질 종류

트리글리세라이드(지방)
생두 지질 성분 중 75.2%에 달하며 다른 식물성 기름과 마찬가지로 커피 기름의 주요 성분이다. 로스팅으로 유동화되어 원두 표면으로 표출된다.

지방산과 디테르펜 알코올이 에스테르 결합한 지질
생두 지질 성분 중 약 18.5%를 차지하며 전체 생두의 약 2% 비율이다. 로스팅 과정에서 커피 향미 생성에 영향을 준다.

스테롤 지질
콜레스테롤 Cholesterol 과 시토스테롤 Sitosterol 이 대표적인 예이며 생리학적으로 기능을 한다.

트립타민 유도체
마약에 포함된 환각성 물질인 트립타민과 유사한 기능을 하는 화합물이다.

토코페롤
비타민 E와 같은 활동성을 가지는 성분으로 적혈구 보호, 세포 호흡 같은 분야에서 긍정적인 역할을 한다.

리놀레산
천연 보습 기능이 있어 습진을 완화하고 피부염 치료적 특성을 가진다. UVB 범위의 자외선을 흡수해 피부 속에 도달하지 못하게 하는 기능이 있어 자외선 차단제의 원료로 사용된다.

단백질 Protein

단백질은 산소 O, 질소 N, 수소 H 원자로 얽히고 꼬인 구조로 원소기호만으로 표현하기 어려운 물질이다. 원소 연결 길이를 기준으로 유리 아미노산 Free amino acid, 펩타이드 Peptide, 단백질 Protein 로 분류된다. 아미노산 하나로 구성된 유리 아미노산은 자연 상태로 거의 발견되지 않는다. 2~50개 아미노산 결합을 펩타이드, 50개 이상 아미노산 결합을 단백질 또는 폴리펩타이드 Polypeptide 라고 한다. 아미노산의 카복실기 -COOH 와 다른 아미노산의 아미노기 - NH_2 가 전자를 공유한 형태로 아미노산 결합이 이루어지며 이것을 펩타이드 결합이라고 한다.

단백질의 역할과 맛

단백질은 생명 유지에 필수적인 영양소로 주요 생체 기능을 수행한다. 대표적으로 근육, 피부, 뼈 등 체 조직을 형성하고 호르몬, 항체, 소화 효소 등을 구성한다. 펩타이드와 단백질은 향과 맛이 없으며 유리 아미노산만이 맛이 있다. 그 중 난용성 성분은 쓴맛으로, 가용성 성분은 단맛 또는 감칠맛으로 나타난다.

단백질 종류

유리 아미노산 free amino acid	아미노산이 단독분자로 존재하며 향미가 있음
펩타이드 peptide	2~50개 사이 아미노산 결합체로 향미가 없음
단백질 protein	50개 이상 아미노산 결합체로 향미가 없음

커피 성분 중 약 14%를 차지하는 단백질은 펩타이드와 폴리펩타이드 형태로 대부분 존재하기에 아무 향미가 없다. 하지만 커피 로스팅을 거치면서 유리 아미노산으로 열분해되고 탄수화물의 환원당과 반응하여 맛있는 향미 성분으로 새롭게 태어난다. 대표적으로 커피의 고소한 맛 중 상당 부분이 이 과정을 통해 만들어진다. 생두에 존재하는 유리 아미노산은 종류와 함량 모두 매우 적다. 그중 하나가 글루탐산 Glutamic acid 이다. 가용성 유리 아미노산으로 커피에 약 0.14% 함유되어 감칠맛을 증가시킨다.

무기질 Inorganic matter & 기타 성분들

무기질은 탄소 C를 주성분으로 가지고 있지 않은 원소 또는 화합물을 의미하며 지구 지각에 널리 분포되어 있다. 칼슘, 철, 인, 마그네슘 등이 있으며 인체에 꼭 필요한 물질이다. 커피에 함유된 무기질은 생두가 자라는 자연환경 특히 토양에 영향을 많이 받아 함량 차이가 발생한다. 생두 내 무기질 중 칼륨 K 이 약 40%로 가장 많고 철 Fe, 마그네슘 Ma, 인 P, 아연 Zn 등이 있다. 전체 생두의 약 4%를 차지하며 로스팅 후 약 90%가 가용성 성분이 되어 커피에 녹아든다. 무기질 또한 맛을 가지고 있다. 예를 들어 산화칼륨과 산화마그네슘은 짠맛이 난다. 커피의 짠맛에 영향을 주지만 함유량이 미미하여 감지하기는 쉽지 않다.

그 밖에 다양한 성분들이 커피에 포함되어 있다. 인체에 특별한 효능을 보이거나 향미로 맛있게 표현되기도 한다. 커피가 사랑받는 음료로 자리 잡는 데 중요한 역할을 하는 성분들을 알아보도록 하자.

피토케미컬

피토케미컬 Phytochemical 이란 식물에서 자연적으로 만들어지는 유기 화합물로 식물이 자외선과 해충 등 외부 환경으로부터 자신을 보호하기 위해 생성하는 물질이다. 인간이 피토케미컬을 섭취하면 통증 완화, 항염, 항산화, 면역강화 등 인체에 이로운 효능이 나타난다. 하지만 일부 강한 독성을 가지고 있거나 중독성이 강한 피토케미컬은 해롭거나 때론 치명적이기까지 하다. 이렇게 생리 활성 기능이 있는 물질을 생물학적 반응 조절제 BRM Biological response modifiers 라고 한다.

인체에 이로운 생리 활성 기능 중 대표적인 것이 항산화 효과 Antioxidation effect 이다. 항산화란 자외선, 과도한 운동, 스트레스, 대기오염, 흡연, 살충제, 오염된 음식 등 좋지 않은 환경에서 살면서 자연스럽게 만들어지는 독소인 활성산소로부터 인체를 보호하는 것을 의미한다. 활성산소는 산소 원자를 포함한 분자로 반응성이 뛰어나 몸 안에서 인체를 산화시키면서 노화를 빠르게 진행시킨다. 예를 들어 생체막의 불포화 지방산이 활성산소로 인해 산화되어 과산화지질로 변하면 피부 세포 노화가 빠르게 진행된다. 그 결과 피부 탄력을 잃어 주름이 생기거나 색소가 침착되어 안색이 어두워진다. 동맥경화, 간질환, 당뇨 같이 치명적인 병의 원인이 되기도 한다. 이렇게 몸에 해로운 활성산소를 제거하는 것을 항산화 작용이라 하며 자연에는 다양한 항산화 물질이 존재한다. 비타민 C, 비타민 E, 토코페롤 등 비타민류와 카로티노이드, 플라보노이드, 폴리페놀 등 피토케미컬이 대표적인 항산화 물질이다.

피토케미컬은 모든 식물에 함유되어 있으며 주로 색이나 향으로 나타난다. 피토케미컬로 분류되는 생물학적 반응 조절제들은 항산화 효과 이외에도 다양한 생리 활성 기능이 있다.

색깔이 특징인 피토케미컬

피토케미컬은 다양한 색을 가지고 있는 식물에서 흔하게 발견된다. 포도, 사과, 양파, 당근, 피망처럼 색이 있는 과일이나 채소에 함유되어 있으며 카로티노이드 Carotenoid, 플라보노이드 Flavonoid, 폴리페놀 Polyphenol, 안토시아닌 Anthocyanin 이 대표적인 물질이다. 커피에는 녹색을 나타내는 폴리페놀, 황색을 나타내는 카로티노이드와 플라보노이드가 존재한다.

향미가 특징인 피토케미컬

식물은 각각 고유한 맛이 있다. 그 중 신맛 또는 쓴맛이 나는 식물에 피토케미컬이 다양하게 존재한다. 대표적으로 유기산과 알칼로이드가 있다.

유기산 Organic acid

탄소 C를 포함하면서 산성을 띠는 모든 유기 화합물의 총칭으로 지방산, 아미노산, 기타 어느 형태로든 존재한다. 유기산은 식품에 신맛을 부여하는 동시에 부패를 방지하는 기능을 한다. 특히 과일에서 많이 발견되며 커피의 신맛인 산미 Acidity 가 유기산에 영향을 많이 받는다. 자연에서 생성되기도 하고 열, 발효 등 외부 자극으로 물질이 변하면서 새로운 유기산이 만들어지기도 한다.

알칼로이드 Alkaloid

동식물을 포함한 모든 자연계에 존재하면서 질소 원자 N 를 가지고 있는 화합물이다. 질소 원자 N 를 포함하더라도 아미노산, 펩타이드, 단백질, 핵산은 알칼로이드로 분류하지 않는다. 알칼로이드는 대부분 염기성이지만 일부 중성이나 약한 산성도 있다. 독성을 띠는 것이 많으며 이 독이 인간에게 약리학적 효과를 준다. 카페인, 니코틴, 코카인 등이 대표적인 예이며 과할 경우 인간에게 치명적인 것도 있다. 커피에는 카페인, 트리고넬린 등 여러 종류의 알칼로이드가 포함되어 있어 인체에 다양한 생리학적 반응을 일으킨다.

커피의 주요 피토케미컬

커피는 태양과 토양에서 영양분을 공급받으며 성장하는 식물로 자연스럽게 피토케미컬을 함유하고 있다. 그리고 로스팅으로 새롭게 만들어진 성분들이 인체에 영향을 주기도 한다. 후자의 경우 엄밀히 하면 피토케미컬은 아니지만 그 범주에 넣어 설명하고자 한다. 다음은 커피가 함유하고 있는 피토케미컬의 종류, 생성 원인, 향미, 생리 활성 기능에 대한 설명이다.

클로로겐산 Chlorogenic acid $C_{16}H_{18}O_9$

클로로겐산은 산성을 띠는 유기산의 한 종류로 퀸산과 카페익산이 에스테르 결합한 물질이다. 화학 구조상 페놀 화합물에 속하며 항산화, 항암, 항염증, 항균 작용 같은 건강에 이로운 역할을 한다. 생두에 존재하는 유기산 중 가장 많은 양이 클로로겐산이며 생두 성분 중 4~9%를 차지한다. 이 함유량 차이는 품종, 토양 등 재배 환경으로 발생한다. 로스팅 과정에서 건조 단계가 지나면 서서히 퀸산과 카페인산으로 분해된다. 지속적인 열 공급으로 계속해서 화학 반응이 일어나 30여 가지의 페놀 및 카테콜 화합물로 바뀌며 각 물질마다 다른 특징이 나타난다. 로스팅 온도 230℃로 배출된 원두의 경우 전체 클로로겐산 중 약 65%가 분해되고 250℃로 배출되면 전부 파괴된다. 이렇게 만들어진 화합물들은 커피의 신맛 Sour, 톡 쏘는 맛 Tart, 쓴맛 Bitterness 으로 나타난다.

퀸산 Quinic acid $C_7H_{12}O_6$

클로로겐산이 가수 분해되어 만들어진 퀸산은 유기산으로 분류된다. 특정한 색이 없고 커피에서 부정적인 신맛으로 나타난다. 요로감염과 알츠하이머를 예방하는 효과가 있는 것으로 알려져 있다.

카페인산 Caffeic acid $C_9H_8O_4$

노란색을 띠는 카페인산은 화학 구조상 페놀 화합물에 속한다. 항산화, 발암물질 억제 등 약리학적 효과가 있고 운동 능력 향상, 체중 감소 등 다양한 생리 기능 활성 효과가 있다. 로스팅 과정에서 클로로겐산 분해로 만들어지는 카페인산은 2차 화학 반응을 통해 다양한 폴리페놀 물질 생성에 영향을 준다. 예를 들어 디카페오일퀴닉산 Decaffeoly quinic acid $C_{25}H_{24}O_{12}$ 은 퀸산과 카페인산이 에스테르 결합하여 만들어진 생리 활성 성분으로 포만감을 느끼게 하여 체중 감량에 도움을 준다.

탄닌산 Tannin acid $C_{76}H_{52}O_{46}$

화학 구조상 페놀 화합물에 속하는 탄닌산은 해독, 살균, 지혈 기능이 있는 생리 활성 물질이다. 독특한 쓴맛이 특징이며 와인의 떫은맛을 내는 성분으로도 유명하다. 커피의 풍미를 급속하게 떨어뜨리는 성분으로 강하게 로스팅된 원두에 많이 포함되어 있고 용해 속도가 대체로 늦은 편이다.

카페인 Caffeine $C_8H_{10}N_4O_2$

알칼로이드에 속하는 염기성 유기 화합물인 카페인은 쓴맛을 가지고 있으며 커피 쓴맛의 약 10%를 차지한다. 물에 녹는 수용성 성분으로 커피 추출 시 천천히 녹는 성분 중 하나이다. 커피에서 가장 유명한 피토케미컬인 카페인은 다양한 생리 활성 작용을 한다. 일종의 중추신경 자극제로 뇌의 도파민 분비를 활성화하여 각성을 유도하고 집중력을 높여 주고 이뇨, 진통 등 의학적 효과도 있다. 커피를 마신 후 20분 이내에 약 90%가 흡수되어 빠르게 효과가 나타난다. 반면 칼슘, 칼륨, 아연의 체내 흡수를 방해하여 골다공증 위험을 높이고 어린이의 성장 발달에 부정적인 영향을 준다. 카페인은 열에 안정적인 화합물로 238℃에서도 분해되지 않아 로스팅 과정에서 거의 파괴되지 않는다.

트리고넬린 Trigonelline $C_7H_7NO_2$

니아신 Niacin $C_6H_5NO_2$ 이 메틸기 - CH_3 와 결합된 화합물로 알칼로이드에 속하는 물질이다. 커피 쓴맛에 2.5% 정도 영향을 주며 항암, 항당뇨, 편두통 억제, 콜레스테롤 제거에 효과가 있다. 그 이외에도 뇌 신경 세포의 촉진, 충치 예방, 박테리아 활동 억제 등과 관련하여 많은 연구가 이루어지는 커피 성분 중 하나이다. 트리고넬린은 로스팅 과정에서 상당한 양이 분해되어 향기 성분인 피라딘 Pyradine 과 유기산의 일종인 니아신 Niacin 으로 변한다. 비타민 B3 군에 속하는 수용성 비타민인 니아신은 콜레스테롤을 조절하는 효능이 있다. 그 결과 고지혈증 완화와 뇌 기능 향상에 도움을 준다.

커피 한 잔을 마시면 우리 몸이 빠르게 반응하는 것을 느끼게 된다. 피곤했던 몸을 다시 활기차게 만들고, 심장 기능을 원활하게 해주어 혈액순환을 돕고, 공부할 때 집중력을 높여 준다. 또한 도파민과 세라토닌으로 대표되는 뇌 화학물질을 분비시켜 기분을 좋게 해주어 우울증 발병률이 줄어든다. 또한 연구에 의하면 간병변 같은 간질환을 예방하고 피부암의 위험을 줄이는 효능도 있다. 그리고 혈액 속 요산 수치를 낮추어 통풍을 줄여주며 당뇨병의 위험을 낮추기도 한다.

하지만 밝음이 있으면 어두움도 있다.

카페인에 예민한 사람은 심장 박동이 너무 빨라져 일상생활이 곤란할 수 있고 밤에 잠이 잘 안 오기도 한다. 또한, 커피의 기름 성분이 콜레스테롤 수치를 높여 성인병 위험을 높이기도 한다. 이런 부작용 없이 마실 수 있는 커피양을 정확하게 알고 즐기는 것이 중요하다.

맛있는 커피 성분

커피 생두는 건조된 곡물과 비슷하여 계속 씹어도 좋거나 특별한 맛이 느껴지지 않는다. 로스팅 과정을 거치면서 탄수화물, 단백질, 지질(지방) 등 다양한 물질(분자)들이 화학 반응으로 분해 또는 재결합되면서 새로운 물질로 태어난다. 이 과정에서 300가지 정도의 향기 물질이 1000가지 이상으로 많아진다. 이렇게 많은 향기 물질이 하나의 식품에 포함된 경우는 거의 없다. 또한 긍정적인 향미가 압도적으로 많기에 커피는 매력적일 수밖에 없다.

생두에 포함되어 있는 성분 중 긍정적인 향미는 많지 않다. 커피의 산미 성분인 유기산 중 일부만이 열매 단계에서 생성되고 맛있는 성분 대부분이 로스팅 과정에서 만들어진다. 녹색 생두가 열을 만나 새로운 유기산들이 만들어지고 당의 갈변 Sugar Browning 으로 맛있는 향미가 폭발적으로 증가한다. 당의 갈변에 속하는 대표적인 화학반응이 마이야르 반응 Maillard reaction 과 캐러멜화 Caramelization 가 있다. 로스팅 과정으로 과일의 산미는 더 풍부해지고 견과류, 캐러멜, 초콜릿 등으로 분류되는 다양한 화합물이 새롭게 만들어져 고소함과 달콤함으로 나타난다.

이렇게 만들어진 화합물 중 분자량이 작아 공기 중으로 분산되는 향기 물질이 많다. 향기가 나는 방향족 화합물은 원두를 분쇄할 때 휘발되고 물에 잘 녹지 않는 특성이 강해 일부만이 커피로 추출된다. 그래서 마시는 커피보다 분쇄한 원두 향기가 더 좋은 것이다.

유기산

유기산은 산성을 띠는 유기 화합물의 총칭으로 600가지가 넘는 종류가 있다. 이 중 과일에서 발견되는 유기산들이 커피 성분으로 존재하기에 커피를 마실 때 맛있는 과일이 연상되는 것이다. 유기산으로 만들어진 신맛을 산미 Acidity 라고 표기하며 커피 품질을 판별하는데 중요한 요소이다. 하지만 과도한 신맛, 떫은맛 같은 부정적인 향미로 나타나는 유기산도 있다.

커피에 함유된 유기산은 생두에 포함된 것과 로스팅으로 만들어진 것으로 구분된다. 생두에 존재하는 유기산 종류는 구연산, 말산, 주석산, 클로로겐산 등이 있다. 이런 유기산들이 많이 포함되어 있으면 생두에서 시큼한 향이 강하게 난다. 로스팅 과정에서 만들어지는 유기산은 아세트산, 포름산, 퀴닉산, 카페익산, 탄닌산, 글리콘산 등이 있다. 생두에 포함된 과당 Fructose, 포도당 Glucose, 자당(설탕) Sucrose 같은 당류가 로스팅 과정에서 가수분해 Hydrolysis 또는 열분해 Pyrolysis 되어 다양한 유기산이 만들어지고 이산화탄소 CO_2 가 배출된다. 로스팅 온도 130℃부터 유기산이 만들어지기 시작하여 종류와 양이 증가하다가 170℃가 지나면서 점차 줄어든다. 밝게 로스팅된 원두에서 산미가 강하게 나타나고 원두 색이 어두워질수록 약해진다. 이렇게 생성된 유기산들은 각각 특색있는 향미를 가지고 있다.

무기산

광물계에서 얻을 수 있는 산성을 띠는 물질이다. 생명력이 없는 무기 화합물의 화학반응으로 생성되며 대표적으로 염산 HCl, 질산 HNO_3, 인산 H_3PO_4, 황산 H_2SO_4 등이 있다.

생두에 존재하는 유기산 종류

구연산 Citric acid $C_6H_8O_7$

트라이카복실산 Tricarboxylic acid 으로 불리는 카보닐기 화합물로 식물의 광합성 과정에서 당이 만들어지면서 파생된 산이다. 미디엄 로스팅부터 화학 반응을 하며 서서히 사라지고 방향성 물질인 에스테르를 만드는 데 역할을 한다. 레몬, 오렌지, 귤에 풍부하게 포함된 성분으로 시트러스 Citrus 라는 향미로 표현된다. 커피 산미에 끼치는 영향이 가장 크고 피로 해소, 변비 개선, 결석 예방에 효과적인 성분으로 유명하다.

말산 Malic acid $C_4H_6O_5$

사과에서 처음 발견되어 사과산이라고도 불리는 유기산으로 살구, 블랙베리, 체리, 포도, 복숭아, 자두에 많이 포함되어 있다. 높은 고도에서 자라는 커피나무는 밤에 기온이 급격하게 떨어지면 생장을 멈추는데, 이때 만들어지는 산이 말산이다. 풋사과에서 느껴지는 유쾌한 산미로 표현되며 로스팅이 진행되면서 천천히 사라진다.

주석산 Tartaric acid $C_4H_6O_6$

흰색 결정을 지닌 유기산으로 냄새는 없으며 구연산보다 1.3배 정도 신맛이 강하다. 식물계 전반에 걸쳐 함유되어 있고 특히 포도에 가장 많이 들어있다. 포도 아로마가 있는 커피를 마시면 복잡하고 섬세한 산미와 달콤함이 느껴진다.

로스팅으로 생성되는 유기산 종류

아세트산 Acetic acid CH_3COOH

식초의 주성분으로 보통 초산으로 불리며 시큼한 맛을 가지고 있다. 로스팅이 진행될수록 점점 그 양이 많아지다가 다크 로스팅으로 진입하면서 다소 줄어든다. 적당한 아세트산은 라임 같은 상큼한 향미로 나타난다.

포름산 Formic acid CH_2O_2

강한 산성을 띠며 날카롭고 자극적인 신맛이 특징이다. 카복실산 중 가장 간단한 화학 구조로 되어 있고 로스팅 시간이 길어지면 그 양이 줄어든다.

젖산 Latic acid $CH_3CHCOOH$

우유 또는 우유 발효 제품에 포함된 산으로 다른 유기산에 비해 무거운 질감과 부드러움을 가지고 있다. 커피 가공 중 발효가 진행되면서 만들어지기도 하는데, 특히 무산소 발효에서 두드러진다.

글리콘산 Gluconic acid $C_6H_{12}O_7$

포도당 Glucose 이 산화되어 만들어지는 유기산으로 로스팅이 진행되어도 양의 변화는 거의 없다. 꿀, 과일, 와인 등에 포함되어 있으며 커피에서는 부드러운 산미로 표현된다.

마이야르 반응 Maillard reaction

프랑스 화학자 루이스 카밀 마이야르 Louis Camille Maillard (1878~1936) 가 1912년 발견한 화학 반응이다. 단백질에 속하는 아미노산과 탄수화물에 속하는 환원당이 열에 반응하면서 발생한다. 비효소적 갈변 반응으로 음식을 발효하거나 조리할 때 맛있는 맛과 향이 만들어지는 화학 반응이다. 예를 들어 간장이나 된장을 발효로 숙성시킬 때, 커피를 볶을 때, 빵이나 고기를 구울 때 마이야르 반응으로 맛이 좋아진다. 이렇게 태어난 맛있는 물질이 멜라노이딘 Melanoidine 이다. 특히 짧은 시간에 요리를 하는 경우에는 수분이 충분히 증발되는 120℃ 이상 온도에서 시작되며 180℃ 온도까지 활발하게 진행된다. 여러 종류의 환원당과 아미노산이 산화, 환원, 분해 등 여러 화학적 반응을 반복하면서 마이야르 반응이 다양하게 진행되고 많은 종류의 멜라노이딘이 만들어진다.

마이야르 반응 모형도

아미노산   환원당   열   멜라노이딘

커피 로스팅과 마이야르 반응

커피 로스팅 과정 중 일어나는 마이야르 반응은 130~200℃에서 활발하게 진행되다가 200℃ 이상이 되면 약해진다. 마이야르 반응의 속도와 지속 길이가 멜라노이드 종류와 양을 다르게 만든다. 이 차이로 커피 향미의 품질 또한 달라진다. 커피를 볶는 과정에서 생성되는 멜라노이딘은 커피의 고소함 Nutty, 단맛 Sweetness, 바디 Body 에 영향을 주고 다양하고 풍성할수록 복합성 Complexity 이 높아진다. 예를 들어 땅콩의 단순한 견과류의 향미가 호두나 아몬드의 복잡한 향미로 바뀐다. 설탕 단맛이 마시멜로 또는 캐러멜로 더 맛있게 된다. 초콜릿은 다크 초콜릿 또는 바닐라 향미로 발전한다. 로스터의 기술력으로 커피 향미의 방향성이 결정된다고 해도 과언이 아니다.

멜라노이딘과 추출

멜라노이딘은 유기산과 달리 가볍지 않기 때문에 쉽게 휘발되지 않고 분쇄 원두에 존재한다. 대부분 물에 잘 녹는 수용성 성분이며 용해 속도는 유기산보다 느려 추출 중반부터 잘 녹아든다. 추출 수율을 높이는 것과 맛있는 커피 사이에 밀접한 관련이 있는 이유이다. 또한 일부 멜라노이딘은 뛰어난 항산화 효과가 있는 것으로 알려져 있다.

마이야르 반응의 진행 과정

단당류와 이당류 대부분이 마이야르 반응을 일으키는 환원당에 속하며 분자에 알데하이드 작용기 $-CHO$ 또는 케톤 작용기 $-COR'$ 를 가지고 있어 화학적으로 결합이 쉬운 구조로 되어 있다. 환원당의 작용기는 아미노산, 펩타이드, 단백질 분자에 있는 아미노기 $-NH$ 또는 $-NH_2$ 와 반응하여 멜라노이딘 물질을 만든다. 이 과정이 마이야르 반응이며 진행 순서를 기준으로 4단계로 구분된다.

4단계 마이야르 반응

1 단계

단당류인 환원당과 아미노산인 아미노화합물 Amino compound 이 질소 치환하는 단계로 불안정한 글리코실아민 N-substituted glycosylamine이 만들어진다. 알데하이드 작용기 -CHO 또는 케톤 작용기 -COR' 를 가지고 있는 환원당이 아미노산, 펩타이드, 단백질 분자에 있는 아미노기 -NH, $-NH_2$ 와 반응하는 첫 단계이다.

환원당 Reducing sugar + 아미노기 $R-NH_2$ = 글리코실아민 Glycosylamine + 물

2 단계

계속되는 열분해로 원소가 재배열되고 불안정한 글리코실아민의 원소 위치가 바뀌게 된다. 이것을 아마도리 재배열 Amadori arrangement 이라 한다. 원소 재배열로 중간에 에나미놀이 만들어지고 최종적으로 케톤아민 Ketosamine이 만들어진다. 아마도리 재배열은 한 방향으로 생성되는 것이 아닌 계속해서 이 물질들이 상호작용하면서 다양한 물질을 만들어낸다. 이렇게 만들어진 초기 당화 산물을 아마도리 생성물 Amadori product 이라고 한다.

아마도리 재배열 Amadori arrangement

글리코실아민 Glycosylamine ↔ 1,2 에나미놀 Enaminol ↔ 케톤아민 Ketosamine

3 단계

계속해서 열이 공급되면 분해 Degradation, 분열 Fission, 탈수 Dehydration 반응으로 이어지고 아마도리 생성물을 변화시켜 새로운 물질을 만든다. 대표적으로 환원 물질인 리덕톤류 Reductones, 분열 산물 Fission Products, HMF Hydroxy-methyl-furfural 이 있으며 이를 최종 당화 산물 advanced glycation end-product AGP 이라 한다.

대표적인 화학 반응으로 스트레커 분해 Strecker degradation 가 있다. 케톤아민이 분해되어 알데하이드 화합물 또는 케톤 화합물을 생성하고 암모니아와 이산화탄소를 배출한다. 이렇게 생성된 화합물은 다양한 휘발성 향기 물질을 생성하는 재료가 된다. 또한 3단계 과정에서 시프염기 Schiff base 라는 치환 물질들이 생성되고 연속적인 화학 반응으로 최종 당화 산물들이 다양하게 만들어진다.

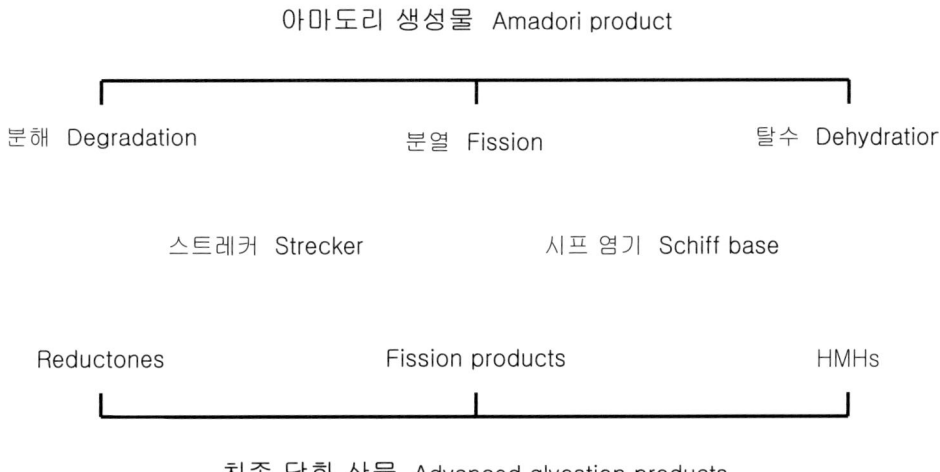

4 단계

최종 당화 산물 AGPs 은 당으로 결합된 아미노산을 의미하며 다시 산화 Oxidation, 축합 Condensation, 고리화 Cyclization, 재배열 Rearrangement 반응으로 다양한 멜라노이딘을 만든다. 상당수의 멜라노이딘이 탄소-질소 이중결합인 이민 Imine에 속해 있다. 이민은 아미노산의 아미노기가 계속해서 반응하면서 만들어진 화합물이다. 스트레커 분해로 만들어진 화합물들은 계속된 열 공급으로 분자 구조가 고리화되면서 헤테로고리 화합물 Heterocyclic compound 이 생성된다. 피라진, 피라딘, 피롤 같은 휘발성 향기 물질이 대표적인 헤테로고리 화합물이다. 멜라노이딘은 볶아지면서 만들어지는 물질이기 때문에 고소하고 달콤한 커피 향미로 나타난다.

휘발성 멜라노이딘의 종류

피라진류 Pyrazines	캐러멜 caramel, 구운 roasted, 초콜릿 chocolate
피리딘류 Pyridines	쓴 bitter, 탄 burnt, 거친 astringent, 시리얼 cereal
피롤류 Pyrroles	캐러멜 caramel, 견과류 nutty
옥사졸류 Oxazoles	식물 green, 견과류 nutty, 달콤 sweet
타이졸류 Thiazoles	구운 roasted, 고기 meaty
푸라논류 Furanones	달콤 sweet, 캐러멜 caramel, 탄 burnt

 용어 정리

가수분해 Hydrolysis

가수분해란 큰 분자 물질이 물과 반응하여 여러 개의 이온이나 분자로 분해되는 것을 의미한다. 생두는 자연적으로 가수분해되지 않으며 열이 가해져야 가능하다. 로스팅 과정에서 커피콩 내부 온도가 100℃ 이상 올라가 수분이 증발하여 수증기로 변하면 가수분해가 시작된다. 수증기는 상당 부분 증발하거나 연기로 배출되는데 일부가 커피콩 내부에 남아 특정 물질과 반응한다. 수증기 양 차이로 가수분해 정도가 달라진다. 예를 들어 당 또는 클로로겐산 분해 정도가 달라져 원산지, 품종, 로스팅 포인트 등 조건들이 동일해도 향미가 다르게 나타난다.

환원당 Reducing sugar

산화 Oxidation 는 분자, 원자 또는 이온이 산소를 얻거나 수소 또는 전자를 잃는 것을 의미한다. 환원 Reduction 은 산화의 반대 개념으로 산소를 잃거나 수소 또는 전자를 얻는 것을 의미한다. 환원당은 자신이 산화되면서 다른 물질을 환원시키는 환원제로 작용하는 당이다. 자당 Sucrose를 제외한 단당류와 이당류 대부분이 환원당에 속한다.

헤테로고리 화합물 Heterocyclic compound

고리로 강력하게 고정된 원소가 2개 이상 결합한 화합물로 분자 결합 회전이 잘 나타나지 않는 특징이 있다. 탄소 C 를 중심으로 질소 N, 산소 O, 황 S 을 포함하여 고리를 만들면서 다양한 물질이 된다. 마이야르 반응 최종 단계에서 만들어지며 산소를 함유하는 퓨란, 질소를 함유하는 피라진과 피라딘, 황을 함유하는 싸이오펜이 대표적인 헤테로고리 화합물이다.

당의 캐러멜화 Sugar caramelization

캐러멜화는 당이나 아미노산 단독으로 산화되어 갈색으로 변하는 화학 반응으로 분자들이 분해될 때까지 가열되어야 발생한다. 마이야르 반응 중반 이후 로스팅 온도 165℃ 이상부터 시작된다. 예를 들어 포도당과 과당이 결합한 화학 구조를 가지고 있는 비환원당인 자당 (설탕) Sucrose 은 로스팅 온도 165℃ 이상이 되면 다시 분해되어 포도당과 과당이 된다. 이렇게 생성된 단당류들이 축합 Condensation, 재배열 Rearrangement, 탈수 Dehydration 반응으로 갈색으로 변하는 것이 캐러멜화이다. 로스팅 과정에서 캐러멜화 진행 정도는 커피콩의 색과 향의 변화를 통해 알 수 있어 로스터가 로스팅 온도와 전체 시간의 변화 속도를 조절하면 정도 선택이 가능하다. 대표적 향미로 푸르프릴 Furfurly, 푸라네올 Fruneol 등 푸란류 Furans 가 있으며 맥아 Malt, 견과류 Nut, 갈변 버터 Browned butter 향미로 표현된다. 이렇게 생성된 물질들은 고소하고 달콤한 향미로 커피를 풍성하게 한다. 하지만 과도하게 볶이면 쓴 향미로 변하게 된다.

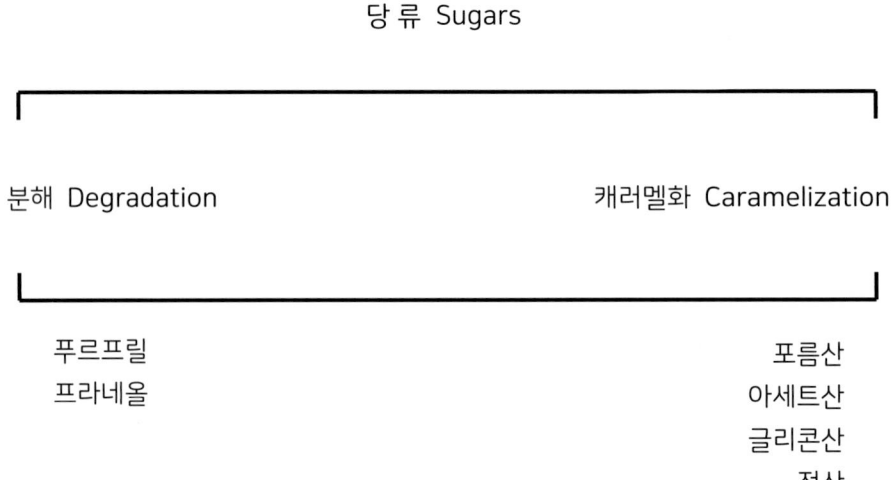

당 류 Sugars

분해 Degradation | 캐러멜화 Caramelization

푸르프릴
프라네올

포름산
아세트산
글리콘산
젖산

페놀 분해 Phenolic acid degradation & 기타

페놀 분해는 작용기인 페닐기 $-C_6H_5$ 가 일으키는 화학 반응이다. 대표적으로 클로로겐산이 열에 반응하여 퀸산과 페놀 화합물인 카페인산으로 분해되는 것이다. 카페인산 분자에 포함되어 있는 페닐기 $-C_6H_5$ 가 다른 물질과 화학 반응하면서 다양한 폴리페놀 물질을 만든다. 이렇게 생성된 폴리페놀은 생리 활성 물질로 인체에 이롭게 작용하고 방향성 물질로 커피 향미에 영향을 주기도 한다. 또한 페놀 분해로 만들어진 휘발성 향기 물질 중 대표적인 것이 정향, 스모키향로 표현되는 과이아콜류 Guaiacols 와 바닐라 향기로 표현되는 바닐린 Vanillin 이다.

그 밖에 트리고넬린이 열분해되면서 작용기인 메틸기 $-CH_3$ 가 화학반응하여 생성된 파리딘류 향기 물질이 있다.

커피 추출

Coffee Extraction

scientia potentia est
커피 향미를 아는 것이 완벽한 커피를 만들 수 있는 힘이다.

커피 추출의 시작

지구상에 현생 인류인 호모사피엔스가 등장하기 시작한 것은 약 20만 년 전으로 추정된다. 아프리카 동부 초원에서 수렵과 채집으로 먹을거리를 해결하며 오랫동안 생활하던 인류는 4~5만 년 전부터 유럽과 아시아로 이동하여 거주지를 확대하였다. 기원전 1만 년경부터 식물을 재배하고 가축을 사육하는 생산 경제로 전환되어 인류 문명이 태동하고 음식 문화도 발전하였다. 곡물을 가루로 만들어 반죽하는 획기적인 발견을 시작으로 '요리'라는 개념이 도입되어 먹는 것에 '맛'이 더해지고 '음식'이라는 새로운 세계에 들어가게 된다.

문자의 발명으로 인간의 생각이 글로 전파되면서 세련된 삶을 영위하는 문명 Civilization 으로 이어졌다. 기원전 3000년경을 전후하여 인간이 살아가는데 가장 중요한 물(강)을 중심으로 메소포타미아 문명, 이집트 문명, 인더스 문명, 황하 문명이 시작되었다. 선사의 시대 Prehistoric era 에서 역사의 시대 Historic era 로의 전환이다. 청동과 철을 활용하여 무기와 농기구 등 물건들이 만들어지고, 권력이 생기고, 국가가 탄생하게 된다. 이 시기에 금속으로 된 조리 도구들도 만들어지고 불을 사용한 다양한 요리 기법이 개발되었다. 이러한 정보들이 책으로 전파되어 '맛의 세계'가 활짝 열리게 된다.

5세기경 서로마 제국이 멸망하고 게르만족, 훈족 등 북방 민족이 유럽 대륙 중심으로 이동하며 중세 시대가 본격화된다. 이 시기에 인간과 커피의 역사가 시작된다.

제베나로 추출하는 모습 - 2018년 에티오피아

600~1100년 이슬람 종교 영토에 거주한 사람들은 커피를 절구에 빻거나 맷돌로 갈아 물에 넣고 끓여서 마셨다. 이러한 방법은 2023년 현재까지 이어지고 있다. 에티오피아에서는 넓적한 팬에 생두를 볶은 후 절구에 빻아 '제베나 Jebena'라고 부르는 주전자에 끓인다. 이렇게 추출한 진한 커피를 작은 잔에 담아 마신다. 또한, 이슬람 문화권인 튀르키예에서도 작은 냄비처럼 생긴 추출 도구 '이브릭'을 사용하여 곱게 간 커피를 빠르게 끓여 여과 없이 마신다.

중세 시대를 지나 근대 시대로 진입하면서 커피는 전 세계로 빠르게 퍼지고 추출 방법 또한 발전한다. 17세기 프랑스에서는 주전자 주둥이 끝에 필터를 장착해 커피 찌꺼기를 걸러 마시는 방법이 등장하였다. 커피를 여과하는 방법이 계속 발전하여 19세기 독일에서 깔대기(드리퍼)를 만들어 종이필터로 찌꺼기를 걸러 추출하는 현대 개념의 드립 커피가 시작되었다. 20세기의 시작인 1900년 이탈리아에서는 커피 추출에 증기압 기술을 도입하여 에스프레소 시대가 출발하게 된다.

다양한 커피 추출 도구

제베나 Jebena / 달임 Boiling 방식

에티오피아의 전통 커피 주전자로 분쇄 원두와 물을 넣고 끓이면서 3번 정도 추출하여 연한 커피, 중간 커피, 진한 커피로 달라지는 향미를 3번 즐긴다. 첫 잔은 우애, 두 번째 잔은 평화, 세 번째 잔은 축복을 의미한다.

이브릭 Ibric / 달임 Boiling 방식

밀가루만큼 곱게 분쇄한 원두를 물에 넣고, 끓으면 잠시 옆으로 치우고 가라앉으면 다시 가열하기를 3번 정도 반복하여 추출한다. 커피 본연의 향미가 그대로 전달되지만 입에 커피 가루가 남아 불쾌감을 주기도 한다.

핸드드립 Handdrip / 여과 Filtration 방식

천이나 종이를 놓은 깔대기에 분쇄 원두를 담아 뜨거운 물을 반복해 부으면서 추출한다. 필터로 원두 찌꺼기가 여과되어 여운이 깔끔한 커피가 된다.

사이폰 Siphon / 진공 여과 Vacuum Filtration

아래에 있는 물이 끓어 증기압이 생기고 그 압력으로 뜨거운 물이 유리관인 로드를 통해 위로 상승한다. 분쇄 원두와 만나 성분을 녹인 후 화력을 제거하면 추출된 커피가 필터를 거쳐 하강한다. 진하고 깔끔한 여운을 겸비한 커피가 완성된다.

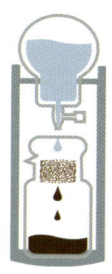

콜드브루 Coldbrew / 여과 Filtration

상단의 차가운 물이 방울방울 떨어져 천천히 분쇄 원두를 통과하고 보통 12~24시간 사이에 커피 추출이 완료된다. 낮은 산미와 풍부한 단맛이 특징이며 차가운 음료로 많이 활용된다. 찬물에 담가 추출하는 침지 방법도 있다.

모카포트 Mochaport / 가압 여과 Pressure Filtration

물이 끓으면서 만들어진 증기압으로 뜨거운 물이 상승한다. 바스켓 안에 담긴 곱게 분쇄된 원두를 뜨거운 물이 통과하면서 압력이 생긴다. 뜨거운 물과 압력으로 크레마가 있는 진한 에스프레소가 추출된다.

향과 맛의 자각

음식의 맛있음을 자각하는 것은 후각과 미각의 상호 작용으로 이루어진다. 후각 80%, 미각 20% 의 비율로 향미 자각에 영향을 준다. 그래서 음식을 먹기 전 냄새만으로도 맛을 아는 것이다.

미각을 통한 자각 원리

미뢰 Taste Bud 라는 감각기관을 통해 맛을 구분하는 것이 미각이다. 거울에 혀를 비추면 작은 붉은 점들이 있는데 이것이 혀유두이며 그 안에 미뢰가 있다. 입 안에 약 1만여 개가 분포되어 있으며 대부분 혀에 있고 입천장, 후두, 인두에도 일부 있다. 혀의 앞부분 74%, 오른쪽과 왼쪽 각각 10%, 안쪽 4%, 가운데 2% 정도로 분포해 있으며 미뢰 개수 차이로 맛을 느끼는 강도가 달라진다. 음식을 먹으면 성분이 침에 녹아 미뢰에 있는 20~30가지 화학수용체에 닿게 되고 그 정보가 뇌로 이동하여 맛을 인지하게 된다. 맛의 자각과 혀의 위치는 상관관계가 없다.

혀의 좌우 가장자리에서 신맛이 강하게 느껴지는 이유

신맛은 입안 침샘을 자극하여 침 분비를 촉진시키는 역할을 한다. 주요 침샘은 귀 밑, 혀의 측면, 턱의 측면에 있어 신맛이 미뢰를 자극하면 입의 좌우 측면에서 침이 분비된다. 그래서 혀의 측면에서 신맛을 느낀다고 착각하는 것이다.

미각의 종류와 역할

미각 기관에서 자각되는 맛은 6가지로 신맛, 단맛, 쓴맛, 짠맛, 감칠맛, 느끼한 맛이다. '다양한 맛'은 과학적으로 정확하지 않은 표현이며 향미의 다양성은 '향'에서 비롯된다. 미각은 인간 생존에 필수적인 특수 감각기관으로 영양소와 독소를 구분하는 기능이 있다. 3대 영양소인 탄수화물, 단백질, 지방은 인간 생명을 유지하는데 중요한 역할을 한다. 그래서 이 성분들이 입안으로 들어오면 단맛, 감칠맛, 느끼한 맛으로 감지되고 기분이 좋아진다. 짠맛은 몸속 전해질들의 균형을 맞추어 세포가 정상적으로 작동하게 도와주는 역할을 한다. 짠 음식을 먹으면 자연스럽게 물을 많이 마시게 되는 것이 전해질 균형을 위한 반응이다. 반면 상한 음식은 불쾌한 신맛으로 나타나며 인체에 해로운 독소는 대부분 쓴맛을 가지고 있다. 인간의 생존을 위해 신맛과 쓴맛은 소량으로도 강하게 감지된다.

 커피가 달지 않은 이유

역치 Threshold 란 생물이 자극에 반응하는 데 필요한 최소한의 자극 세기를 말한다. 역치값이 낮을수록 맛이 쉽게 느껴진다. 미각의 역치값(%,g/100ml)은 평균적으로 쓴맛 0.00005, 신맛 0.003, 짠맛 0.08, 단맛 0.1 이다. 예를 들어 물 100g에 0.08g 이하 소금을 넣으면 이론적으로 짠맛이 있지만, 미각으로 느끼지 못한다. 커피가 달지 않은 이유는 커피에 함유된 단맛 성분이 역치 이하이기 때문이다. 커피의 단맛은 미각이 아닌 후각으로 느끼는 단향이다. 후각의 역치값은 굉장히 낮아 아주 적은 양으로도 쉽게 향을 감지할 수 있다. 예를 들어 레몬 향 Limonen의 역치값은 0.01ppm이다.

ppm : 용액 1kg에 들어 있는 용질의 mg 단위의 양

커피와 미각

커피는 6가지 맛 성분을 모두 가지고 있다. 커피를 마실 때 쓴맛, 신맛, 감칠맛(고소한맛), 느끼한 맛 순서로 느낀다. 짠맛과 단맛은 역치 미달로 자각하기 어렵다. 커피의 맛없음을 대표하는 떫은맛은 혀에 있는 부드럽고 끈끈한 막이 오그라들면서 느껴지는 거칠고 텁텁한 맛으로 미각이 아닌 촉각으로 분류된다. 커피 성분 중 탄닌 같은 물질에 의해 자연적으로 느껴지기도 하고 바리스타의 잘못된 추출로 쓴맛이나 신맛이 느끼한 맛이나 감칠맛으로 부드럽게 감싸지지 않고 튀어나오면서 자극이 강화되기도 한다. 향미를 감지하는 자각 능력은 사람마다 차이가 있고 훈련을 통해 향상이 가능하다.

미각과 온도

커피의 맛은 온도에 영향을 많이 받는다. 뜨거운 커피는 60~70℃ 일 때 따뜻한 느낌과 맛있음이 어우러진다. 70℃ 이상이 되면 뜨거워서 먹기가 힘들다. 차가운 커피는 5~12℃ 일 때 시원함과 맛있음이 동시에 느껴진다. 5℃ 이하가 되면 미각으로 맛을 감지하기 어렵다.

 얼어 죽어도 아이스 아메리카노를 선택하는 이유

차가운 커피를 마실 때 느껴지는 청량감은 낮은 온도에서 비롯된다. 커피에 많이 포함되어 있는 쓴맛은 약해지고 상대적으로 신맛과 단맛이 도드라진다. 그래서 아이스 커피가 산뜻하고 맛있는 것이다.

온도에 따른 미각의 자각 정도

온도에 따른 미각의 자각 강도

신 맛	온도에 상관 없이 신맛의 강도는 같다.
단 맛	체온에 가까울수록 달게 느껴진다.
쓴 맛	음료 온도가 뜨거울수록 쓰게 느껴진다.
짠 맛	음료 온도가 차가울수록 짜게 느껴진다.

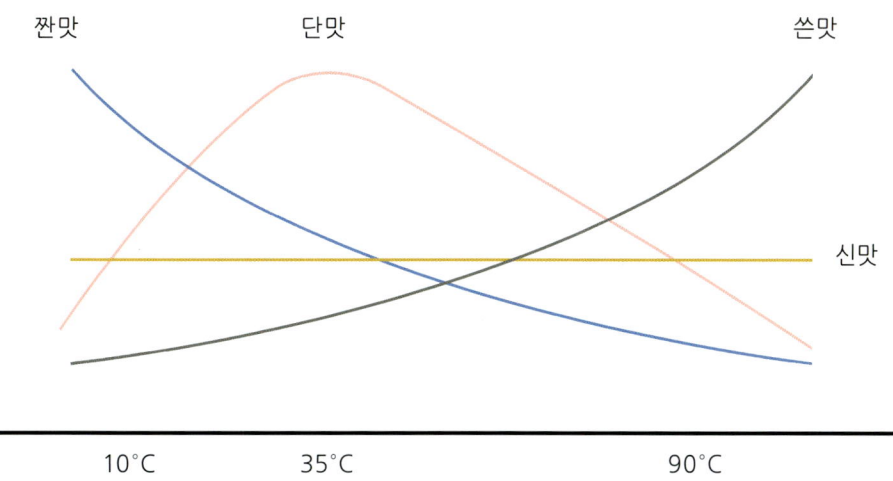

후각을 통한 자각 원리

공기 중으로 운반된 화학 물질들이 코 내부 점막을 자극하면 후각세포가 신호를 만들어 뇌로 보낸다. 이 신호와 기억하고 있는 정보가 연결되면서 머릿 속에서 향의 종류가 떠오른다. 후각으로 인지하는 냄새는 들숨이 아닌 날숨에서 더 많이 자각된다. 코를 지나 이동한 향 성분이 날숨 때 다시 입 뒤쪽의 비도로 나오면서 후각세포를 강하게 자극한다. 이를 비후 냄새라고 한다.

커피에서 레몬, 사과, 복숭아, 아몬드 등 구체적으로 표현되는 커피 향미는 미각에서 감지되는 맛이 아닌 후각에서 감지되는 향이다. 커피향은 굉장히 복잡하여 분석이 쉽지 않다. 향을 맡는 절차를 3단계로 구분하고 단계마다 반복하여 감지하면서 향의 종류를 분석한다.

1단계 : 프레그런스 Fragrance

분쇄된 원두에서 공기 중으로 분산되는 마른 향을 프래그런스라고 한다. 코로 깊숙히 흡입하면서 후각 세포를 자극하는 향을 분석한다.

2단계 : 아로마 Aroma

분쇄 원두에 뜨거운 물을 부은 후 증발되는 증기에서 나타나는 향을 아로마라고 한다. 향을 감지하는 방법은 프레그런스와 동일하다.

3단계 : 플레이버 Flavor

커피를 마시면서 입안 가득 퍼지는 향을 플레이버라고 한다. 목 뒤로 넘어간 향이 후각 세포를 자극하여 감지된다.

커피 향미를 자각하는 경로 향 - 후각기관 - 뇌

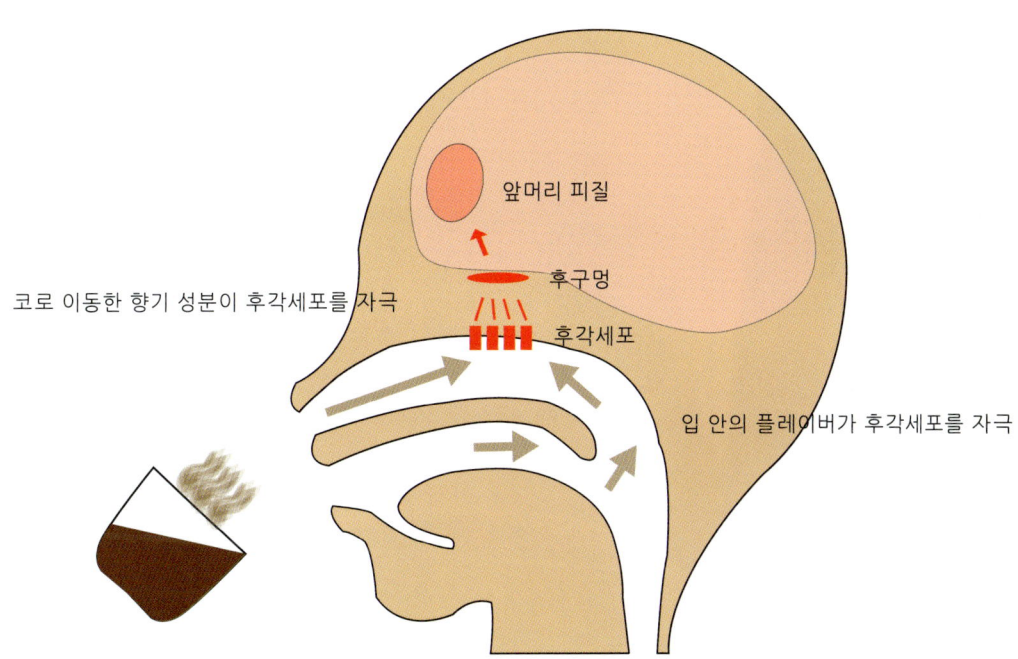

커피 향미 관능 평가

관능 평가 Sensory evaluation 란 인간의 시각, 후각, 미각, 촉각, 청각으로 감지되는 반응을 분석 또는 해석하는 과학의 한 분야이다. 5가지 감각을 이용하여 식품의 품질을 감별하기 위해서는 정해진 절차를 정확히 수행하고 외관, 향미, 조직감 등을 객관적으로 평가해야 한다. 여느 음식과 마찬가지로 커피도 객관적 데이터를 통해 향미를 분석하는 것은 불가능하다. 향미 품질은 후각 Olfaction, 미각 Gustation, 촉각 Mouthfeel 을 활용한 관능 평가로 진행된다. 플레그런스, 아로마, 플레이버를 후각으로 분석하고 신맛, 쓴맛, 고소한 맛, 단맛을 미각으로 분석한다. 커피의 매끄러움은 미뢰의 촉각으로 분석된다. 이렇게 분석한 데이터는 정해진 기준에 맞게 점수를 부여하는데 사용된다.

참고 : 관능 평가에 대한 설명은 블랙 커피 (아메리카노 또는 핸드드립)를 기준으로 한다.

관능 평가 방법

관능 평가의 대표적인 방법이 커핑 Cupping 이다. 추출 환경이나 기술로 발생하는 차이를 최소화하고 향미 종류와 강도를 분석하는 것에 초점을 맞춘다. 커피 성분이 물에 서서히 녹으면서 변하는 향미를 그대로 느끼는 단순한 체계가 특징이다. 잔에 분쇄 원두를 넣고 뜨거운 물을 부은 후 시간이 경과하면서 녹아 들어가는 성분을 후각, 미각, 촉각을 통해 반복적으로 감지한다. 뜨거운 물을 부어 식을 때까지 반복해서 시음을 하기에 최소 10분 이상 소요된다. 커피 향, 산미, 단맛, 고소한 맛, 바디, 여운 순서로 감지되며 점수를 주는 순서도 이와 같다.

커핑의 전개

커핑잔에 담긴 분쇄 원두를 최대한 코에 가깝게 하여 분쇄향인 프레그런스 확인으로 커핑은 시작된다. 94℃ 정도의 뜨거운 물을 부어 커피 성분이 녹기 시작하는 순간부터 증기향인 아로마를 확인한다. 4분 정도 시간이 경과하고 70℃까지 온도가 떨어지면 크러스트 (위에 떠있는 젖은 분쇄 원두) 를 걷으면서 아로마를 체크한다. 시음이 편하도록 커피액 상단에 있는 커피 찌꺼기를 제거한 후 커피 용액이 20℃ 온도로 하강할 때까지 반복하면서 시음을 진행한다. 시간 순서대로 차근차근 분석하면서 플레이버, 산미, 단맛, 바디, 향미 결점 등 평가표 항목별로 점수를 표시한다.

커핑 준비물

원두	커핑 직전 분쇄를 원칙. 필요시 커핑잔에 뚜껑을 덮어 향 손실 방지
그라인더	핸드드립 정도 분쇄 입도가 가능한 원두 분쇄 전용 그라인더
물	94℃ 온도 추출용 물, 실온 정수물
커핑잔	5.5oz (160 ~ 170ml) 잔. 원두 개수만큼 준비
커핑스푼	인원당 2개씩 준비
린싱컵	원두 개수만큼 준비. 일반 머그잔 가능
보조컵	인원당 1개씩 준비. 일반 머그잔 가능
기타	타이머, 저울, 휴지 등

커핑시 주의 사항

1. 추출 속도

녹아 드는 커피 성분을 자세히 감지하기 위해 용해 속도를 느리게 하는 것이 바람직하다. 원두를 거칠게 분쇄하고 94℃ 물을 사용한다. 커핑잔은 예열이 되어 있지 않아 물을 붓는 순간 추출 온도가 갑자기 내려간다. 90℃ 보다 낮은 물온도는 커피 성분을 충분히 녹이지 못한다. 95℃ 보다 물온도가 높으면 성분이 빨리 녹아 향미 분석이 어렵다.

2. 추출 비율

원두와 물의 비율은 1:16 정도이고 원두를 분쇄한 후 15분 안에 물을 붓는 것이 바람직하다. 커핑잔에 물을 가득 붓는 방식이므로 잔 크기를 기준으로 분쇄 원두의 양이 달라져도 무방하다.

3. 도구 사용

커핑잔은 160~170ml 용량으로 두꺼운 도자기 잔이 좋고 유리잔도 가능하다. **린싱컵**은 커핑 스푼에 묻은 커피액을 행구는 용도로 정제수를 절반 정도 담아 사용한다. 원두별로 준비하여 행굼물이 섞이지 않도록 한다. **커핑 스푼**은 공기와 같이 커피를 빠르게 흡입하기에 적당한 깊이가 있고 원형 모양의 스푼이 좋다. 시음을 할 때마다 꼭 행구어 사용한다. **보조컵**은 시음을 위해 입 안에 머금고 있던 커피액을 버리는 용도이다.

커핑잔에 담긴 분쇄 원두

커핑 단계

1단계

분쇄한 원두 8g 정도를 커핑잔에 넣고 흔들어 향을 확산시킨 후 분산되지 않도록 손으로 가리면서 프레그런스 Fragrance를 확인한다.

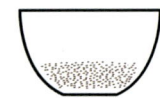

2단계

94℃의 뜨거운 물 150cc를 컵에 가득 붓는다. 뜨거운 물이 전체적으로 적셔져 성분이 골고루 용해되도록 붓는다. 너무 세거나 높게 부어 잔이 넘치면 안 된다. 이 경우 다시 시작한다.

3단계

4분 정도 커피 성분을 녹이면서 온도가 하강할 때까지 그대로 놓아둔다. 그동안 크러스트 (표면에 떠 있는 젖은 분쇄원두)에 코를 가깝게 하여 증기 향을 깊게 들이 마쉬면서 아로마을 확인한다.

4단계

 크러스트를 깨면서 동시에 아로마를 확인하고 아래 가라앉은 성분들을 3번 정도 저으며 올라오는 아로마를 깊게 들이마쉬며 달라지는 향미를 반복해서 확인한다.

5단계

 표면에 떠 있는 찌꺼기와 거품을 두 개의 커핑스푼을 사용하여 걷어낸다. 공기와 커피를 같이 입 안으로 확산시키는 슬러핑에 무리가 없을 정도만 제거하면 된다. 가라앉은 원두가루가 떠오르지 않도록 커핑 스푼을 깊게 넣지 않는다.

6단계

 표면 근처에서 커피를 커핑스푼으로 가볍게 떠서 슬러핑을 하면서 플레이버를 확인한다. 시간이 흐르면서 녹아드는 커피 성분을 슬러핑을 반복하여 감지한다. 20℃ 온도로 떨어질 때까지 변하는 커피 향미를 확인한다.

관능 평가 기준

커핑을 하면서 향미에 대해 이야기 하는 모습 - 2018년 케냐 농장 커핑룸에서

1. 프레그런스 Fragrance

공기 중에 떠다니는 향을 가리키는 용어로 분쇄한 원두의 마른 향을 의미한다. 풍부함으로 품질 평가가 이루어지며 구체적인 향의 종류와 강도를 확인하고 점수를 부여한다. 커피 향미를 감지하는 첫 단계로 분쇄 직후 가장 강하다. 커핑잔에 담긴 분쇄 원두를 좌우로 흔들면서 향을 확산시키고 공기 중으로 분산되는 것을 손으로 가리며 최대한 많이 코 안 후각신경으로 향 성분을 들여보낸다. 프레그런스를 통해 커피 향미 중 상당 부분을 알 수 있다. 물에 잘 녹지 않는 휘발성 향기는 프레그런스에서만 나타난다. 분쇄향은 매우 복잡하여 구체적으로 향을 구분하는 것은 어렵다. 전체적인 향미의 방향성을 알려준다.

2. 아로마 Aroma

아로마는 액체 상태의 물질에서 나타나는 유쾌한 향이다. 음식, 음료, 향수, 화장품 등에서 표현되는 젖은 향을 의미한다. 특정 아로마를 활용하여 불면증이나 우울증 등을 완화해 주는 것을 아로마 테라피 Aroma Therapy 라고 한다. 커핑에서 아로마는 분쇄 원두에 뜨거운 물을 부은 후 수증기와 함께 증발하는 향을 의미하며 물에 녹은 커피 향미를 후각으로 확인하는 첫 단계이다. 향으로 분산되는 성분들은 물에 잘 녹지 않아 향미 종류는 현저하게 줄어들지만 여전히 다양하고 복잡하다. 물을 붓고 시간이 흐르면 크러스트에 갇혀 강도가 약해지며 크러스트를 깰 때 강하게 올라오기 때문에 이 시점에 점수가 결정된다. 아로마의 종류와 강도를 아우르는 풍부함을 기준으로 평가가 이루어진다.

프레그런스 / 아로마의 풍부함을 표현하는 방법

리치 Rich > 풀 Full > 라운디드 Ruonded > 플랫 Flat

3. 플레이버 Flavor

액체 상태인 커피가 입안으로 들어오면서 퍼지는 향이 비도를 통해 후각 신경을 자극하여 감지되는 것이 플레이버이다. 뜨거운 물에 녹은 커피 성분의 풍부함과 다양성을 기준으로 평가가 이루어진다. 풍부함의 기준은 입안에서 느껴지는 향미의 강도이고 다양성의 기준은 향미의 종류이다. 강도가 높고 종류가 많으면 높은 점수가 부여된다. 커피 성분의 용해도 차이로 시간이 흐르면서 감지되는 플레이버 종류가 변한다. 반복하여 확인하면서 향미 종류를 기록한다.

플레이버를 강하고 정확하게 느끼려면 공기와 함께 커피를 흡입하여 입안에서 분산시키는 것이 효율적이다. 이것을 슬러핑 Slurping 이라고 하는데, 흡입이 강하면 플레이버가 명확해진다. 커핑을 잘하기 위해서는 슬러핑 동작에 대한 연습이 별도로 필요하다. 커핑 온도가 20℃까지 내려가는 동안 반복적인 슬러핑을 통해 녹아드는 커피 향미를 감지한다. 커피의 향미 종류와 특징에 대해 이해하고 원두에 대한 사전 정보를 안다면 주관식이 아닌 객관식처럼 향미에 접근할 수 있다. 또한 경험이 많아지면 구별 능력이 향상되어 커피 품질 평가가 정확해진다. 커핑을 통해 어떤 성분을 얼마큼 물에 녹여야만 맛있는 커피가 완성되는지 감각적으로 결정한다.

 일상생활 속 슬러핑

뜨거운 국을 먹을 때 숟가락에 국물을 떠서 후루루 소리를 내며 공기와 함께 먹는 원리가 바로 슬러핑이다. 이런 방식으로 액체 상태인 음식을 먹으면 뜨거운 국물이 자연스럽게 식고 향과 맛이 명확해진다. 무심코 하는 이런 행동들이 다 이유가 있다는 것을 알게 되는 것 또한 신기하고 재미있다.

4. 산미 Acidity

음식에 있는 산 Acid 에서 나오는 신맛으로 산성인 경우가 일반적이다. 화학적으로 산이 신맛을 띠는 경우가 많아 산미와 신맛이 비슷한 의미로 사용된다. 하지만 신맛은 상한 음식에서 감지되는 불쾌한 맛까지 아우르는 단어로 부정적인 느낌을 준다. 커피에서는 긍정적인 표현인 산미 Acidity 를 사용한다. 1~10점에서 점수가 책정되고 산미가 높을수록 높은 점수를 받는다. 단맛, 고소한 맛 등과 어우러진 산미는 커피에 생도감을 주면서 좋은 품질로 평가된다. 하지만 시큼하거나 날카로운 신맛은 감점 요인이다. 참고로 평가 주체에 따라 점수 배점이 다를 수 있다.

산미 강도 표현 방법

좋은 Good 산미 > 중간 Medium 산미 > 부드러운 Soft 산미

산미 긍정도 표현 방법

긍정 : 밝은 산미 Bright acidity - 상큼한 과일의 신맛

부정 : 시큼한 Sour, 날카로운 Sharp - 포름산 같은 유기산이 강할 때

5. 단맛 Sweetness

사전적으로 단맛은 탄수화물 중 단당류의 맛을 의미한다. 하지만 커피 단맛은 단당류가 아닌 당의 캐러멜화와 마이야르 반응으로 만들어진 성분에서 느껴지는 향미이다. 과학적으로 커피 단맛은 매우 약하여 역치 미달로 미각에서는 느낄 수 없지만 감칠맛과 단맛이 조화를 이루게 되면 맛으로도 약하게 감지된다.

6. 바디 Body

입안에서 느껴지는 물리적인 감각을 가리키는 용어로 미뢰의 미각과 촉각으로 감지된다. 물리적 특성을 기준으로 질감 Texture 에 속하며 액체의 경우 흐르는 유동성에 대한 저항인 점성 Viscosity 으로 표현하기도 한다. 참고로 고체의 경우 단단함으로, 가루 반죽은 응집성으로 물리적 특성을 정의한다. 커피의 바디감은 무게감 Weight 과 매끄러움 Oilness 으로 분류하여 평가한다. 무게감과 매끄러움을 각각 평가한 값을 합산하여 최종 점수가 된다.

무게감

커피 성분 중 멜라노이딘, 캐라멜화된 다당류 등 분자 크기가 큰 성분의 양을 나타내는 지표로 로스팅 과정에서 만들어지는 고분자 커피 성분의 양이 많으면 좋은 평가를 받는다.

바디 무게감 표현 방법

두껍다 Thick 〉 무겁다 Heavy 〉 가볍다 Light 〉 묽다 Thin

매끄러움

커피오일 (지질 함량)에 따라 구분되는 지표로 아라비카가 로부스타보다 높게 평가된다. 특히 로스팅으로 커피 오일이 표면에 발현되면 매끄러움이 강해진다.

바디 매끄러움 표현 방법

버터 Buttery 〉 크림 Creamy 〉 부드러운 Smooth 〉 물 Watery

7. 여운 Aftertaste

커피를 마신 후 입안에 맴도는 향미를 의미하며 비후 냄새의 원리로 느끼게 된다. 향미의 지속력과 결점으로 평가 항목이 구분된다. 각각의 항목에 점수가 부여되고 합산하여 최종 점수가 된다.

지속력

향미가 오래 남아 있으면 높은 점수이고 짧으면 낮은 점수이다. 커피의 지질 분자는 혀를 코팅하여 여운을 길게 유도하는 역할을 한다. 그래서 지질 성분이 많은 아라비카 품종이 로부스타 품종보다 여운이 길어 더 좋은 품질로 평가된다. 또한 압력으로 지질 성분을 가장 많이 녹이는 에스프레소가 가장 여운이 길며 최대 15분까지 가능하다.

여운 지속력 표현 방법

긴 여운 Long Aftertaste   <--->   짧은 여운 Short Aftertaste

향미 결점

커피에서 불쾌한 향미로 정의되는 향미 결점은 생두 단계, 로스팅 단계, 추출 단계, 보관 단계 등 모든 과정에서 발생한다. 썩은 향, 쾌쾌한 향, 텁텁한 향, 매캐한 향, 탄 향 같은 불쾌한 향으로 비후 냄새로 대부분 감지된다. 또한 입안의 미각과 촉각을 통해서 톡 쏘는 듯한 자극이나 불쾌한 신맛, 거친 쓴맛, 날카로운 짠맛 등 맛 없음이 감지되기도 한다. 이런 향미 결점이 커피에 나타나면 감점을 받아 높은 점수가 나오기 어렵다. 결점 개수와 강도를 기준으로 평가가 이루어진다.

8. 쓴맛 Bitterness

불쾌감으로 인식하는 쓴맛은 용해 속도가 느려 커핑 후반부에 정확하게 감지된다. 다른 항목과 달리 쓴맛은 없어야 좋은 평가를 받는다. 하지만 커피에는 퀸산, 카페인, 트레고넬린 등 쓴맛 성분들이 포함되어 쓴맛이 없을 수는 없다. 평가는 쓴맛의 지속 길이와 강도로 이루어진다. 쓴맛이 입안에 오래 남아 있으면 불쾌감이 커지고 바로 사라지면 쌉싸름한 맛으로 좋은 느낌을 주기도 한다. 강도는 생두의 특성과 로스팅 칼라에 영향을 많이 받는다. 쓴맛은 평가 항목이 아닌 경우도 많다.

9. 밸런스 Balance

프레그런스부터 바디감까지 모든 향미의 조화로움을 의미한다. 좋은 밸런스는 소비자들이 '맛있다'라고 느끼는 것에 상당한 영향을 주는 항목이다.

밸런스 표현 방법

좋은 균형감 Well Balance

커핑 평가표 예시

샘플 1 커핑 시트

Origin : _____   Region : _____   Processing : _____

Notes : _____

Fragrance & Arama	Flavor	Acidity	Body	Aftertaste	합계
0 ─┼┼┼┼─┼┼┼┼─ 10	0 ─┼┼┼┼─┼┼┼┼─ 10	0 ─┼┼┼┼─┼┼┼┼─ 10	0 ─┼┼┼┼─┼┼┼┼─ 10	0 ─┼┼┼┼─┼┼┼┼─ 10	
분쇄 품질	다양성	강도	무거움/가벼움	긴 / 짧음	÷ 5 =
5점 ____	5점 ____	높음/낮음	5점 ____	5점 ____	
아로마	풍부함	10점 ____	부드러움	결점	총점
5점 ____	5점 ____		5점 ____	5점 ____	

샘플 2 커핑 시트

Origin : _____   Region : _____   Processing : _____

Notes : _____

Fragrance & Arama	Flavor	Acidity	Body	Aftertaste	합계
0 ─┼┼┼┼─┼┼┼┼─ 10	0 ─┼┼┼┼─┼┼┼┼─ 10	0 ─┼┼┼┼─┼┼┼┼─ 10	0 ─┼┼┼┼─┼┼┼┼─ 10	0 ─┼┼┼┼─┼┼┼┼─ 10	
분쇄 품질	다양성	강도	무거움/가벼움	긴 / 짧음	÷ 5 =
5점 ____	5점 ____	높음/낮음	5점 ____	5점 ____	
아로마	풍부함	10점 ____	부드러움	결점	총점
5점 ____	5점 ____		5점 ____	5점 ____	

커피 추출 수율

커피 추출을 조리 개념으로 정의하면 용질(커피성분)이 작은 입자로 쪼개져서 용매(물)로 흩어지는 분산 Dispersion 이다. 분산은 용질 입자 크기를 기준으로 진용액, 콜로이드, 현탁액으로 구분된다.

1. 진용액 True Solution

직경 1nm 이하의 작은 분자나 이온이 용해되어 있는 액체를 의미한다. 커피의 수용액 성분히 완전히 물에 녹아 커피 용액이 된다. 대표적인 수용성 성분으로 유기산, 멜라노이딘, 카페인 등이 있다.

2. 콜로이드 Collide

직경 1~100nm의 입자가 분사되어 있는 용액을 의미한다. 커피의 단백질, 커피 오일 등 난용성 성분이 높은 압력을 만나 거품 형태인 콜로이드로 추출된다. 대표적으로 에스프레소의 크레마 Crema 가 있다.

3. 현탁액 Suspension

직경 100nm 이상 물질이 물에 전혀 녹지 않고 미립자로 용액에 퍼져 있는 용액을 의미한다. 여과 없이 커피를 추출하거나 필터의 여과 구멍보다 작은 미립자가 통과한 커피 용액은 현탁액에 속한다. 대표적인 불용성 성분으로 전분, 단백질, 섬유소 등이 있다.

nm = 나노미터, 10^{-9}m

추출된 커피 성분과 원두 성분은 다르다. 아메리카노 또는 핸드드립 커피는 약 98%가 물이고 커피 성분은 2% 내외이다. 탄수화물, 단백질, 지방은 1% 미만이고 열량은 1~2kcal로 낮다. 다양한 향미 성분과 생리 활성 물질이 조금씩 녹아 있다. 약 1%에 해당하는 커피 성분들의 미묘한 차이로 향미가 다르게 만들어진다. 그래서 커피 추출은 아주 예민하고 섬세하다.

커피 성분을 얼마나 녹일 것인가?

이것이 추출 수율 Extraction Yield 이다. 원두를 구성하고 있는 모든 성분을 100이라고 할 때 커피 추출 시 물에 녹는 성분 비율을 의미한다. 원두는 물에 녹는 성분보다 안 녹는 성분이 더 많다. 분쇄를 곱게 해서 물에 넣어 계속 끓인다고 해도 70%는 녹지 않고 찌꺼기로 버려진다. 최대 추출 수율은 30% 정도이다. 커피 성분들의 용해 속도는 제각각이라 추출 환경이 조금만 변해도 수율 값이 달라진다. 커피 추출이 어려운 이유이다.

참고 : 수율 값을 바로 측정하는 방법은 없고 농도를 측정한 값을 대입하여 계산해야 한다.

농도 Concentration

농도란 일정량의 용액 안에 녹아 있는 용질의 비율을 의미한다. 용해된 물질은 물에 완전히 녹아 양이온 또는 음이온으로 존재하기도 하고 녹지 않고 입자로 떠다니기도 한다. 이렇게 녹아 있는 전체 물질의 총합을 총 용존 고형 물질 TDS Total Dissolved Solids 이라고 한다. 측정 단위는 ppm 으로 물 1000g에 1mg 물질이 녹아 있으면 1ppm 이다. TDS 장비를 활용하여 커피 용액을 측정하면 바로 농도가 표시된다.

커피 강도

커피 추출에 있어 농도는 용매(물)의 양을 기준으로 측정 수치가 달라진다. 예를 들어 같은 양의 커피 성분이 용해되더라도 물이 많으면 연한 커피가 되고 TDS 수치는 낮게 나온다. 반대로 물이 적으면 진한 커피로 TDS 수치는 높다. 그래서 커피 농도를 강도 Strength 라고 표현하며 강한 강도 Strong Strength, 이상적인 강도 Ideal Strength, 연한 강도 Weak Strength 로 분류한다. TDS 값이 1.15~1.35 일 때 편안하고 맛있게 커피를 마실 확률이 높아 이상적인 강도라고 한다.

에스프레소는 TDS 값이 5.0 정도인 매우 강한 강도의 커피이다. 물을 첨가한 음료가 아메리카노이다. TDS 측정 장비를 활용해 수치가 1.15~1.35 에 있도록 물을 첨가하고 시음을 통해 입안에서 느껴지는 강도를 확인한다. 이 과정을 반복하면서 정확한 물양을 결정하는 것이 바람직하다. 핸드드립 또는 사이폰 도구를 활용하여 추출한 커피도 이상적인 강도 Ideal Strength 에 속하는 것이 좋다. 만약 커피 강도가 강하여 부담스럽다면 물을 첨가하여 강도를 낮춘다.

커피 강도 Strength / TDS

Week	Ideal	Strong
0.95	1.15 1.35	1.55

TDS 측정 방법

TDS 측정기는 전기 전도율로 측정하는 장비와 빛의 굴절률로 측정하는 장비가 있다. 전기 전도율 방법은 용액에 미세 전류를 흘리면서 물에 녹은 이온 양을 측정하는 것으로 성분이 물에 완전히 녹아 이온화된 진용액에 적합하다. 커피는 물에 녹지 않는 고형물을 포함하고 있어 정확하게 TDS 값을 측정하려면 빛 굴절률 방법이 바람직하다.

전기 전도율을 이용한 TDS 측정 방법

1. TDS 측정기에 ATC 자동 온도 보상 기능이 없는 경우 추출된 커피 온도를 실온까지 떨어뜨린 후 측정해야 한다.

2. TDS 측정기의 측정 부위를 추출 커피에 담근다. 섬세하게 여과된 커피일수록 측정값이 정확하다.

3. 측정 버튼을 눌러 TDS 농도를 측정한다.
   그 값은 ppm 단위로 1000ppm인 경우 커피 강도 1을 의미한다.

4. 측정 버튼을 누르면 표시창에 측정값이 나온다.

5. 값이 계속 변하므로 비슷한 값이 나올 때까지 반복하여 측정한다.

6. TDS 측정기를 사용한 후 측정 부위를 맑은 물을 청소한다.

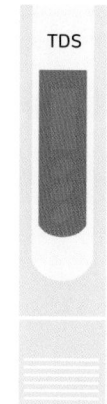

굴절률을 이용한 TDS 측정 방법

1. 알콜 스왑(티슈)으로 렌즈를 닦고 먼지가 없는 휴지로 알콜을 제거한다.

2. 정제수로 0점을 잡고 먼지가 없는 휴지로 정제수를 제거한다.

3. 일회용 스포이드로 커피 (시료) 를 잘 저어준다.

4. 스포이드를 커피 컵 중간 정도까지 담근 후 0.5~1ml 를 채취한다. 매 번 비슷한 높이에서 측정하는 것이 중요하다.

5. 스포이드에 묻어 있는 커피를 닦아내고 두 방을 정도 버린 후 TDS 장비 렌즈 부위에 4-5방울 정도 떨어뜨린다.

6. 수치가 안정화 될 때까지 측정 버튼을 반복해서 눌러 여러 번 측정한다.

7. 측정값을 기록하고 먼지가 없는 휴지로 렌즈를 닦는다.

8. 위의 과정을 5회 정도 반복하여 평균치를 구한다.

굴절률을 이용한 TDS 측정 모습

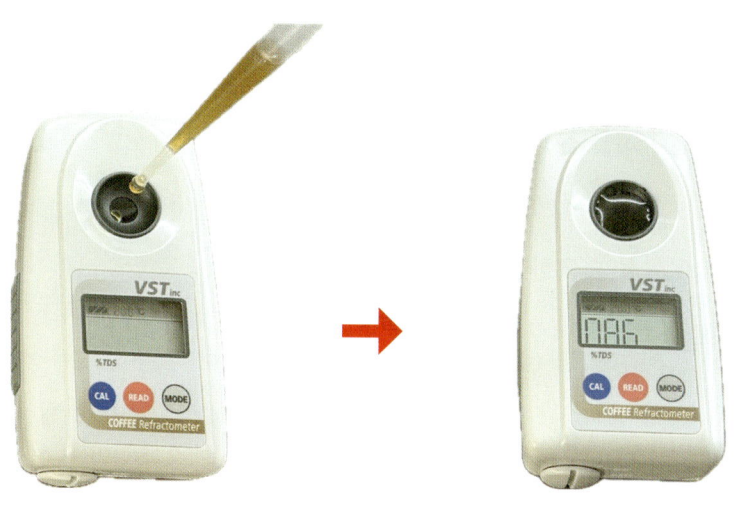

커피액 떨어뜨리기　　측정 버튼 누르기　　TDS 측정값

추출 수율 계산

커피 향미의 절대적인 기준은 추출 수율이지만 수율값을 바로 측정하는 장비는 존재하지 않는다. 추출한 커피 농도인 TDS 값을 측정한 후 물의 양을 감안하여 녹은 커피 성분량을 계산하는 방법으로 수율 값을 구한다.

4 단계 수율 계산법

1단계 : 사용한 원두양과 추출한 커피양을 정확하게 계량한다.

　예) 원두 15g을 분쇄하여 커피 150cc 추출

2단계 : 굴절율을 활용한 장비로 TDS 값을 측정한다.

　예) TDS 측정값 = 2

3단계 : TDS 값과 커피 용액량 g 을 대입하여 물에 녹은 용질량 g 을 구한다.

　농도 계산식 : 농도 TDS = 용질 ÷ 용액 X 100

　예) 2 = 용질 ÷ 150 X 100 => 용질 = 3g

4단계 : 용질량 g 과 전체 분쇄 원두량 g 을 대입하여 수율 % 을 계산한다.

　수율 계산식 : 수율 = 용질 ÷ 원두 x 100

　예) 수율 = 3 ÷ 15 X 100 => 수율 = 20%

추출 수율 계산의 시작

 2017년 봄 커피 추출 공부를 하던 중 추출 수율과 커피 향미에 어떤 관계성이 있는지 궁금해져 수업에 접목한 적이 있다. 물론 초보자를 위한 수업은 아니였다. 먼저 커피 용액 속에 녹아 있는 총 용존 고형물질을 측정하기 위해 대략 30만원을 투자하여 굴절률을 이용한 TDS 측정기를 구매하였다.

 추출 편차가 적은 드립퍼를 선택하여 핸드드립으로 커피를 추출하기로 결정했다. 레시피를 정한 후 저울을 활용하여 원두를 계량하고 추출을 진행하였다. 추출한 커피 용액을 다시 계량하여 정확한 수치를 도출하였다. 커피 용액 몇 방울을 TDS 측정기 위에 떨어뜨려 버튼을 누르면 측정값이 화면에 표시되었다. TDS 측정값과 추출량을 곱하고 100으로 나눠 용해된 커피 성분의 양을 구한 후 용해된 성분 양을 분쇄한 원두 양으로 나눠 추출 수율값을 계산했다. 곱셈과 나눗셈만 가능하다면 수율 계산은 누구나 할 수 있다.

 추출 수율, TDS 같은 용어를 책에서 처음 봤을 때는 마냥 어렵다고만 느꼈다. 실험을 하는 과정에서 시행착오도 있었으나 생각보다 어렵지 않았고 추출 수율의 의미를 알게 되었다. 자신이 추출한 커피를 객관적인 수치로 확인하고 싶다면 직접 경험하는 것도 좋은 시도이다.

추출 수율에 따른 향미 변화

설탕이나 소금처럼 성분 조합이 단조로운 물질은 녹는 양에 상관없이 맛이 변하지 않는다. 단지 농도가 달라져 느끼는 강도가 다를 뿐이다. 하지만 커피는 다양한 성분으로 구성되어 있고 성분마다 용해 속도가 다르다. 그래서 성분이 물에 녹는 정도 즉 수율로 커피 향미가 다르게 나타난다. 커피를 추출할 때 수용성 성분 30%를 다 녹이는 것이 경제적으로 합리적일 수는 있지만, 커피가 '맛있다' 라고 말하기는 어렵다.

추출 수율 값

커피 추출이 시작되면 수율은 1%에서 점진적으로 올라간다. 커피 성분이 차근차근 녹으면서 수율은 올라가고 향미는 계속해서 바뀐다. 맛있는 커피의 추출 수율은 18~22%로 적정 추출 Ideal Extraction 이라고 한다. 커피 성분이 적게 녹아 수율이 18% 미만일 경우 과소 추출 Under-development Extract 이라고 한다. 반대로 성분이 많이 녹아 22%를 초과하면 과다 추출 Over-development Extract 이라고 한다.

이상적인 수율 범위가 18~22% 라고 해도 4% 차이를 추출 오차로 보기에는 너무 크다. 수율 변화로 커피 향미가 드라마틱하게 달라지기 때문이다. 같은 원두로 커피를 추출할 경우 1%의 수율 차이로도 꽤 다른 향미가 나타난다. 하지만 생두, 로스팅 포인트, 향미 결점 등 커피 향미 특징을 기준으로 하면 적합한 추출 수율은 4%까지 차이가 벌어질 수 있다.

수율과 강도

맛있는 커피는 적절한 추출 수율과 강도를 모두 겸비해야 한다. 아래 표와 같이 18~22%의 추출 수율과 1.15~1.35 강도에 있을 때 이상적인 추출 Ideal Extract 이라고 한다. 추출한 커피 향미가 만족스럽다면 장비를 활용해 수치를 확인해서 주관적인 감각과 객관적인 데이터를 비교 분석하는 것은 좋은 습관이다. 하지만 수치가 이 범위 내에 있다고 다 맛있다고 단정할 수 없으니 지나치게 수치에 의존하지 않는 것이 바람직하다.

커피 추출의 수율과 강도

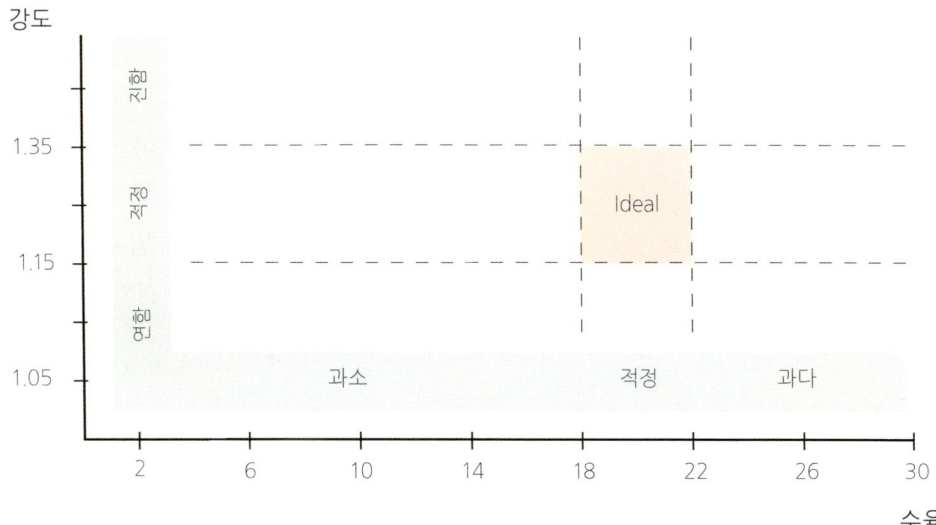

극성과 분자량

커피를 추출하는 동안 수율과 향미 변화 관계를 더 정확히 알고 싶다면 성분별 용해 속도에 대한 이해가 필요하다. 물질의 용해 속도 차이를 발생시키는 대표적인 원인은 극성과 분자 길이(=분자량) 이다.

극성 Polarity 은 분자 내 양극과 음극의 전기적 차이를 의미하며 용질(커피성분)이 용매(물)에 녹는 속도에 영향을 준다. 커피 추출은 극성 물질인 물을 용매를 사용하기 때문에 극성 물질은 잘 녹고 비극성 물질은 천천히 녹거나 전혀 녹지 않는다. 찌꺼기로 버려지는 것이 비극성 물질이다.

 극성 Polar / 비극성 Nonpolar

'물과 기름은 상극'이라는 표현이 있다. 여기서 물은 극성 Polar이고 기름은 비극성 Nonpolar 을 의미한다. 분자 내에 전기 음성도 또는 전기 양성도가 큰 원자가 한쪽으로 치우쳐 서로 멀리 있으면 극성이라고 한다. 반대로 양성 원자와 음성 원자의 거리 차이가 작거나 전혀 없는 것을 비극성이라고 한다. 이 거리차이를 쌍극자 모멘트 Dielectric Moment 라고 한다.

예를 들어 물 H_2O, 설탕 $C_{12}H_{22}O_{11}$ 은 쌍극자 모멘트가 큰 극성 분자이다. 일반적으로 극성 화합물은 극성 용매에 잘 용해되기에 설탕은 물에 잘 녹는다. 반대로 산소 O_2, 이산화탄소 CO_2, 메탄 CH_4 은 대표적인 비극성 분자이다. 비극성 화합물은 비극성 용매에 잘 용해된다.

극성과 용해 속도

커피를 구성하는 분자들은 그 개수만큼 극성값이 다양하고 용해 속도 또한 제각각이다. 특히 극성으로 생기는 용해 속도는 물 온도와 추출 시간에 영향을 받는다. 아래 표처럼 극성 분자인 구연산 Citric acid 은 온도와 비례하여 용해율이 증가하는 반면 대표적인 비극성 분자인 카페인 Caffeine 은 80℃ 이상일 때 용해율이 급격하게 올라간다. 비극성 분자는 대부분 쓴맛, 텁텁한 맛, 매끄러움으로 표현된다. 특히 추출 온도가 뜨거울수록 용해 속도가 급격하게 빨라지는 경향이 있어 추출 온도 결정이 중요하다. 동일한 온도에서 용해 속도를 비교하면 극성 분자인 유기산은 빠르게 녹고 비극성 분자인 카페인은 느리게 녹는다. 커피를 추출할 때 시간이 짧으면 비극성 성분이 적게 녹아 과소 추출이 된다.

구연산과 **카페인**의 물 온도에 따른 용해도 차이

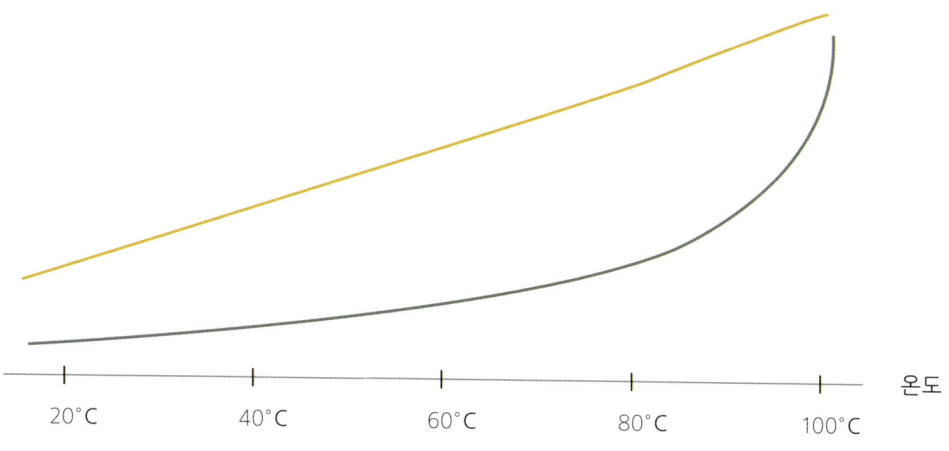

분자 길이와 용해 속도

분자 길이는 연결된 원자의 갯수를 의미하며 물질의 분자량과 직접적인 연관이 있다. 물질의 특성을 나타내는 분자는 고유의 분자량을 가지고 있고 용해 속도에 영향을 준다. 분자 하나를 이루는 원자의 갯수가 적으면 분자 길이가 짧고 가벼워 용해 속도가 빠르다. 커피 성분 중 물에 녹기 전 기체로 휘발되는 향은 대체로 분자 길이가 짧고 가볍다. 이로 인해 끓는점이 상온보다 낮아 기체가 되어 공기 중으로 분산된다. 꽃, 과일처럼 좋은 향미로 나타나는 물질들은 대체로 휘발성이 강해서 분쇄 후 빠르게 사라지기 때문에 원두를 미리 분쇄하는 것은 좋지 않다.

커피 성분의 용해 속도

휘발성 향, 유기산, 멜라노이딘, 캐러멜화된 당류, 피토케미컬 등 2000가지가 넘는 커피 성분들은 각각 다른 분자량과 극성을 가지고 있다. 성분마다 용해율과 용해 속도가 달라 각각의 특징을 아는 것은 불가능하다. 그래서 전체적인 흐름을 이해하는 것이 중요하다. 커피 성분은 맛을 기준으로 산미, 고소한맛, 단맛, 바디, 쓴맛으로 구분한다. 참고로 커피의 짠맛 성분은 함유량이 너무 적어 제외한다. 5가지 향미를 기준으로 용해 속도의 전체적인 흐름을 알면 원하는 방향으로 커피 향미를 디자인하면서 추출할 수 있다.

1. 산미 Acidity

신맛을 나타내는 산미는 가장 빠르게 물에 녹으며 대표적인 성분으로 유기산이 있다. 추출 초반 또는 수율이 낮은 커피가 신맛이 강한 이유이다.

2. 고소한 맛과 단맛

분쇄한 원두가 물과 접촉하는 시간이 길어지면 고소한 맛과 단맛이 녹는다. 대표적인 성분이 마이야르 반응으로 생성된 멜라노이딘이다. 이 시점부터 추출되는 커피는 견과류의 고소한 맛, 캐러멜의 단맛, 초콜릿의 풍미가 강해진다.

3. 바디와 쓴맛

가장 천천히 추출되는 커피 성분으로 부드러움과 쓴맛을 조화롭게 추출하는 것이 중요하다. 이 균형이 깨지면 떫고 쓴맛이 강하게 나타난다.

커피 성분별 용해 속도

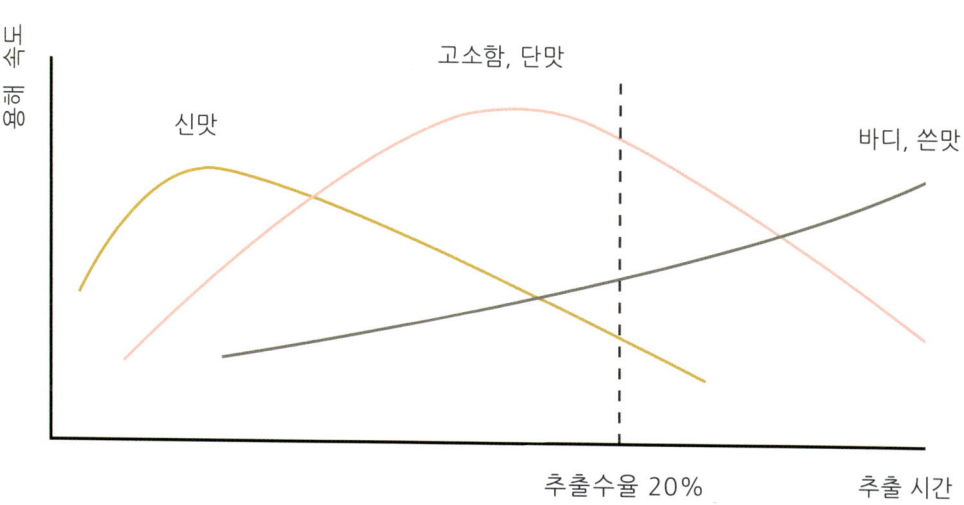

커피 추출 기준

완벽한 커피 추출이란 좋은 향미 성분은 충분히 녹이고 좋지 않은 향미 성분은 최소한으로 녹이는 것이다. 커피 추출이 재미있는 것은 어느 성분까지 추출을 진행할지 결정하는 권한이 바리스타에게 있기 때문이다. 완벽한 커피 추출은 맞고 틀림의 문제이기도 하고 다름의 문제이기도 하다. 커피 성분을 충분히 녹이는가는 맞고 틀림의 문제이고, 추출하고 싶은 성분의 종류는 다름의 문제이다.

먼저 정확한 원두 상태를 파악하고 커핑을 통해 향미를 온전히 파악해야 한다. 최적의 수율이 정해지면 적합한 추출 환경을 만들어 항상 맛있게 커피를 추출하는 것이 바리스타의 업무이다.

다음은 완벽한 커피 추출을 위하여 반드시 고려해야 할 사항이다.

1. 원두 상태 : 생두 정보, 로스팅 칼라, 숙성 정도 확인
2. 물 성분 : 색, 냄새 등 물리적 상태, 산성도, 미네랄 함유량 확인
3. 커피 성분 : 추출 수율에 따른 커피 향미 변화 확인
4. 추출 방법 : 에스프레소, 핸드드립, 콜드 브루 등 적합한 추출 방법 선택
5. 분쇄 입도 : 추출 방법에 적합한 분쇄도 결정 및 그라인더 선택
6. 추출 온도 : 추출 방법과 분쇄도를 고려한 적합한 추출 온도 선택
7. 추출 시간 : 추출 수율을 완성할 수 있는 추출 시간 선택

원두 상태 확인 Checking roasted bean conditions

원두 상태를 확인하는 것으로 커피 추출은 시작된다. 원두를 개봉하기 전 원산지, 재배 환경, 품종, 가공 방법, 등 생두 정보로 커피 향미를 예상하고 로스팅 날짜, 포장 방법 등 제조 정보로 숙성 정도를 파악한다. 원두 개봉 후 시각과 후각을 활용하여 로스팅 칼라와 향미를 확인한다.

로스팅 칼라

원두는 로스팅 과정 중 수증기와 이산화탄소의 팽창으로 크랙이 발생하면서 부피가 증가하고 조밀했던 다공성 구조가 엉성하게 된다. 아래 그림처럼 로스팅 칼라가 진해질수록 원두 내 공기구멍 크기가 커져 물에 닿는 표면적이 증가하면 물에 잘

로스팅 칼라와 원두 내부 공기 구멍 크기 비교

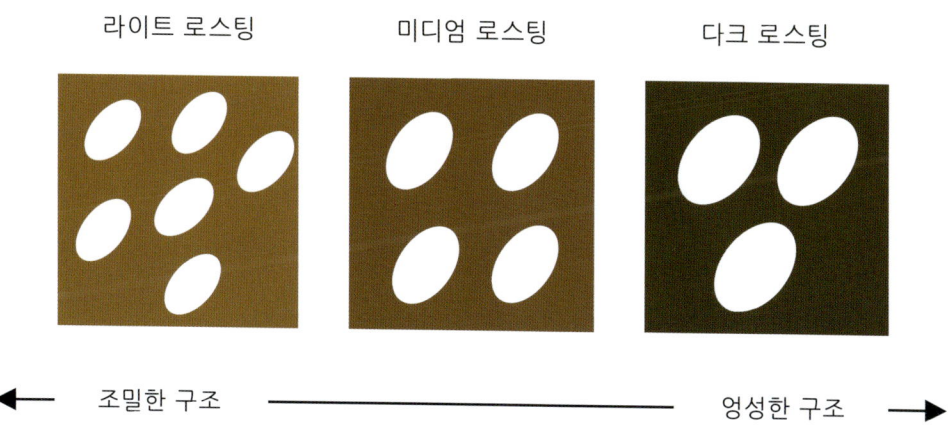

녹는다. 로스팅 칼라를 확인하는 것으로 원두 조직의 단단함을 유추하여 적절한 분쇄 입자 또는 추출 온도를 결정한다. 예를 들어 원두 색깔이 진하면 원두 성분은 물에 쉽게 녹는다. 분쇄도를 거칠게 하거나 추출 온도를 낮게 조절하여 과다 추출을 방지한다. 반대로 밝을수록 커피 성분을 녹이는데 시간이 더 소요된다. 원하는 추출 수율에 빠르게 도달하기 위해 분쇄도를 미세하게 하거나 추출 온도를 높이는 등 추출 환경에 변화를 주는 것이 바람직하다.

숙성 기간

로스팅 직후, 원두 내부 공기 구멍이 이산화탄소로 가득 차 있다. 시간이 지나면서 서서히 빠져나오는데 이것을 디개싱 Degassing 이라고 한다. 원두 숙성 기간으로 간주되는 디개싱 기간은 로스팅 칼라와 보관 방법 등 다양한 조건들로 상당한 차이가 발생한다. 원두의 디개싱 정도를 파악하려는 바리스타의 의지가 중요하다.

숙성 시간에 대한 자세한 내용은 2. 좋은 원두 p126에 있다.

물 성분 Water compound

커피 성분을 녹이는 용매는 물이다. 아메리카노 또는 드립 커피는 '커피와 물' 두 가지 재료로만 구성되어 있다. 98~99% 정도가 물이기 때문에 커피 향미만큼 물맛도 중요하다. 일상에서 마시는 물은 H_2O 분자로만 이루어진 순수한 물이 아니다. 칼슘, 마그네슘, 나트륨 등 다양한 미네랄과 기타 성분들이 혼합되어 있다. 물에 녹아있는 성분은 TDS 측정 장비를 사용하여 정확한 측정이 가능하다. 일반적으로 미네랄이 적은 연수는 TDS가 75ppm 이하이고 미네랄이 많은 경수는 TDS가 150ppm 이상의 물을 의미한다. 커피를 추출하는 물은 TDS 50~250ppm이 적당하다. TDS

수치가 높은 경수는 미네랄이 많아 커피 성분을 잘 녹이지 못해 향미가 가볍다. 반면 수치가 낮은 연수는 커피 성분을 과다하게 녹여 원하지 않은 향미가 추출된다.

참고 : 과학적인 경수와 연수는 칼슘 이온 농도와 마그네슘 이온 농도의 합인 TDS 수치를 기준으로 구분한다.

한국 수돗물은 평균적으로 TDS 90 ± 20, pH 7 ± 0.5 정도의 수치를 보여준다. 단지 0.2 ml/L 정도의 소량의 염소 성분이 있으나 정수기를 사용하면 대부분 제거된다. 한국에서는 정수된 수돗물이 가장 경제적이고 합리적인 선택이다.

일반적으로 커피를 추출하는 물의 기준은 다음과 같다.

- 무향 / 무취 / 무색
- 산성도가 중성 : pH 7.0 ± 0.5
- 적절한 미네랄 : TDS 150 ml/L ± 100

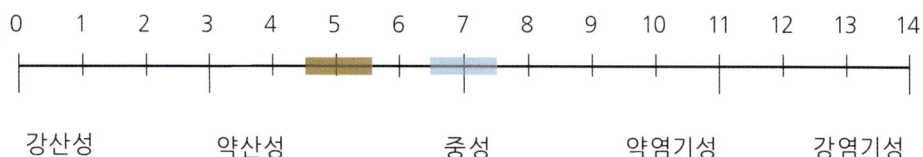

커피 성분 - 커핑 Cupping

맛있게 커피를 추출하기 위해서는 선택한 원두 향미를 정확하게 파악할 필요가 있다. 물에 녹는 30% 성분을 천천히 그리고 충분히 녹이면서 변하는 커피 향미를 확인하면서 커핑을 한다. 커핑을 통해 어느 정도 성분까지 녹여야 맛있는 커피인지를 결정한다. 추출 수율 차이로 향미는 상당히 다르게 나타난다. 과소 추출 커피는 전체적인 균형감이 부족하고 과다 추출 커피는 쓰고 텁텁한 향미가 나타난다. 안 좋은 향미를 가지고 있는 비극성 성분을 파악하여 커피 추출시 피하는 것이 중요하다. 수율 결정의 원리는 간단하다. 맛있는 성분이 많으면 수율을 높게 하고 적으면 낮게 한다. 이렇게 도출된 데이터를 기반으로 최적의 추출 환경을 조성한다.

추출 방법 선택 Selecting Brewing method

커피는 전 세계에서 소비되는 식품으로 식문화에 영향을 받는다. 식문화의 다양성만큼 커피 추출 방법도 다양하게 존재한다. 에티오피아의 제베나 추출, 튀르키예의 이브릭 추출, 이탈리아의 에스프레소 추출, 일본이 발전시킨 핸드드립 추출, 콜드브루 추출 등이 있다. 동일한 추출 방법이라도 세부적인 레시피가 각양각색이다. 바리스타마다 선호하는 추출 도구와 레시피가 다를 수 밖에 없다.

추출과 여과

추출 방법에서 여과 여부는 커피 향미에 중요한 역할을 한다. 여과를 하면 고형물이 걸러지면서 깔끔하게 추출된다. 상대적으로 묵직한 바디감은 줄어든다. 또한 여과 성능을 기준으로 지질 성분 비율이 상당히 다르다. 필터 재질이 종이일 경우 전체 지질의 10% 정도만 커피에 남고 90%가 걸러진다. 반면 금속 필터는 종이필터의

26배 정도 많은 지질이 커피에 녹아 있다. 특히 금속 필터를 사용하는 방법 중 압력을 가하여 추출하는 에스프레소는 종이필터로 추출하는 핸드드립보다 200배 많은 지질을 함유하고 있다. 성인병 위험으로 콜레스테롤 수치 조절이 필요하다면 종이필터를 활용한 드립 커피가 유리하다.

분쇄 입도 Particle size

추출 수율에 가장 크게 영향을 주는 것은 분쇄 입자의 크기를 분쇄 입도라고 하며 밀가루부터 설탕, 통깨에 이르기까지 커피 추출이 가능한 분쇄도는 다양하다. 추출 방법을 감안하여 원하는 향미가 완성되도록 분쇄 입자 크기를 결정하는 것이 중요하다. 분쇄 입도가 거친 경우 추출 수의 흐름이 빠르게 투과되어 전반적인 성분이 적게 추출되고 향미가 부족하다. 반대로 분쇄 입도가 미세한 경우 느리게 추출 수가

분쇄 입도에 따른 추출과 향미 특징

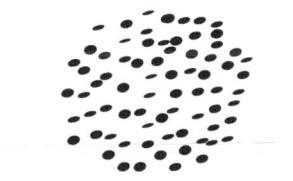

거친 입도 - 과소추출
산미가 강하고 바디가 부족

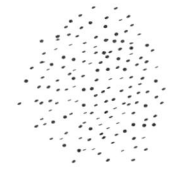

가는 입도 - 과다추출
쓴맛이 강하고 텁텁한 향미

흐르면서 추출 시간이 길어진다. 이러한 추출 환경으로 추출 수율이 비슷하게 측정되더라도 불쾌한 향미가 나타난다.

추출 방법에 적합한 분쇄 입자 크기 선택

추출 방법마다 적합한 분쇄 입도가 있다. 예를 들어 추출 시간이 25초 내외로 짧은 에스프레소는 밀가루보다 약간 거친 정도의 분쇄 입도를 가지고 있다. 에스프레소 입도는 예민하여 적합하지 않으면 추출 자체가 성립되지 않는다. 반면 1분 이상 추출 시간이 소요되는 핸드드립 추출은 설탕보다 거친 입도일 가능성이 크지만 추출 온도, 추출 시간 등 추출 환경이 수율에 미치는 영향이 커 입도 결정이 유연하다.

아래 표에서 알 수 있듯이 분쇄 지름은 인간의 감각으로 파악할 수 있는 길이가 아니다. 분쇄 입도를 시각과 손 끝의 촉각으로 확인하며 정밀한 관찰이 필요하다.

추출 방법별 분쇄 지름

추출 방법	에스프레소	핸드드립	프렌치프레소
분쇄 지름	0.3mm	0.8 ± 0.2mm	1.0mm

분쇄 원두 입자의 균일성

분쇄 입자 크기가 균일하지 못하면 거친 입자와 미세한 입자가 공존하게 되고 과소 추출과 과다 추출이 동시에 발생한다. 자극적인 신맛과 강한 쓴맛이 결합하여 떫고 불쾌한 향미가 나타난다. 이 현상은 바리스타의 추출 실력과 무관하게 나타나므로 커피 원두 분쇄에 적합한 그라인더를 사용하는 것이 중요하다. 균일한 분쇄 입도를 위해 날과 날 사이 간극을 이용하여 원두를 분쇄하는 것이 바람직하다. 대표적으로 코니컬 날 Conical Burr 과 플랫 날 Flat Burr 이 있으며 커피 그라인더를 구매할 때 날 종류를 반드시 확인하는 것이 좋다.

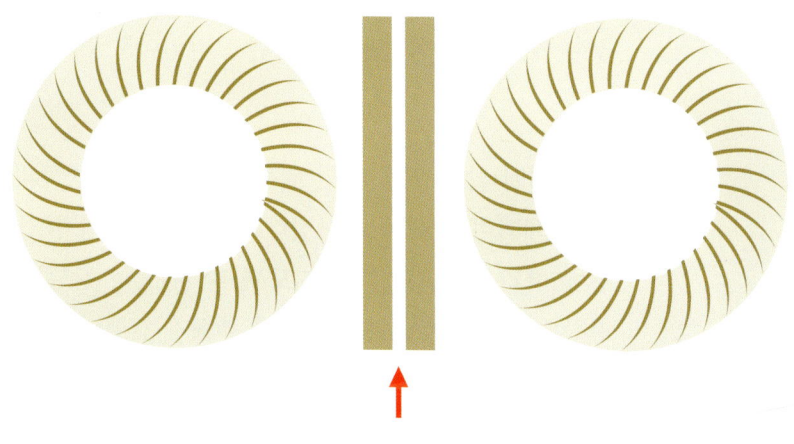

플랫 날 사이 간극

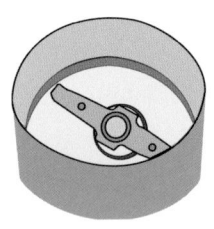

블레이드 Blade

식품을 분쇄할 때 사용하는 일반적인 믹서기는 블레이드 날 Blade Burr 을 사용한다. 가격이 저렴하지만, 날과 가까운 아랫부분은 미세하게, 날과 먼 윗부분은 거칠게 분쇄되어 입자가 균일하지 않게 된다. 결과적으로 커피를 맛있게 추출하기가 매우 어렵다.

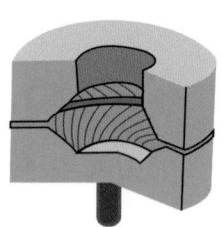

플랫 Flat

플랫 날은 맷돌과 비슷한 구조로 칼날이 분쇄 원두를 밖으로 밀어내는 원심력을 사용한다. 하부 날만 회전하여 분쇄가 진행되고 상부 날을 돌려 하부 날과의 간극을 조절한다. 원심력이 약하면 분쇄 시간은 길어지고 원두가 매우 단단한 경우 날 회전이 멈추기도 한다. 분당 회전수 RPM 이 높고 원심력 강한 그라인더를 선택하는 것이 바람직하다. 플랫 날은 분쇄도가 가장 균일하고 분쇄 속도가 빠르기에 에스프레소 추출에 많이 사용된다. 다만 열 발생으로 향미 손실 가능성이 커 내부에 식힘팬이 장착된 그라인더도 있다.

코니컬 Conical

코니컬 날은 위에 쌓인 원두가 누르는 힘, 중력의 영향으로 분쇄되며 아래로 떨어진다. 그래서 호퍼에 담긴 원두의 양에 따라 입도가 달라지기도 한다. 원뿔형 칼날로 하부에 장착된 안쪽 칼날이 회전하면서 분쇄가 진행된다. 바깥 날을 돌리는 방법으로 안쪽 날과의 간극을 조절하여 분쇄 입도를 맞춘다. 이 간극이 좁으면 분쇄도가 얇아지고 넓으면 굵어진다. 발열이 적어 향미 손실 위험이 낮아 핸드드립 추출에 많이 사용된다.

그라인더 날의 교체

그라인더 날은 사용량에 비례하여 점점 무뎌진다. 심하게 무뎌지면 원두 절삭면이 매끈하지 않고 울퉁불퉁하여 과다 추출이 발생한다. 정기적으로 그라인더 날을 교체하는 것이 좋다. 날을 분해하여 교체할 때는 아래 그림처럼 드라이버 또는 스패너 같은 공구가 필요하다.

그라인더 날의 교체 주기는 날 종류와 소재로 결정된다. 일반적으로 코니컬 날은 플랫 날보다 많은 양의 원두를 분쇄한다. 플랫 날은 400~700kg, 코니컬 날은 600~1000kg 원두 분쇄가 가능하다. 예를 들어 한 달에 평균 30kg 원두를 사용한다면 1~2년 주기로 날을 교체해야 한다. 또한 그라인더 날을 만드는 금속 종류로 교체 주기가 다르므로 사용하는 그라인더의 특징을 정확히 아는 것이 중요하다.

일자 드라이버와 스패너   플랫날이 장착된 그라인더 내부

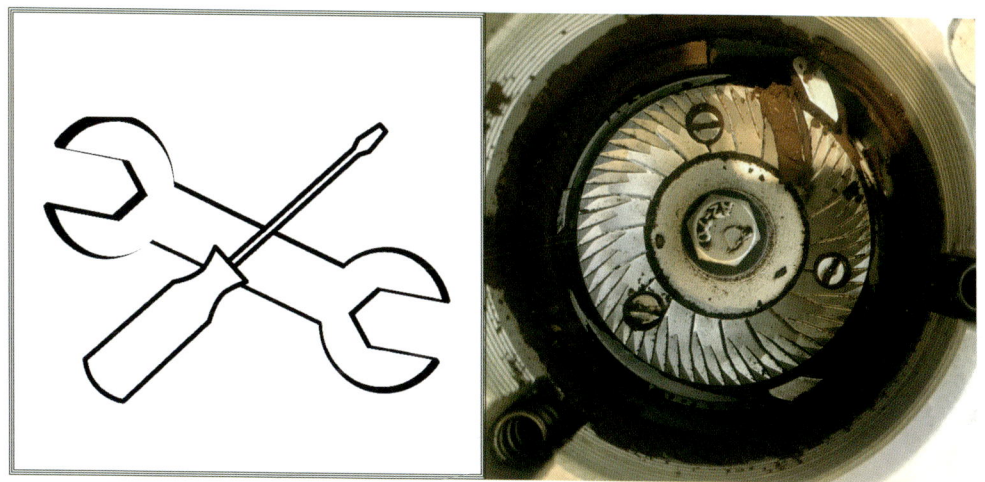

Coffee Extraction

추출 온도 Brewing temperature

온도라는 개념은 어떤 물체의 차가움과 뜨거움의 정도를 나타내며 물의 어는점(0℃)과 끓는점(100℃) 사이를 100등분 한 단위이다. 커피 성분은 각각 다른 분자 구조로 특정 온도에 녹을 수도 있고 녹지 못할 수도 있다. 녹는점이 추출 온도 이상이면 녹지 않아 찌꺼기로 버려지고 너무 낮으면 비례하여 끓는점도 낮아 기화되어 공기 중으로 사라진다. 추출 온도는 커피 추출에 있어 용해 속도를 조절하는 중요한 변수이다. 같은 원두로 커피를 추출해도 온도에 변화를 주면 완전히 다른 느낌의 커피가 만들어진다.

커피를 추출하는 물의 온도는 차가울 수도 있고 뜨거울 수도 있다.

추출 방법과 추출 온도

뜨거운 물을 사용하는 추출 방법은 90℃ 전후가 일반적이다. 에스프레소 추출은 91~94℃ 온도로, 핸드드립 추출은 88~94℃ 온도로 추출한다. 이보다 뜨거우면 비극성 물질이 과하게 녹아 불쾌한 향미가 두드러진다. **차가운 물**로 추출하는 콜드 브루 Cold Brew 또는 더치 커피 Dutch coffee는 바리스타마다 선호하는 물의 온도가 사뭇 다르다. 얼음이 녹으면서 떨어지는 매우 차가운 물부터 20℃까지 추출 온도 선택이 가능하다. 콜드브루 추출 시간은 일반적으로 3~24시간이다. 온도와 시간 선택 범위가 넓어 그 조화가 중요하다. 수율을 달성하기 위해 온도가 낮으면 추출 시간이 길어지고 온도가 높으면 빨라지는 간단한 원리가 적용된다. 다만 한 가지 주의할 점은 추출 환경 온도가 20℃ 이상이 되면 세균 번식이 빠르게 진행된다. 추출하는 동안 그리고 추출 후에도 커피 온도가 저온으로 일정하게 유지되어야 한다.

추출 시간 Brewing time

경영이라는 관점으로 보면 추출 시간은 비용과 직접 연결되어 있는 요소이며 짧을수록 비용이 적게 든다. 완벽성과 효율성을 모두 충족할 수 있도록 추출 시간을 결정하는 것이 바람직하다.

추출 방법과 추출 시간

추출 시간은 추출 방법마다 중요도가 다르다. **에스프레소 추출**에서 시간은 중요한 의미를 가지고 있으며 정확하게 지켜야 하는 기준이다. 일반적으로 적절한 추출 시간은 20~30초 (1shot 30ml 기준, 오차 범위 3초) 정도로 인정된다. 이보다 긴 추출 시간은 물의 투과가 전체적으로 원활하지 않다는 것을 의미한다. 40초 이상이면 성분이 고르게 녹지 않고 적정 수율에 도달하지 못한다. 반면 20초보다 짧으면 투과가 너무 빨라 충분히 녹이지 못한다. 이런 상황 모두 잘못된 추출을 의미한다. **핸드 드립 추출**에서 시간은 상대적으로 유연하다. 추출 수율에 영향을 주는 분쇄 입도, 투입량, 추출 온도, 추출 양 등 다양한 변수들의 변경이 가능하여 추출 시간을 특정하기 어렵다. 적어도 1분 이상 소요되는 긴 추출 시간을 가지고 있으며 에스프레소에 비해 추출 시간의 중요도는 크지 않다.

추출 기준 결정

커피 향미에 적합한 추출 방법을 선택하고 가장 맛있는 추출 레시피를 만드는 것이 바리스타의 주 업무 중 하나이다. 우선 후각과 미각을 통한 향미 분석과 추출 수율 계산으로 얻은 수치를 비교하여 맛있는 커피 향미 기준을 결정한다. 이렇게 커피 원두가 가지고 있는 향미를 파악하여 고객 만족을 위해 어디까지 추출할 것인가를 결정하는 것이 바로 바리스타의 실력이다.

 ### 추출 기준 결정 단계

| 선택 원두 커핑 하기 | 커피 향미 특징 파악 | 추출 수율 결정 하기 | 추출 용량 결정 하기 |

커피 향미는 원산지, 품종, 로스팅 칼라 등 헤아릴 수 없을 정도의 다양성을 가지고 있다. 산뜻하고 깔끔한 커피를 좋아하는 고객부터 묵직하고 깊은 커피를 좋아하는 고객까지 기호도 다양하다. 바리스타는 고객 기호에 따라 향미를 정하는 것이 좋다. 완벽한 추출을 위해 기준을 정하고 날씨, 원두 산패 등 달라지는 변수를 감안하고 환경을 조절해야 한다. 그리고 결정된 레시피대로 정확하고 신속하게 커피를 추출해야 한다.

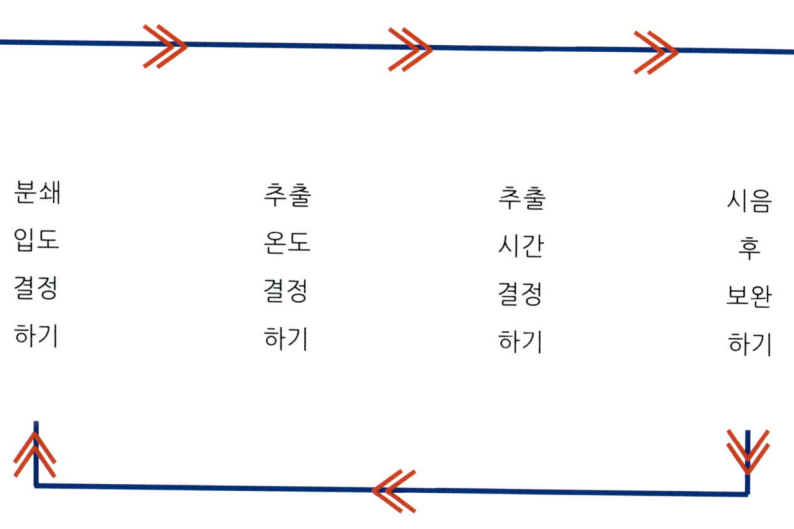

완벽한 에스프레소

Perfect Espresso

미학과 과학의 만남으로 새로운 세계가 열리다.

에스프레소 의미

이탈리아어로 'Es = under = 아래' 와 'Presso = pressure = 압력' 이라는 단어가 조합되어 만들어진 에스프레소 Espresso 는 압력이 가해져 추출되는 커피라는 사전적 의미를 가지로 있다. 에스프레소란 곱게 갈아 압축한 분쇄 원두에 뜨거운 물을 고압으로 통과시켜 진하게 추출한 커피이다. 9 bar 압력으로 93℃ 전후의 뜨거운 물이 커피퍽을 통과하면서 진한 에스프레소가 추출된다. 20~30초 추출 시간, 30ml 추출량, TDS 5 강도(농도)로 추출된다. 에스프레소는 시각, 후각, 미각을 강하게 자극하는 커피이다.

에스프레소의 등장

에스프레소가 등장하기 이전에는 물로만 성분을 녹여 커피를 마셨다. 진하게 추출하기 위해서는 분쇄 원두를 물에 넣고 끓여 그대로 마시거나 추출 시간을 길게 하여 성분을 녹인 후 여과해야 했다. 이러한 추출 방법은 농도가 진해질수록 불쾌한 향미가 강해지는 단점을 가지고 있다. 과학 기술의 발달로 커피 추출에 압력을 사용하면서 짧은 추출 시간, 진한 농도, 여과가 동시에 가능해졌다. 물에 녹기 힘든 성분들이 용해되고 적은 물로도 추출 수율이 높아졌다. 진한 농도와 풍성한 향미가 있는 에스프레소가 기본 재료 base 로 활용되면서 다양한 커피 음료가 개발되고 커피 산업 발전이 다각도로 확장되었다.

에스프레소 추출 모형도

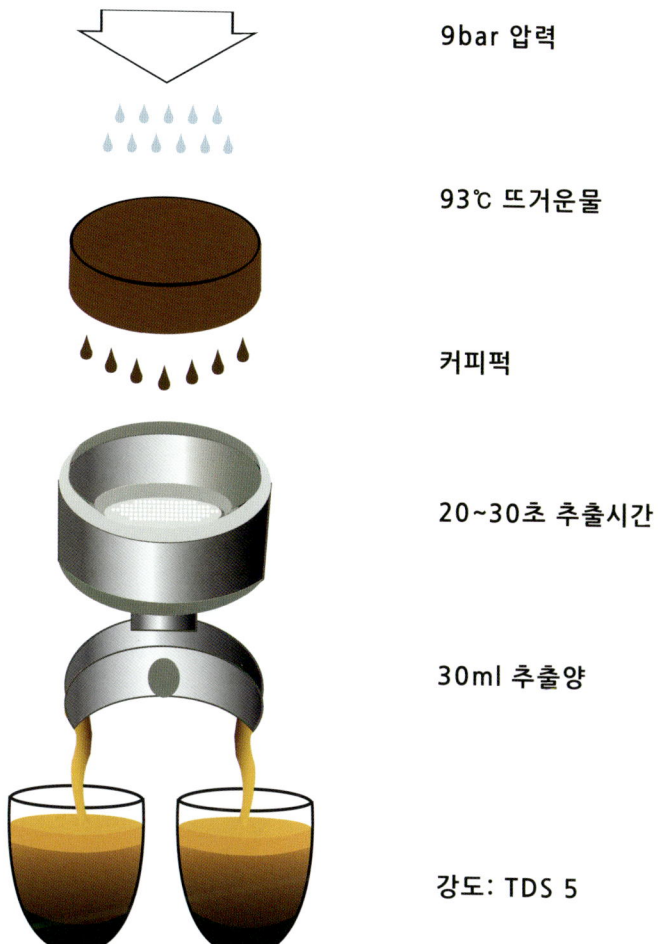

9bar 압력

93℃ 뜨거운물

커피퍽

20~30초 추출시간

30ml 추출양

강도: TDS 5

에스프레소 구조

에스프레소는 수용성 성분이 녹아 있는 액체인 진용액, 난용성 성분이 거품의 형태로 녹아 있는 콜로이드, 불용성 성분 중 필터를 통과할 만큼 작은 고형 물질들이 뒤섞인 에멀견 Emulsion 으로 추출된다. 3가지 성분의 밀도 차이로 빠르게 층이 구분된다. 무거운 커피 용액은 아래로 가라앉고 가벼운 거품인 콜로이드는 위로 떠오른다. 미립자들은 액체 사이를 떠다니다가 서서히 아래로 가라앉게 된다.

크레마 Crema

가벼운 콜로이드가 에스프레소 상단에 떠오른 것이 크레마이다. 크레마가 중요한 이유는 에스프레소를 마시기 전에 커피 향미와 추출 완성도를 알려주기 때문이다. 크레마 안에 커피 오일이 표면 장력으로 동그랗게 뭉쳐있는데 오일 안에 아로마 성분이 가두어져 있다. 후각으로 감지하여 컵 퀄리티 Cup Quality 를 확인한다.

바디 Body

가벼운 커피액, 미립자, 콜로이드가 뒤섞여 있는 용액이 에스프레소 중간에 있다. 추출이 완료되고 1분 이내로 크레마와 하트로 분리되어 사라진다.

하트 Heart

무거운 미립자와 커피액이 섞여 있는 현탁액으로 에스프레소 하단에 있다. 유기산, 멜라노이딘 같은 친수성 성분이 완전히 녹아 커피액이 되고 분자량이 크고 불용성 성분인 단백질, 다당류 등 고형물이 커피액 안에 섞여 있다. 이 고형물이 많을수록 에스프레소는 묵직해지고 아래로 가라앉는 미립자들도 많아진다.

구조의 변화

3단 구조로 추출된 에스프레소는 빠르게 2단 구조로 바뀐다. 바디를 구성하던 콜로이드는 상단으로 떠올라 크레마가 되고 커피액은 하트와 결합한다. 그리고 몇 분이 지나면 크레마 또한 사라지고 커피액만 남게 된다. 크레마가 사라지는 시간은 크레마 밀도에 영향을 받는다. 5분 이상 크레마가 남아 있는 경우도 있지만 2~3분 만에 사라지기도 한다.

좋은 크레마

좋은 크레마는 완벽한 추출로 만들어진 에스프레소의 꽃이다. 커피 오일, 향기 등 난용성 커피 성분들을 포함한 매끈한 크림은 커피액과 함께 잔으로 떨어지면서 자연스럽게 위로 떠 오른다. 이렇게 만들어진 크레마는 밀도가 단단하여 쉽게 사라지지 않고 계속 떨어지는 크레마에 의해 외곽으로 밀리면서 물결 모양의 패턴이 생긴다. 이 물결 모양이 호피 무늬를 닮아 타이거 스킨 Tiger Skin이라고 한다.

크레마 색은 원두의 로스팅 칼라를 기준으로 밝은 갈색이면 크레마 색도 밝은 느낌의 황색이 지배적이다. 하이 #65 로스팅 포인트 원두가 대표적인 예이다. 로스팅이 진행될수록 점점 갈색이 진해지면서 황갈색부터 진갈색까지 어두운 크레마가 나타난다. 시티 #55 ~ 풀시티 #45 로스팅 포인트 원두는 황갈색 크레마가 추출된다. 프렌치 #35 로스팅 포인트는 진갈색으로 크레마 색이 어두워진다.

좋은 크레마

결과적으로 좋은 크레마는 선택한 원두의 색을 바탕으로 매끈한 표면에 타이거 스킨 무늬가 나타나는 시각적 특징을 가지고 있다. 에스프레소가 추출된 직후 크레마의 패턴과 밀도를 통해 추출이 완벽했는지 가늠이 가능하다.

크레마와 디개싱 Degassing

크레마에 큰 기포 Bubble 가 전체적으로 퍼져 있으면 원두 내부에 이산화탄소가 많아 크레마에 섞여 추출된 것이다. 이러한 크레마는 밀도가 약하여 빠르게 사라지고 향이 풍성하지 않다. 이산화탄소의 방해로 수용성 성분이 커피액에 충분히 녹지 못하고 커피 오일과 향미 성분은 제대로 콜로이드로 전환되지 못한 채 커피 찌꺼기로 버려진다. 이렇게 추출된 에스프레소는 전반적으로 수율이 낮고 짧은 여운으로 맛이 부족하다.

디개싱에 대한 자세한 내용은 2. 좋은 원두 p126에 있다.

 크레마가 사라지는 원리

크레마와 하트 사이에서는 물 입자와 커피 입자가 서로 충돌하며 불규칙하게 움직이는 브라운 운동으로 크레마가 서서히 잔의 가장자리로 이동한다. 이 과정에서 물과 친화력이 강한 친수성 Hydrophillic 성분은 아래로 향하며 용액에 녹아들고 물과 친화력이 약한 소수성 Hydrophobic 성분은 위로 이동하며 얇은 오일막을 형성한다. 이렇게 크레마가 점점 줄어들면서 몇 분이 지나면 완전히 사라지게 된다. 위로 이동한 오일 성분은 혀와 식도를 코팅해 주면서 커피의 바디감 중 매끄러움과 여운의 지속력을 향상시켜 준다.

Perfect Espresso

에스프레소 향미 확인 방법

크레마가 중요한 이유는 에스프레소를 마시기 전에 커피 향미와 추출 완성도를 알려주기 때문이다. 크레마 안에 있는 커피 오일은 표면 장력으로 동그랗게 뭉쳐져 있는데 그 안에 아로마 성분이 있다. 에스프레소를 마시기 전 크레마 향으로 컵 퀄리티 Cup Quality 를 확인하는 것이 좋다. 아래 그림처럼 에스프레소가 담긴 데미타세를 강하게 회전시켜 크레마를 깬 후 위로 올라오는 아로마의 향을 깊게 들이마시면서 머릿속에서 커피 향미를 그린다. 이런 방법으로 크레마의 아로마를 확인하려면 공간이 필요하다. 그래서 에스프레소 추출은 잔의 60%가 넘지 않게 한다. 예를 들어 60mL 용량인 데미타세는 30mL 에스프레소를 담기에 적당하다. 에스프레소를 많이 담고 싶다면 큰 잔을 준비해야 한다.

데미타세를 회전시켜 크레마 깨기

에스프레소 종류

리스트레또 Ristretto

1샷 기준 15~25mL 용량으로 적게 추출하는 것이다. 에스프레소에 비해 강도(농도)는 진하고 추출 수율을 낮은 편이다. 강한 산미로 강렬한 인상을 남겨 에스프레소 마니아 중 리스트레또를 선호하는 이들도 많다. 하지만 부족한 바디로 목 넘김이 부드럽지 않고 여운이 비교적 짧다. 원두가 가지고 있는 향미 특징을 고려하여 최적의 추출량을 결정하는 것이 바람직하다.

룽고 Lungo

1샷 기준 35~45mL 용량으로 많이 추출하는 것이다. 커피 성분과 물 모두 많이 포함되어 있어 수율은 높고 강도(농도)는 약하다. 파우더, 소스 등 부재료를 녹이기에 적합한 룽고는 베리에이션 Variation 메뉴에 사용되는 경우가 많다. 가정용 에스프레소 머신의 경우 추출 압력이 약해 룽고를 기본 샷으로 설정하여 수율을 높인다.

리스트레또 Ristretto

룽고 Lungo

에스프레소 Espresso

1샷 기준 25~35mL 용량으로 추출하는 것이다. 일반적으로 20% 전후 수율로 추출되며 아로마, 산미, 단맛, 바디의 균형감이 적당한 향미를 나타낸다. 에스프레소 그대를 마시는 스트레이트 Straight 또는 물이나 우유를 첨가하는 음료에 많이 사용된다.

도피오 Doppio

에스프레소 더블샷 Double shot 을 의미하며 용량은 40~70mL에서 결정된다. 1샷의 에스프레소 양이 적어 '고객이 즐기기에 충분하지 않다'라고 판단되면 도피오로 메뉴를 구성한다. 일반 데미타세 잔을 사용하여 도피오를 추출하면 가득 차올라 크레마 향을 즐기기 위해 회전시키기 어렵다. 최대 용량이 100~120mL로 크기가 큰 데미타세 잔을 미리 준비해야 한다. 메뉴판에 '도피오'라는 낯선 용어를 적으면 고객들이 불편할 수 있으니 에스프레소 메뉴에 더블샷 또는 2샷 이라는 정보를 제공하는 것도 좋은 방법이다.

에스프레소 Espresso

도피오 Doppio

에스프레소 잔

에스프레소를 담는 잔을 데미타세 Demitasse 라고 한다. 데미 demi = 반, 타세 tasse = 잔이 합성된 프랑스어로 일반컵의 반을 의미한다. 데미타세는 1샷 에스프레소를 담는 잔으로 70~80mL 용량이 일반적이다. 두꺼운 도자기로 제작되며 추출 전 잔을 예열하여 에스프레소가 쉽게 차가워지지 않게 한다.

도피오 추출

에스프레소 머신 구조

커피를 빠르게 추출하기 위해 압력을 적용하여 고안된 기계가 에스프레소 머신이다. 1984년 이탈리아에서 특허 기술로 인정된 설계도가 에스프레소 머신의 시작이다. 이 특허를 출원한 사람은 안젤로 모리온도 Angelo Moriondo 이다.

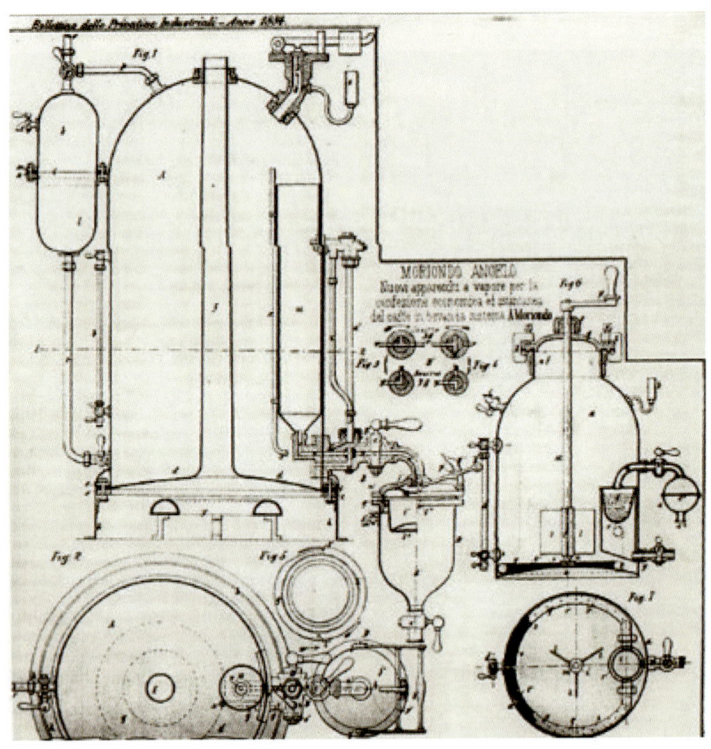

안젤로 모리온도가 특허 출원한 에스프레소 머신 설계도

1901년 루이지 베제라 Luisi Bezzerra 는 **증기 가압식 에스프레소 머신**을 개발한다. 이론이 아닌 현실에서 압력을 추출에 적용하는 머신이 등장한 것이다. 보일러 안에 있는 물이 끓어 증발하면서 발생하는 압력, 증기압 Vapor Pressure 을 이용하여 추출 압력을 만들었다. 이 압력은 1~2 bar로 약했으며 압력을 강하게 하려면 보일러 크기가 커져야 했다. 또한 끓는 물로 커피를 추출하면서 과다 추출 문제가 발생했다. 상업적 사용이 활성화되기에는 한계가 분명했고 높은 추출 압력과 적당한 추출 온도가 가능한 새로운 시스템이 필요했다.

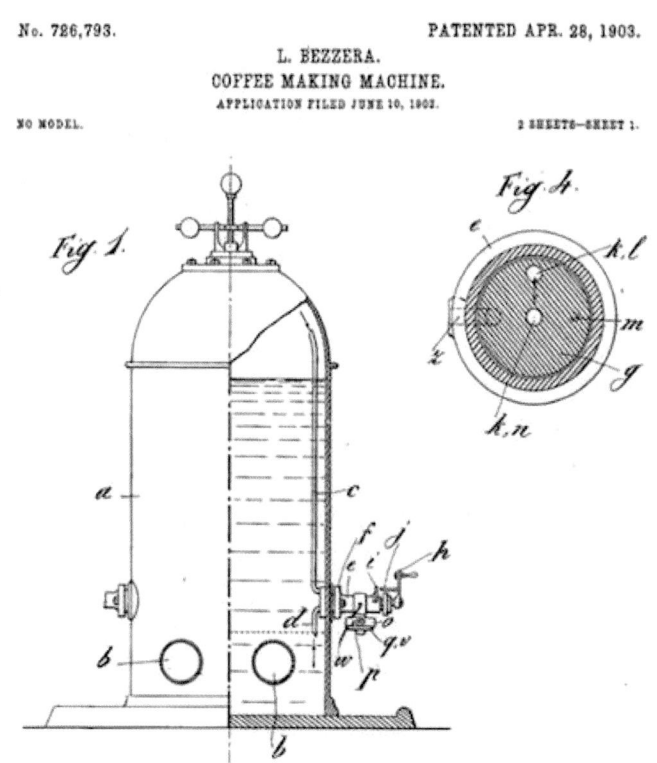

루이지 베제라가 특허 출원한 에스프레소 머신 설계도

Perfect Espresso 237

1938년 밀라노에서 바리스타로 일하던 아킬레 가찌아 Achille Gaggia 는 지렛대 원리를 이용한 **피스톤 레버 방식의 에스프레소 머신**을 개발한다. 10 bar 압력이 만들어지고 15초라는 짧은 시간으로 한 잔의 에스프레소 추출이 가능해졌다. 진정한 의미의 에스프레소가 추출되는 머신이 출시되었다. 하지만 불안정한 추출 압력과 사용상의 불편함은 여전히 존재했다.

1945년 이탈리아 밀라노에서 설립된 기업인 훼마 Feama 는 1961년 전기로 가동하는 **모터 펌프 방식의 에스프레소 머신** 개발에 성공한다. 전기 모터로 추출 압력의 안정성과 사용 편리성이 개선되면서 진정한 의미의 상업용 머신이 등장한 것이다. 또한 훼마는 열교환 방식을 보일러에 접목시켜 새로운 추출 시스템을 개발한다. 금속통을 보일러 내부에 관통시키고 추출용 물관을 별도로 연결하여 에스프레소 추

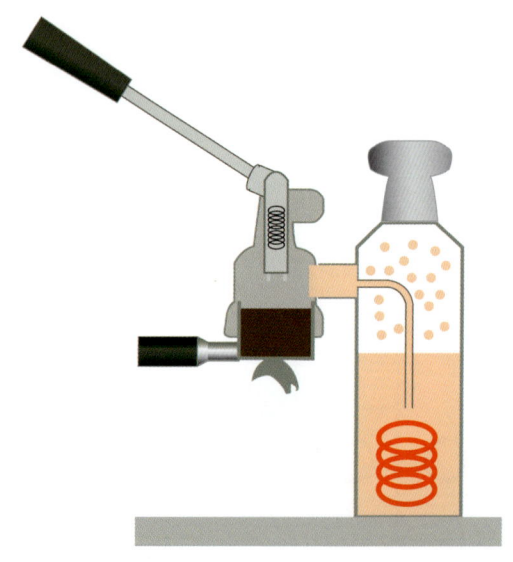

피스톤 레버 방식

출 온도의 변화를 최소화하는 방향으로 성능이 개선된 시스템이다. 이렇게 온도와 압력 모두가 일정하게 유지되는 머신으로 완벽한 에스프레소 추출이 가능해졌다. 처음 이 시스템으로 설계되어 시판된 머신의 제품명은 E-61이다. 드디어 커피를 전문적으로 추출하는 카페라는 새로운 세계의 문이 활짝 열리게 되었다. 이 시스템은 현재까지 계속되고 있다.

2000년부터는 **고성능 하이엔드 Hi-End 에스프레소 머신**이 커피 시장에 새로운 화두가 된다. 이상적인 추출 온도를 설정하고 추출이 진행되는 동안 압력을 변화시키는 방향으로 성능이 개선된 머신이다. 최적의 수율로 머신을 설정하고 그 상태가 항상 유지되도록 기계적 성능 계량이 계속되고 있다. 어느 환경에서든 완벽한 에스프레소 추출이 가능해졌고 좋은 원두와 고성능 머신이 만나 커피의 고급화가 가속화되고 있다. 또한 자동화와 로봇화 기술이 도입되어 로봇 팔로 에스프레소를 추출하고 음료를 제조하는 무인 카페가 이미 우리 생활 속 현실이 되었다. 만약 AI 기술이 도입된다면 머신과 대화하면서 커피를 마시게 되는 날도 오게 될 것이다.

한국 에스프레소의 성장

　1945년 해방 이후 1950~1953년 걸쳐 지속된 전쟁으로 폐허가 된 한국은 30년 이상 국가 재건에 초점을 맞추게 된다. 이 시기 한국의 커피는 미군에 의해 전해진 인스턴트 커피가 중심이 되었다. 1986년 아시안게임과 1988년 서울올림픽의 성공적인 개최를 위해 외국 손님을 맞이할 준비를 위해 한국에 현대화된 장비를 갖춘 커피숍이 등장한다. 1988년 이후 해외여행 자유화로 서양 문화가 가까워지고 유럽과 미국의 커피문화가 국내에 들어오기 시작한다. 이탈리아 에스프레소가 한국 커피 시장에 등장한 해는 1995년이다. 원두 수입과 함께 에스프레소 추출 방법을 알려주는 바리스타 직무 교육이 이탈리아에서 도입된다. 1999년 이화여대 정문 맞은 편에서 시작한 스타벅스 1호점과 IMF로 대거 입국한 해외 유학생들이 경험한 커피문화가 동시에 일상 속으로 들어오면서 한국의 커피에 많은 변화가 일어난다. '카페'라는 새로운 개념의 외식산업의 싹이 튼 것이다.

　아주 작은 잔 속에 있는 매우 진한 에스프레소라는 커피는 그 당시 한국인들에게 너무 생소하여 그 맛에 놀라기도 하고 심지어 화를 내기도 하였다. 에스프레소 도입 초기 달달한 인스턴트 커피가 익숙했던 한국 사람들은 캐러멜 마끼아또, 바닐라 라떼처럼 단맛과 향이 첨가된 에스프레소 커피음료를 선호하였다.

2000년 이후 한국은 달지 않고 커피 그대로의 향미를 지닌 아메리카노가 가장 인기 있는 커피음료로 자리 잡게 된다. 국민 소득 증가와 함께 에스프레소 커피 시장이 급격하게 성장하고 있다. 전체 커피 시장의 70% 정도가 에스프레소 음료를 기반으로 하는 카페에서 이루어지고 있으며 규모도 점점 커지고 있다. 2007년 6,000억원 상당의 커피 전문점 시장 규모가 2018년 4조 3000억원으로 7배 성장했고 2020년 코로나 팬데믹 기간에도 지속해서 성장하여 8조원이 넘는 시장으로 확대되었다.

2010년 중반부터 좋은 커피에 대중적 관심이 생기게 되면서 맛있는 에스프레소를 즐길 수 있는 '에스프레소 바 Espresso Bar' 형태의 카페가 대도시를 중심으로 등장한다. 고소한 커피 향미를 좋아하는 한국 사람의 취향이 갑작스럽게 변하지는 않지만, 서서히 개인마다 좋아하는 커피가 확실해지고 있는 것도 사실이다. 고소하고 부드러운 에스프레소, 산미가 강한 에스프레소, 다크 초콜릿 향미의 진한 에스프레소 등 고객 취향대로 커피 향미를 선택할 수 있도록 메뉴를 구성하는 카페도 많아지고 있다.

에스프레소 머신 외부 구조

에스프레소 머신의 외부 구조는 에스프레소 추출 기능, 우유 스티밍 기능, 컵 워머 기능을 갖추고 있다. 명칭과 기능을 정확히 알고 사용함으로 효율성과 안전성이 높아진다. 단, 머신 제조사마다 부품 모양과 위치가 다를 수 있다.

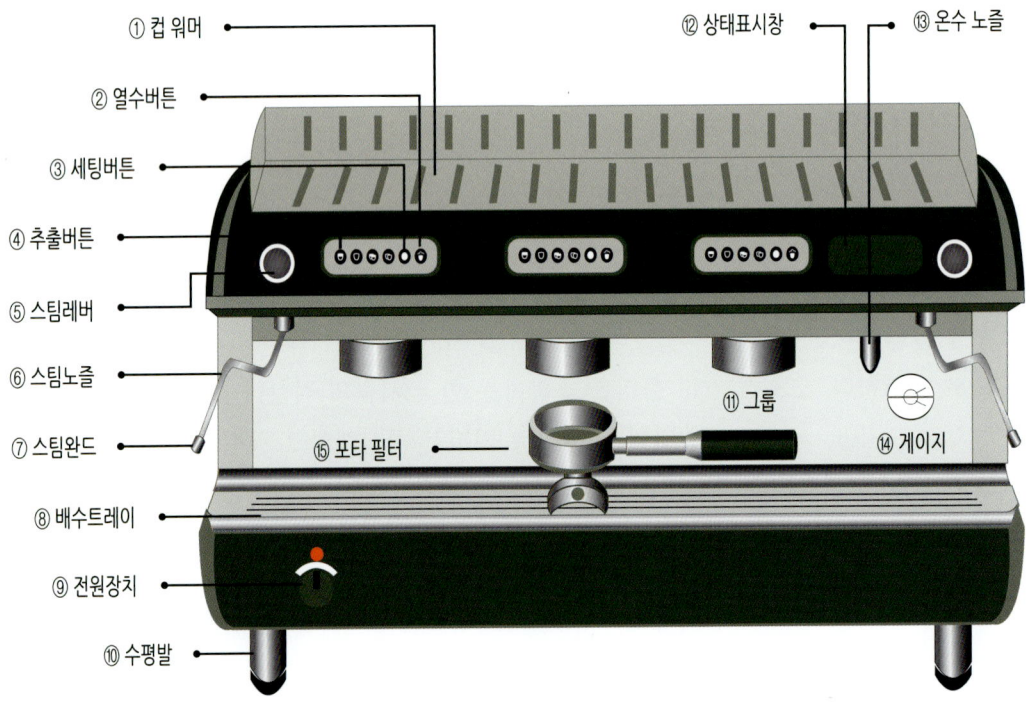

에스프레소 머신 외부 구성 요소의 역할

①	컵 워머	상부 철판으로 커피잔을 예열해 주는 공간
②	열수 버튼	설정된 양의 뜨거운 물을 나오게 하는 시작·정지 버튼
③	세팅 버튼	에스프레소 추출 및 세팅 모드 전환 버튼
④	추출 버튼	설정된 양의 에스프레소를 추출하는 버튼
⑤	스팀 레버	보일러에서 만들어진 스팀이 밖으로 나오는 통로의 문
⑥	스팀 노즐	스팀이 분출되는 금속관
⑦	스팀 완드	분출된 스팀을 4-5 줄기로 분산시키는 부품
⑧	배수트레이	머신 사용 시 버려지는 물을 모아 배수구로 흘려보내는 넓은 판
⑨	전원 장치	머신 ON / OFF 스위치
⑩	수평발	머신을 지탱하는 기둥으로 높낮이를 조절하여 수평을 맞추는 지지대
⑪	그룹	에스프레소가 추출되는 추출구
⑫	상태표시창	보일러 온도 같은 상태 정보를 보여주는 화면
⑬	온수 노즐	보일러 내부에 있는 뜨거운 물이 밖으로 나오는 금속관
⑭	게이지	추출 압력과 보일러 압력을 측정하는 기구
⑮	포타필터	분쇄 원두를 담아 그룹 헤드에 장착시키는 역할

에스프레소 머신 기본 성능

에스프레소 머신은 적절한 유지 관리를 통해 10년 이상 사용이 가능한 제품으로 구매하기 전 기계 성능에 관한 정보를 확인하고 비교 후 적합한 머신을 선택하는 것이 바람직하다.

머신 규격

에스프레소 머신은 그룹 개수를 기준으로 보일러 용량, 머신 크기, 무게, 전력 사용량이 달라진다. 그룹 Group 은 에스프레소 추출이 이루어지는 공간을 의미하며 1 그룹은 하나의 머신에 1개의 추출구가 있다는 것을 뜻한다. 그룹 개수는 1개에서 4개까지 구성할 수 있으며, 그룹 개수에 따라 보일러 용량, 전기 사용량, 전체 크기 등 사양이 다르다. 1 그룹으로 구성된 머신은 가정이나 사무실에서 주로 사용한다. 카페에서는 추출 빈도를 감안하여 그룹 개수를 선택하는데 2개 또는 3개 그룹으로 디자인된 머신이 보편적이다.

그룹 개수별 에스프레소 머신 규격 차이

그룹 갯수	보일러 용량	소비 전력	머신 무게
1 group	3L	1.6 kW	33kg
2 group	7.5L	4.3 kW	74kg
3 group	13L	5.1 kW	88kg

브랜드별로 다를 수 있음

2 GROUPS 에스프레소 머신 기술 규격서

Dimention (W×H×D)	크기 (너비×높이×깊이)	730×525×510mm
Boiler capacity	보일러 용량	7.5L
Ability of independent groups	독립 보일러 용량	0.5L
Energy consumption	소비 전력	7.9kW
Maximum power	최대 전력	4.5kW
Weight	무게	74kg
Timer	타이머	포함

　에스프레소 머신 제조사는 소비자에게 기계 성능에 대한 정보를 제공하고 있다. 에스프레소 추출의 예민함을 고려해보면 수치 차이가 작더라도 성능 차이는 크다. 온도와 압력의 일정한 유지, 완벽한 커피 향미 추출을 위한 섬세한 조절을 원한다면 기계 성능을 꼼꼼하게 분석하여 추출에 미치는 영향을 확인하는 것이 중요하다.

보일러 Boiler

물을 끓여 온수와 스팀을 만드는 역할을 하는 내부 장치이며, 보일러 용량 Boiler capacity 은 전체 부피를 의미한다. 보일러 용량이 클수록 온수와 스팀 양이 많고 짧은 시간 동안 머신을 많이 사용하더라도 추출 온도와 스팀 압력이 안정적으로 유지된다. 보일러 용량 대비 소비 전력이 적으면 설정된 온도로 올라가는데 많은 시간이 소요된다.

독립 그룹 Independent groups

에스프레소 추출 전용으로 사용되는 작은 보일러가 그룹별로 장착된 구조이다. 성능 Ability 은 독립 보일러의 용량을 의미한다. 그룹마다 독립적으로 추출 온도를 설정할 수 있고 일반적으로 90~95℃로 설정된 온수가 독립 보일러에 가득 차 있다.

소비 전력 Energy consumption / 최대 전력 Maximum power

1일 24시간 대기 상태 또는 작동 상태일 때 평균적인 소비 전력을 나타낸다. 뜨거운 물이나 스팀의 과다한 사용으로 수도에서 직접 연결된 물이 보일러로 유입될 때 빠르게 끓여주는 순간 소비 전력이다. 최대 전력 수치가 클수록 보일러의 온도 상승이 빠르게 진행되어 추출 온도와 압력이 일정하게 유지된다. 상업용 에스프레소 머신은 최대 전력량이 높아 일반 전기 코드로 장시간 사용은 불가능하다. 에스프레소 머신 전용 전기 차단기를 만들어 단독으로 연결하여 과부하로 인한 화재를 예방하는 것이 바람직하다.

무게 Weight

에스프레소 머신의 전체 무게는 그룹 개수에 비례하여 무거워진다. 플라스틱 사용 유무, 철판 두께 등 머신을 구성하는 재료 차이로 무게가 다르다. 예를 들어 가정용 1 그룹 에스프레소 머신은 약 3~10kg 로 가벼운 편이지만 상업용 1 그룹 머신은 보통 30kg 정도로 무겁다.

타이머 Timer

추출 시간을 측정하는 타이머가 있는 경우 에스프레소를 정확하게 추출하는 데 도움이 된다.

에스프레소 머신 시스템

에스프레소 머신은 압력, 뜨거운 물, 스팀을 만들고 유지하는 기능을 중심으로 안전한 사용이 가능하도록 설계되어 있다. 뜨거운 물과 스팀을 만드는 보일러 시스템, 추출 압력을 담당하는 펌프 시스템, 추출 온도를 유지시키는 에스프레소 추출 시스템으로 구분된다.

에스프레소 머신 내부에 설치된 보일러

보일러 시스템

수도에서 보일러까지 물 공급

2~6 bar (이상적인 수도 수압은 3~4 bar) 일정한 수압으로 공급되는 수돗물이 정수시설을 거쳐 에스프레소 머신으로 이동한다. 가장 먼저 펌프를 만나 압력이 만들어지고 보일러로 연결된 관을 따라 흐른다. 가정이나 사무실에서 사용하는 작은 에스프레소 머신의 경우 추출, 열수, 스팀 모두를 하나의 보일러로 담당하지만 상업용 에스프레소 머신은 에스프레소 추출 시스템과 메인 보일러로 나뉘어 흐른다. 추출 시스템으로 흐르는 물은 에스프레소 추출에만 사용되고 보일러로 흐르는 물은 열수와 스팀을 만드는데 사용된다. 열수 또는 스팀 사용으로 보일러 내부 물 수위가 내려가면 펌프가 작동하고 수돗물 수압 정도로 자연스럽게 물이 들어온다. 만약 수돗물 수압이 2 bar보다 낮으면 수도용 모터 펌프를 설치해 압력을 높여 주고 반대로 6 bar보다 높으면 감압 밸브를 설치해 수압을 낮게 해주어야 에스프레소 머신에 무리가 없다.

보일러로 물이 원활하게 공급되는 것은 에스프레소 머신을 사용하는데 있어 가장 중요한 기본 조건이다. 동파 또는 수도 밸브가 잠겨 있어 전혀 물이 공급되지 않으면 에스프레소 추출이 불가능하다. 또한 정수기 사용 기한이 넘어 물 공급이 원활하지 않으면 에스프레소 머신에 무리가 간다. 에스프레소 추출 전 추출 버튼을 눌러 물을 흘리면서 추출 압력 게이지가 9 bar 까지 올라가는지 정확히 보고 펌프 작동 소리가 정상인지 귀기울여 확인해야 한다. 9 bar 를 가리키는 압력 게이지는 정상적인 물 흐름과 펌프 작동을 말해 주는 지표로서 게이지 확인은 바리스타가 반드시 실천해야 하는 머신 점검 방법이다.

보일러 작동

에스프레소 머신의 전원을 켜면 보일러 열선 Heating Coil 이 벌겋게 달아올라 물을 끓이고 스팀을 만든다. 보일러 전체 용량의 70% 정도가 110~130℃ 의 뜨거운 물로, 나머지 30%는 스팀으로 채워져 있다. 이 스팀으로 보일러 압력이 만들어지고 그 수치가 1.2~1.8 bar 로 유지되도록 설계되어 있다. 적정 보일러 압력을 위해 보일러 온도를 118~125℃ 범위로 설정하는 것이 일반적이다. 보일러 내부 물 온도는 센서(온도계)로 측정되며 머신 외부에 있는 상태표시창에 몇 ℃인지 표시된다. 상태표시창이 없으면 보일러 온도를 정확하게 모르는 경우 보일러 압력으로 확인한다. 보일러 압력 게이지가 1.5 bar 정도를 나타내거나 스팀 밸브를 열어 스팀 강도가 충분한지 느끼면서 확인한다. 수시로 정상적으로 작동하고 있는지 점검하고 미세한 변화까지 감지하기 위해 주의깊게 살피는 것이 중요하다.

온도 제어 방법

초기 보일러는 온도가 떨어지면 열선 Heating coil이 켜지고 올라가면 꺼지는 단순한 방법으로 온도를 제어하여 변화가 심하였다. 온도 편차를 줄이는 기술인 PID proportional integral derivative control 방식이 에스프레소 머신에 도입되어 보일러 온도 유지가 개선되었다. PID 방식은 설정한 온도와 현재 온도의 차이를 줄여 나가는 방법으로 히터가 켜졌다 꺼졌다 하는 ON/OFF 과정을 반복하면서 최대한 보일러 온도를 일정하게 유지시킨다. 차이 값을 정확하게 계산하기 위해 보일러 안에 작은 컴퓨터와 온도계가 함께 장착되어 있다.

에스프레소 머신 보일러 시스템 모형도

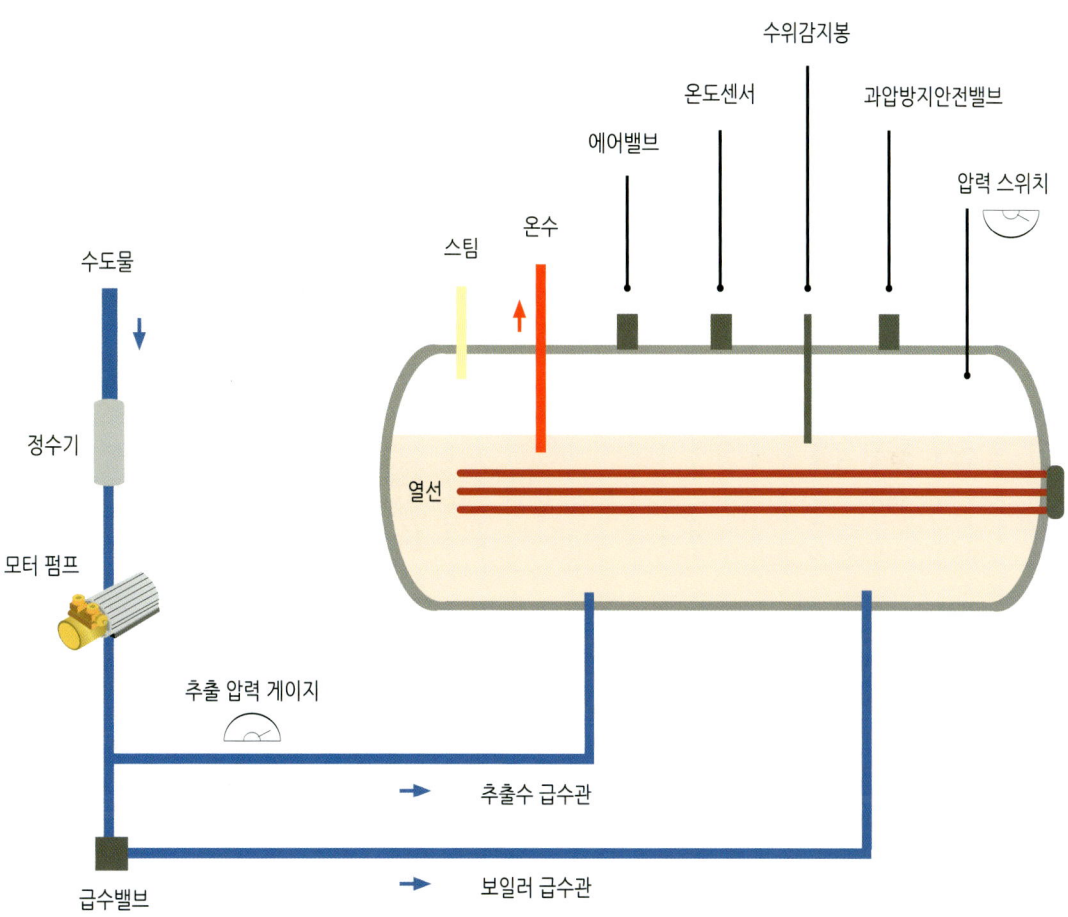

보일러 안전장치

　메인 보일러는 뜨거운 물과 압력으로 가득 차 있어 위험성은 항상 존재한다. 안전한 사용을 위해 위험을 예방하는 장치들이 보일러에 장착되어 있다. 보일러 압력과 온도를 일정하게 유지하는 역할, 보일러 안에 있는 물의 양을 적정하게 유지하는 역할, 과압과 진공 상태를 방지해주는 역할 등을 한다. 다음은 대표적인 안전장치 종류와 기능에 대한 설명이다.

압력 스위치 Pressure Switch

　보일러 압력을 설정값에 맞게 유지시키는 역할을 한다. 스팀을 사용하면 보일러 압력이 자연스럽게 내려가면서 압력 스위치가 작동하여 보일러를 가동시킨다. 열선이 달궈지면서 보일러 물이 끓어 수증기를 만들고 다시 압력이 올라간다. 압력 스위치의 조절 부위를 시계 방향(-)으로 돌리면 감압이 되고 반시계 방향(+)으로 돌리면 가압이 된다. 스팀 압력이 낮거나 높을 때 이 방법으로 조절이 가능하다. 압력 스위치에 미네랄이 침착되어 스케일이 끼면 정상 작동하지 않아 보일러 물 온도가 상승한다.

과압 방지 밸브 Relief Valve

　일상생활에서 과압 방지 밸브를 사용하는 것은 압력밥솥이다. 밥이 완료되기 3분 전 밥솥 내부 압력이 빠져나온 후에 뚜껑을 열어야 안전하다. 에스프레소 머신은 사용하는 동안 보일러 압력을 낮출 필요가 없어 고압 스팀이 보일러 내부에 계속 차 있는 상태로 유지된다. 사용 후 머신을 끄면 온도가 떨어지면서 자동적으로 압력이 내려간다. 만약 보일러 내부 압력이 조절되지 않아 과압 상태가 되면 과압 방지 밸브가 열린다. 스팀이 갑자기 펑 소리를 내면서 빠져나오고 보일러 압력은 내려간다.

온도 조절 장치 Thermostat

보일러 내부 온도를 설정한 대로 유지시켜 과열을 방지하는 역할을 한다. 만약 이 장치에 문제가 생기면 보일러 온도가 상승하지 않는다. 예를 들어 에스프레소 머신 전원이 켜졌음에도 추출수가 차갑다면 온도조절장치의 이상 유무를 확인해야 한다.

수위 감지봉 Water Level Probe

스팀 또는 온수를 사용하여 보일러 내부 물이 수위 감지봉 아래로 떨어지면 펌프가 작동하고 물이 보충된다. 물이 충분히 차올라 수위 감지봉 하단 센서에 닿으면 펌프 작동이 멈추고 물 공급이 중단된다. 에스프레소 머신을 오래 사용하면 이 센서에 스케일이 붙어 물 수위 감지가 어려워진다. 만약 보일러 내부에 물이 80% 이상 차오르게 되면 스팀에 물이 많이 포함되어 스티밍으로 만들어진 우유맛은 밋밋해지고 크림은 거칠어진다. 반대로 물이 충분히 공급되지 않으면 보일러 작동이 멈추기도 한다.

진공 방지기 Vacuum Break

보일러 내부에 공기가 희박해지면 공기를 주입하는 장치가 진공 방지기이다. 다른 이름으로 에어 밸브 Air Valve 라고도 한다. 예를 들어 에스프레소 기계 사용이 끝나고 전원을 끄면 보일러 온도가 내려가면서 수증기가 물로 전환된다. 수증기가 차 있던 공간에 공기가 주입되어 진공 상태를 방지한다. 만약 공기 주입이 되지 않아 진공 상태가 되면 보일러가 파손된다.

펌프 시스템

커피 추출 압력은 시간을 단축시키고 향미를 특별하게 만드는 역할을 한다. 에스프레소 머신에서 압력을 만드는 부품이 펌프이다. 전기 진동으로 압력을 만드는 방법과 모터를 돌려 압력을 만드는 방법이 있다.

바이브레이션 (진동) 펌프 Vibratory Pump

가정이나 작은 사무실에서 사용하는 에스프레소 머신은 대부분 수도에 직접 연결하지 않고 물통에 담아 필요한 물을 공급한다. 이런 물통형 머신에 사용되는 펌프를 바이브레이션 (진동) 펌프라고 하며 전기 진동으로 작동한다. 펌프 내부 금속 코일 안에 자석이 부착된 피스톤에 전류가 흐르면 초당 60번 왕복으로 움직이며 압력을 만들어 물을 공급한다. 참고로 한국에서 사용하는 전기는 220V 60Hz 로 60번 왕복운동을 한다. 전기정격은 국가마다 달라 적합한 펌프가 다르다.

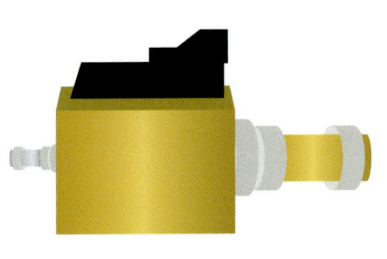

바이브레이션 펌프

물을 밀어내는 압력이 약하고 저항을 만나 자연스럽게 압력이 올라가는 원리로 작동된다. 뜨거운 물이 바스켓에 담긴 분쇄 원두를 만나 생기는 저항의 크기가 추출 압력이다. 이론적으로 고성능 그라인더를 사용하여 미세하고 균일한 입자로 원두를 분쇄한 후 정량을 투입하면 에스프레소 추출 시 9 bar 압력도 가능하다. 하지만 저항값이 변해 추출 압력이 달라지면 안정적인 추출은 어렵다. 바이브레이션 펌프는 가격이 저렴하고 물탱크 연결이 가능하여 작고 저렴한 머신에 많이 적용된다.

로터리 펌프 Rotary Pump

수도관에서 직접 물을 공급받는 상업용 머신에 사용되는 펌프가 바로 로터리 펌프이다. 모터가 전기의 힘으로 회전하면서 펌프를 돌려 강제로 압력을 만들기 때문에 저항 변화가 압력에 영향을 주지 않는다. 베인 Vane 이라는 날개가 부착된 원반(Disc)이 회전하여 각 구역에 있던 물이 원심력을 받아 벽에 부딪혀 압력을 만든다. 추출 버튼을 누르면 바로 펌프에서 설정된 압력 (보통 9기압)을 가하고 머신 외부에 있는 게이지가 압력 세기를 가리킨다. 압력 조절이 가능하며 보통 일자 드라이버로 나사를 풀면 압력이 내려가고 조이면 압력이 올라간다. 조절 나사를 10° 보다 작게 살짝 돌린 후 추출 버튼을 누르고 변한 압력을 게이지로 확인한다. 이 동작을 반복하면서 원하는 압력을 정밀하게 찾는 것이 좋다. 펌프는 에스프레소 머신 내부에 위치하고 있어 압력을 조절하려면 프레임을 먼저 분해해야 한다. 번거로운 작업으로 추출 압력을 조절하는 업무는 일상적이지 않다. 일부 모델은 펌프가 외부로 노출되어 압력 조절이 편리하다. 또한 추출 압력을 버튼이나 화면 터치로 조절하는 디지털 로터리 펌프(기어 펌프)도 있다. 이러한 시스템은 주로 고가의 에스프레소 머신에 적용된다.

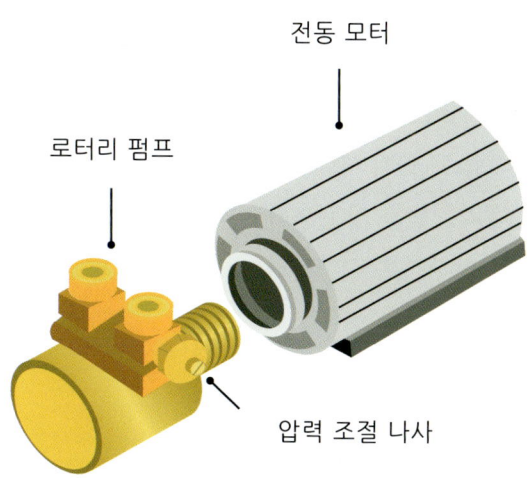

에스프레소 추출 시스템

에스프레소 추출은 매우 정교하여 추출 온도가 1℃ 차이만으로 수율에 영향을 미치고 커피 향미가 달라진다. 추출 온도를 더 안정적으로 유지하기 위해 여러 가지 추출 시스템이 연구 개발되고 있다.

① 싱글 보일러 시스템 Single Boiler System

싱글 보일러 시스템은 보일러 하나로 추출용 물, 스팀, 온수를 모두 사용하는 구조로 메인 보일러에 추출 그룹과 연결된 관, 스팀 노즐과 연결된 관, 온수와 연결된 관이 바로 연결되어 있다. 성능을 기준으로 커피 추출과 스팀의 동시 사용이 가능한 머신, 동시 사용이 불가능한 머신, 에스프레소 추출만 가능한 머신으로 구분된다. 이 시스템은 온도 유지 능력이 좋지 않아 상업용 머신에 적용하는 경우는 거의 없다. 빈번한 사용으로 물이 계속 보충되면 보일러 온도가 낮은 상태로 유지되어 커피 성분이 제대로 녹지 않는다. 만약 상업용으로 스팀 사용이 가능하도록 세게 만들려면 보일러 온도를 110℃ 이상 올려야 한다. 보일러 물로 에스프레소를 바로 추출하기에는 너무 높다. 싱글 보일러 머신의 경우 스팀 압력이 약한 편이다.

싱글 보일러는 저렴한 가격과 작은 크기로 사용 빈도가 적은 가정용 에스프레소 머신에서 많이 채택된다. 특히 에스프레소만 추출하는 가정용 머신은 써머 블록 Thermo Block 보일러 시스템을 사용하기도 한다. 물이 열전도가 뛰어난 금속체(열선) 내부를 회전하면서 순간적으로 가열되는 방법이다.

가정용 에스프레소 머신 종류

　가정용 에스프레소 머신은 물통에 물을 담아 사용하는 방식으로 급수와 배수를 고려하지 않고 단지 선반에 올려놓으면 설치가 완성된다. 추출 압력이 충분하지 않아 카페에서 즐기는 에스프레소와 동일한 향미를 기대하기엔 무리가 있다. 다음은 물통형 머신의 대표적인 예이다.

　캡슐형 머신은 일반 사용자에게 가장 편리한 제품이다. 1회 양으로 소분된 분쇄 원두가 담긴 캡슐을 머신에 투입해 버튼만 누르면 에스프레소가 추출된다. 다만, 원하는 향미를 선택하는데 제한이 있고 분쇄된 원두를 사용하기에 산화의 위험성이 높은 편이다. **전자동 에스프레소 머신**은 원하는 커피 향미를 선택할 수 있고 편리성도 겸비한 제품이다. 그라인더가 포함되어 있어 버튼만 누르면 원두 분쇄 후 에스프레소가 바로 추출된다. **반자동 에스프레소 머신**은 개인 기호에 맞는 원두를 선택하고 추출 환경을 조성하여 에스프레소를 직접 추출하는 제품이다. 그라인더를 포함한 모델과 그라인더를 별도로 구입해야하는 모델이 있다. 좀 더 완벽한 추출 환경을 만들고 싶다면 성능 좋은 그라인더 구입을 추천한다.

싱글 보일러 시스템 특징

특징	단일 보일러, 사용 빈도가 적은 가정이나 작은 사무실에 적합
장점	저렴한 가격, 작은 크기
단점	보일러 온도 불안정, 긴 대기 시간

② 열교환 시스템 Heat Exchange System

1961년 훼마가 처음 설계한 방식으로 현재까지 보편적으로 사용하는 추출 시스템이다. 기존의 싱글 보일러 방식에서 가장 큰 문제인 차가운 물 공급으로 보일러 물 온도가 급격히 하강하는 것을 개선하기 위해 보일러 내부에 열교환 장치를 설치하여 에스프레소 추출에 사용하는 물을 별도로 관리한다. 보일러 한 대로 메인 보일러와 추출 시스템을 모두 담당하고 전기 사용량이 크지 않아 유지 보수 비용이 적은 편이다. 합리적인 제품 가격으로 상업용 에스프레소 머신에서 가장 많이 채택되고 있다.

정수된 물은 모터 펌프를 지나 두 갈래로 나뉘는데 하나는 메인 보일러로, 다른 하나는 보일러 내부를 관통하는 열교환 장치로 이동한다. 추출에 필요한 물만 열교환 장치로 흐르면서 에스프레소 추출 온도가 일정하게 유지된다. 스팀 및 온수 사용으로 물이 보일러로 유입되어 온도가 떨어지더라도 열교환 장치로 추출수는 보호를 받는다. 이 시스템은 추출 온도를 변경할 필요가 없는 카페에서 사용하기에 전혀 문제가 없다.

하지만 에스프레소 추출 후 다음 추출이 바로 연결되지 않고 추출물이 열교환 장치에 장시간 그대로 있으면 추출물 온도가 보일러 온도에 영향을 받아 상승한다. 반대로 온수의 과도한 사용으로 보일러에 물 공급이 많아지면 온도가 갑자기 떨어지면서 추출수 온도에 영향을 주기도 한다. 순간적으로 온도를 회복시키는 최대 전력이 적게 설계되었거나 열선이 스케일로 오염되어 성능이 저하되면 추출 온도 유지가 어렵다. 또한 스팀 압력을 높이거나 낮추기 위해 보일러 온도를 조절하면 추출 온도가 변하게 된다.

열교환 시스템 모형도

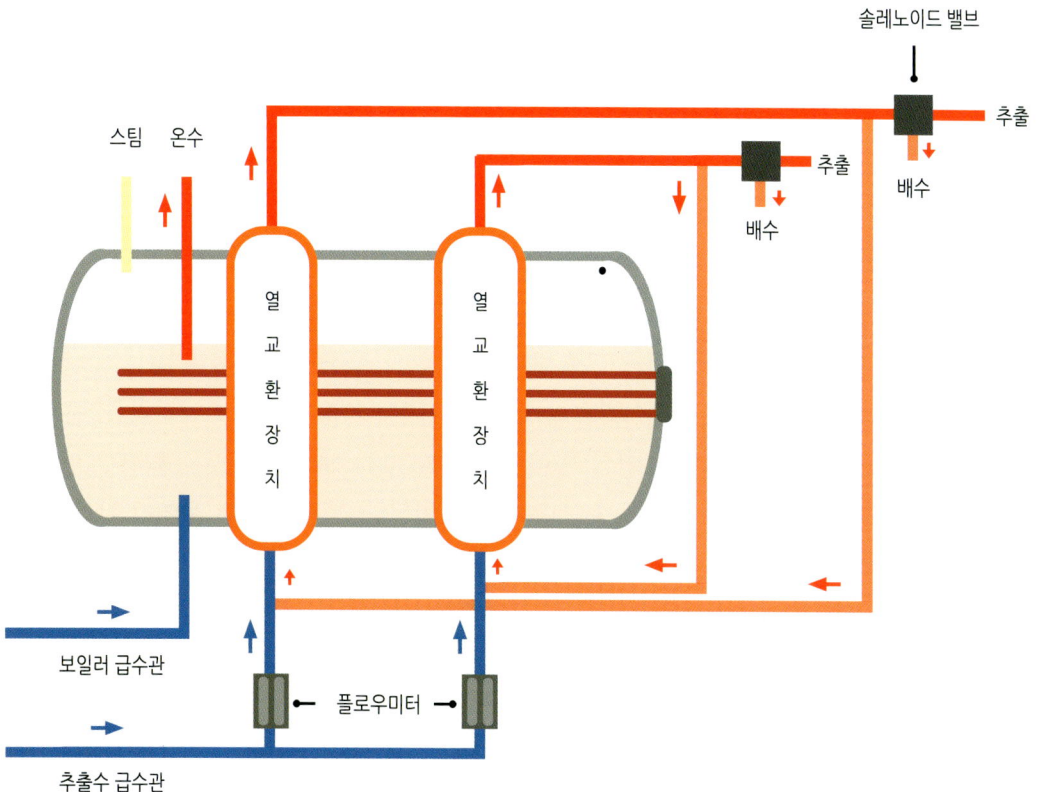

열교환 시스템 특징

특징	열교환 장치가 있는 단일 보일러, 일반적인 상업용 머신에 사용	
장점	효율적인 시스템, 합리적인 가격	
단점	추출 온도 설정 불가능, 스팀 압력 변화 시 추출 온도 영향	

③ 더블 보일러 시스템 Double Boiler System

더블 보일러 시스템은 에스프레소 추출 전용 보일러와 온수 스팀용 보일러가 별도로 구성되어 있다. 에스프레소 추출 전용 보일러 개수를 기준으로 독립 보일러 시스템과 듀얼 보일러 시스템으로 구분된다.

독립 보일러 Independence Boiler 시스템

온수 스팀용 보일러 1대와 그룹별로 작은 보일러가 별도로 있어 그룹 개수에 따라 추출용 보일러 수가 결정된다. 그룹별로 추출 온도 설정이 가능하여 향미가 다른 여러 종류의 원두로 에스프레소를 추출하는 카페에서 사용하기에 적합하다. 그룹별 추출 보일러는 크기가 작아 공간을 많이 차지하지 않기 때문에 온수 스팀용 보일러 크기가 작아질 필요가 없어 보일러 압력이 잘 유지된다. 또한 그룹과 보일러 사이 거리가 가까워 이동으로 생기는 물 온도 하강 현상이 거의 없다.

듀얼 보일러 Dual Boiler 시스템

온수 스팀용 보일러와 추출용 보일러가 각각 1대씩 있다. 구조가 비슷한 보일러 두 대가 에스프레소 머신 내부에 장착되어야 하므로 보일러 크기가 둘 다 작아져 문제가 발생하기도 한다. 예를 들어 단시간동안 스팀을 과도하게 사용하면 보일러 압력이 내려가 스팀압이 약해진다. 연속적인 추출로 추출용 물온도가 하강하는 경우도 있다. 추출용 보일러에 열교환 시스템을 접목시켜 보일러 크기를 작게 하여 이 문제를 해결하기도 한다.

에스프레소를 완벽하게 추출하고 싶다면 더블 보일러 시스템이 적합하다. 보일러 온도 설정이 가능하고 스팀이나 온수 사용과 관계없이 추출 온도가 일정하게 유지된다. 하지만 기계적으로 내부 구조가 복잡하여 제품 가격이 비싸고 보일러가 두 대 이상으로 소비 전력이 높다. 다른 시스템에 비해 유지 보수 비용이 많이 든다.

독립 보일러 시스템 모형도

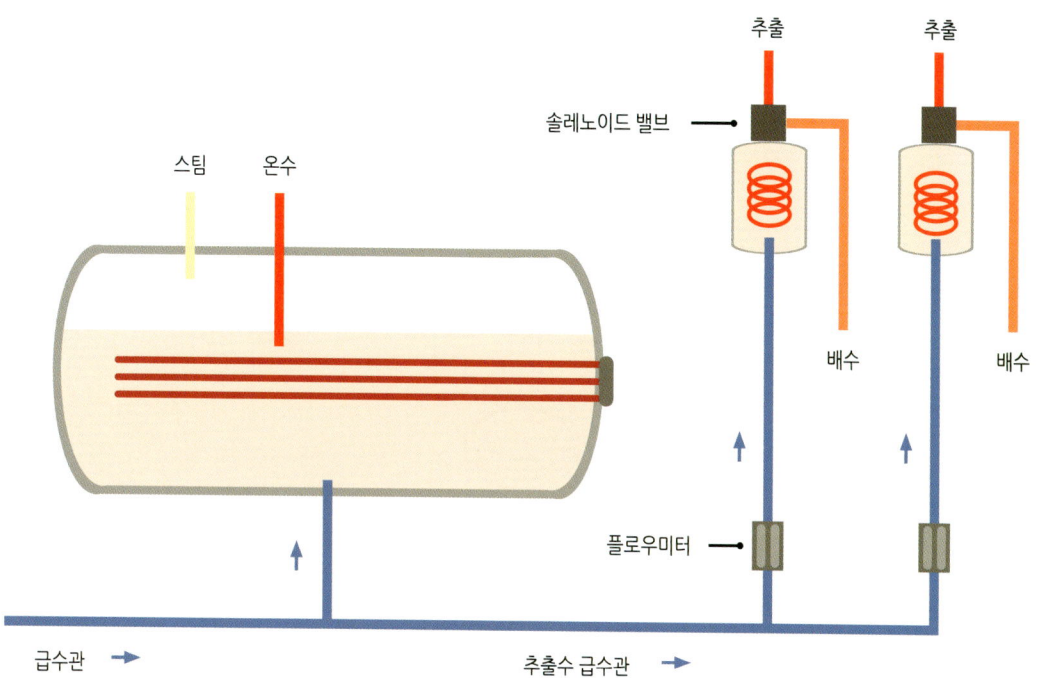

더블 보일러 시스템 특징

특징	추출용과 온수 스팀용 별도 보일러, 하이앤드 머신에 사용
장점	온도 설정 가능. 이상적인 커피 향미 가능
단점	큰 전력 소모, 비싼 가격, 유지 보수 비용 증가

그룹과 포타 필터 Group & Porta Filter

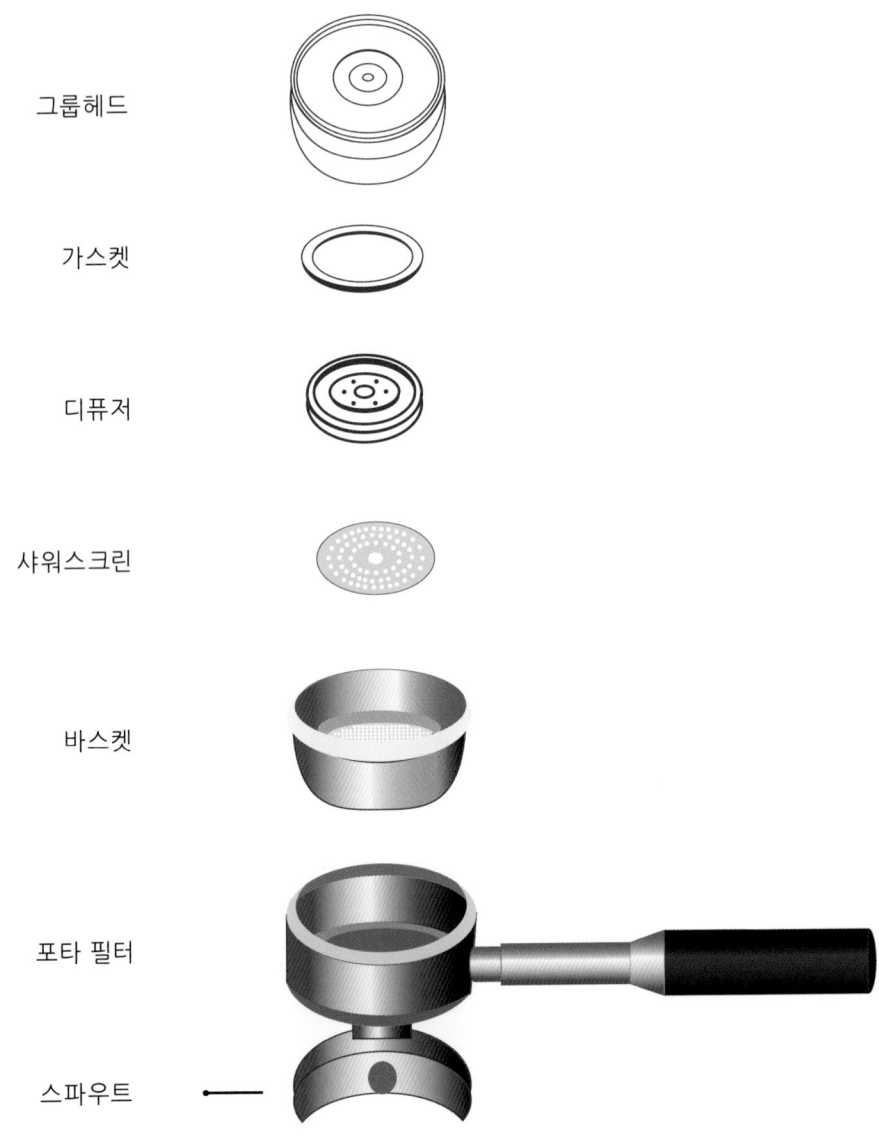

뜨거운 물과 분쇄 원두가 만나 에스프레소 추출이 이루어지는 공간을 만드는 것이 그룹과 포타 필터이다. 분쇄 원두가 담긴 포타 필터를 그룹에 장착한 후 추출 버튼은 누르면 물이 분사되면서 에스프레소가 추출된다.

그룹

샤워 홀더 Shower Holder, 샤워 필터 Shower Filter, 그룹 헤드 Group Head 로 구성되어 있으며 샤워 홀더는 디퓨저 Diffuser, 샤워 필터는 샤워 스크린 Shower Screen으로 불리기도 한다. 그룹의 주 기능은 보일러에서 나온 하나의 물줄기를 여러 가닥으로 분산시켜 분쇄 입자에 골고루 뿌려주는 것이다. 에스프레소를 추출할 때 보일러를 통과한 한 줄기 뜨거운 물이 디퓨져를 거치면서 5-6 가닥의 물줄기로 가늘어지고 샤워 스크린을 통과하면서 샤워기 물줄기처럼 아주 가늘게 쪼개지며 분사된다. 뜨거운 디퓨져와 샤워스크린은 머신 외부로 돌출되어 있어 위험하다. 이것을 감싸고 있는 것이 그룹 헤드이다. 그룹 헤드 내부는 포타 필터가 장착되는 홈이 파여 있고 고무 가스켓이 끼워지도록 설계되어 있다.

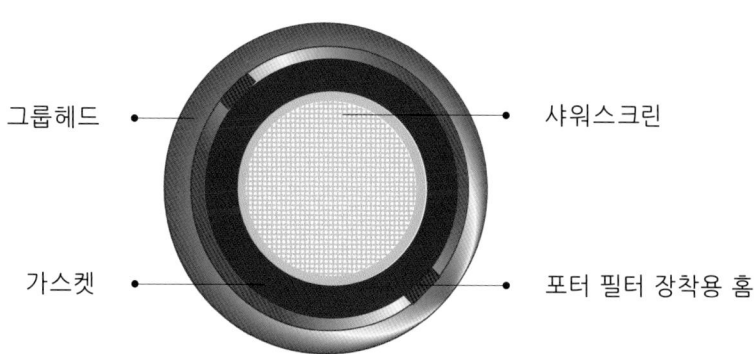

포타 필터

전체 프레임으로 손잡이가 있는 필터 홀더 Filter Holder 를 중심으로 분쇄 원두를 담아 여과하는 필터 바스켓 Filter Basket, 고정 스프링, 추출구인 스파우트 Spout 를 장착한 것이 포타 필터이다. 바스켓은 고정 스프링으로 필터 홀더에 단단하게 고정되어 있고 스파우트는 잘 풀리지 않게 접착제로 고정되어 있다. 포타 필터의 주 기능은 추출물이 분쇄 원두 사이를 통과하는 공간을 만들어 주는 것이다. 그룹 홈에 포타 필터 돌기를 정확하게 장착한 후 추출을 시작한다. 고압으로 분사된 뜨거운 물이 필터 바스켓 안에 담겨 있는 분쇄 원두를 골고루 적시면서 빠르게 아래로 흐른다. 이렇게 추출된 에스프레소는 포타 필터 가장 하단 스파우트를 통과하며 잔에 담긴다.

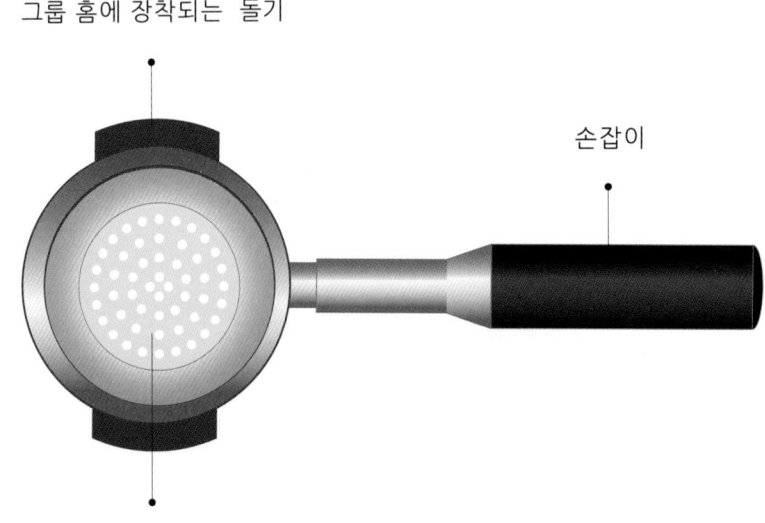

가스켓 Gasket

링 형태의 고무 재질인 가스켓은 포타 필터와 그룹을 압착시켜 주는 부품으로 그룹 내부에 장착되어 있다. 가스켓을 오래 사용하면 열과 압력으로 딱딱해지는 데 이를 경화라고 한다. 가스켓이 딱딱할 정도로 경화가 악화하면 압착이 제대로 되지 않아 에스프레소 추출 시 그룹과 장착된 포타 필터 사이에서 누수가 발생한다. 추출 압력이 9기압에 못 미쳐 과소 추출이 발생하고 바리스타가 누수를 방지하기 위해 압착을 억지로 하면 손목에 무리가 간다. 정기적으로 가스켓 교체가 필요하며 6개월에 한번씩 실시한다. 다만, 추출 횟수가 적으면 교체 주기가 길어진다. 처음에는 낯설고 힘들 수 있지만, 난이도가 어려운 작업은 아니다. 바리스타가 직접 교체하면 유지 비용을 상당히 줄일 수 있다.

가스켓 교체 방법

유형 1
그룹에 단독으로 장착되어 있는 가스켓은 끝이 구부러진 송곳을 이용하여 깊숙이 찔러 넣어 아래로 힘껏 잡아 당겨 제거한다. 이 작업이 익숙해지면 5분 안에 가스켓 교체가 가능하다. 하지만 경화가 심해 가스켓이 부서지면 완전히 제거될 때까지 30분 이상 걸리기도 한다.

유형 2
가스켓 링 중앙에 샤워스크린을 끼운 상태로 그룹에 장착되어 있다. 샤워스크린이 구부러진 경계에 있는 홈을 지지대로 삼아 샤워스크린을 아래로 잡아 당기면 가스켓이 같이 밖으로 나온다. 단단한 티스푼을 행주에 감싸서 샤워스크린 탈착에 사용한다. 새로운 가스켓을 끼울 때는 수평을 맞추어 자리를 잡고 사방에서 약한 힘으로 누르며 조금씩 안으로 넣어 준다. 마지막으로 포타 필터를 장착하여 깊숙이 넣는다.

물 흐름 제어 장치

에스프레소 추출이 시작되면 고압의 뜨거운 물이 흐르게 된다. 추출용 물의 흐름을 직접 제어하는 플로우미터와 솔레노이드밸브가 머신에 장착되어 있다.

플로우미터 Flow meter

일상에서 물 사용량을 계측하는 유량계가 플로우미터이다. 에스프레소 머신에서 사용하는 유량계는 크기가 작고 유량을 수치로 계측하지는 않는다. 유량을 계측하는 원리는 다음과 같다. 에스프레소 머신의 추출 버튼을 누르면 펌프를 지나 추출용 급수관으로 물이 흐른다. 플로우미터를 지나면서 톱니바퀴 모양의 유동 자석을 돌리고 그 회전수로 유량값을 대신한다. 예를 들어 톱니가 한 바퀴 회전할 때 유량과 두 바퀴 회전할 때 유량은 두 배 차이가 나게 된다.

플로우미터

솔레노이드 밸브

솔레노이드 밸브 Solenoid Valve

전류와 자성 물질 사이에 생기는 유도현상을 이용하여 여닫는 기능을 하는 밸브이다. 전기 신호로 물 흐름의 시작과 끝을 제어하는 장치로 추출 버튼을 누르면 솔레노이드 밸브로 전기 신호가 보내지고 밸브가 열리고 추출을 끝내라는 전기 신호가 보내지면 밸브가 닫히게 된다.

에스프레소 머신에 사용되는 솔레노이드 밸브 종류는 2개이며 연결된 관로 개수를 기준으로 투 웨이 2 way 와 쓰리 웨이 3 way 밸브로 구분된다. 투 웨이 솔레노이드 밸브는 보일러에서 온수관으로 연결된 관 사이에 장착되어 있다. 온수 버튼을 누르면 이 밸브가 열려 보일러의 뜨거운 물이 온수관으로 흐르게 된다. 쓰리 웨이 솔레노이드 밸브는 추출 시스템, 추출 그룹 그리고 배수구 관로 3개가 연결되어 있다. 에스프레소 추출이 시작되면 추출 시스템과 추출 그룹이 연결된 밸브가 열리게 된다. 그리고 추출이 끝나면 열렸던 밸브는 닫히고 추출 그룹과 배수구로 연결된 밸브가 열려 고압으로 남아 있는 물을 배출한다.

유량 설정 원리

에스프레소 머신의 추출 버튼이나 온수 버튼을 세팅할 때 플로워미터와 솔레노이드 밸브가 필요하다. 버튼 세팅은 가정에서 사용하는 작은 머신부터 카페에서 사용하는 상업용 머신까지 거의 모든 머신에서 활용된다. 세팅된 추출 버튼을 사용하여 에스프레소 추출을 시작하면 솔레노이드 밸브가 열리면서 에스프레소 추출이 시작된다. 플로워미터를 통과하는 물이 톱니를 돌리고 기억된 톱니의 회전이 끝나면 자동으로 솔레노이드 밸브가 닫히면서 추출이 완료된다. 이와 같은 자동 멈춤 기능은 전산 처리 컴퓨터 (메인보드와 CPU) 로 수행되며 습기와 고온으로부터 보호하기 위해 작은 플라스틱 상자 안에 별도로 보관되어 있다.

디스케일링 Descaling

디스케일은 스케일 Scale 을 제거하는 것을 의미한다. 스케일은 물에 포함된 칼슘, 마그네슘 등 미네랄이 침전되어 만들어지는 오염물질이다. 플로우미터, 보일러, 열선, 솔레노이드 밸브, 추출 그룹 부위 등 물이 흐르는 모든 부품에는 무조건 스케일이 생긴다. 주요 부품에 석회 물질이 달라 붙어 돌처럼 굳게 되어 성능 저하 또는 고장을 일으킨다. 에스프레소 머신의 성능을 유지하기 위해서는 스케일이 끼는 것을 최대한 방지하고 제거해야 한다. 스케일 방지를 위한 첫 단계는 정수기 설치이다. 에스프레소 머신을 수도에 연결할 때 설치하며 미네랄을 걸러 주는 전용 필터를 사용하는 것이 좋다. 한국 수돗물은 미네랄이 많이 포함되어 있지 않아 별도의 연수기를 설치할 필요는 없지만 지하수 또는 미네랄이 많은 물로 에스프레소를 추출한다면 연수기 설치도 고려해야 한다.

디스케일링 방법

상업용 에스프레소 머신을 5년 이상 사용했다면 디스케일링 Descaling 이 필요하다. 디스케일링 방법은 에스프레소 머신 전체를 분해하여 특수 약품에 담궈 스케일이 금속에서 떨어지게 유도한 후 물로 세척한다. 기능 복원이 안 되는 부품, 연결 부품, 누수를 방지하는 고무링 등을 모두 새것으로 교체하는 오버홀 Overhaul 을 함께 진행한다. 전자동 에스프레소 머신은 분해 없이 디스케일링이 가능한 구조로 되어 있다. 사용하는 에스프레소 머신의 디스케일링 방법을 정확히 알고 정기적으로 시행하는 것이 좋다.

원인이 스케일인 성능저하 또는 고장

유형 1
에스프레소 추출 시스템에 스케일이 쌓이면 물이 설정 온도까지 도달하지 않아 과소 추출이 발생한다.

유형 2
스케일이 플로워미터, 보일러 안전장치, 솔레노이드 밸브 등 주요 부품에 쌓이면 그 기능을 제대로 수행하지 못하게 된다. 간혹 에스프레소 머신이 작동을 멈추거나 전원이 꺼지기도 한다.

유형 3
스케일이 보일러 내부 열선에 많이 쌓이면 물 온도가 정상 범위 내로 올라가지 않아 스팀압력이 약해진다.

유형 4
연결 부위에 스케일이 침전되어 틈새가 벌어지면 에스프레소 머신에서 물이 똑똑 떨어지거나 스팀이 새는 현상이 발생하게 된다. 성능 저하뿐만 아니라 바리스타가 화상을 입을 수도 있다.

에스프레소 머신 내부

스팀용 관　　　열 선　　　추출용 관　　　열교환 시스템

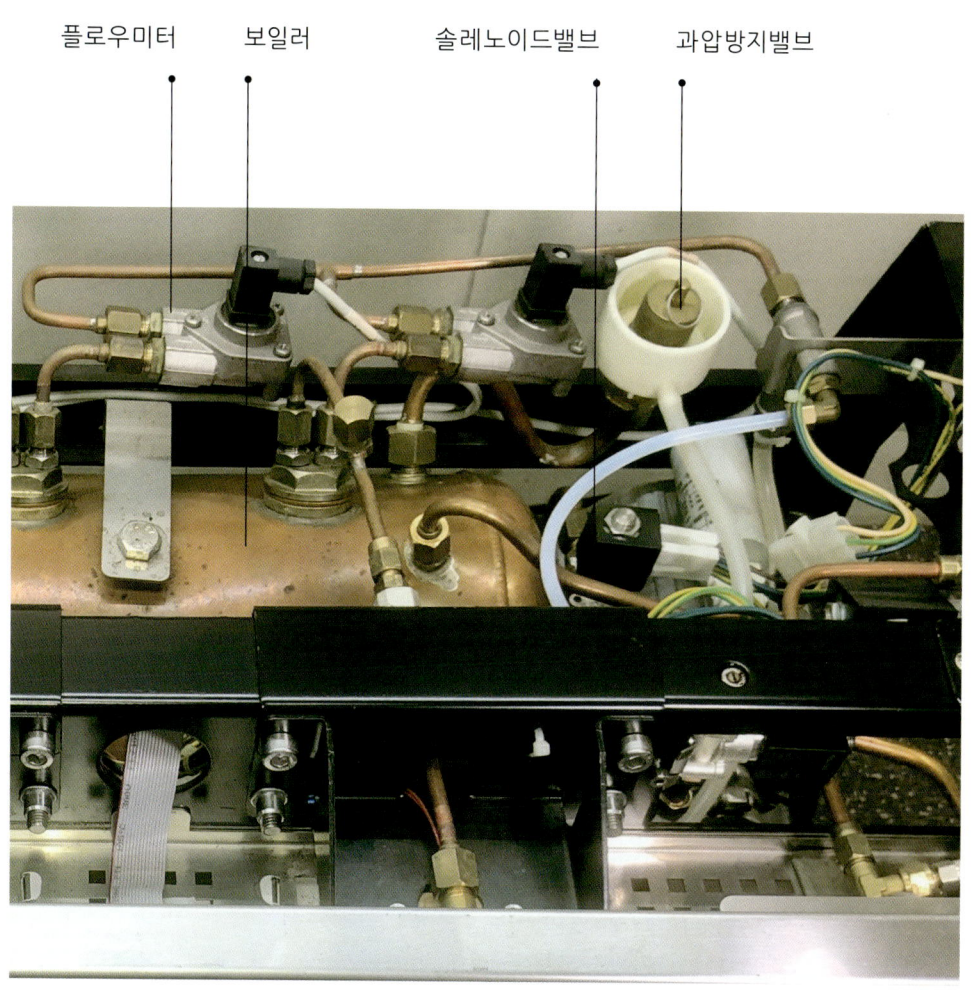

추출 수율과 투과 속도

9 bar 압력으로 분사된 물은 분쇄된 커피 입자 사이를 흐르면서 성분을 녹인 후 진한 에스프레소가 되어 잔으로 떨어진다. 이렇게 물이 커피 퍽을 통과하는 것을 투과 Permeability 라고 하며 투과가 고르게 적당한 속도로 잘 이루어져야 완벽한 추출이 된다.

투과 속도와 수율

에스프레소 추출에서 투과 속도는 수율을 달성하는 데 가장 중요한 기준으로 에스프레소의 향미 차이를 만든다. 투과 속도가 추출 수율에 미치는 영향을 거시적인 측면과 미시적인 측면으로 구분할 수 있다.

1. 거시적인 측면

전체적인 투과 속도를 나타내는 지표가 추출 시간이며 추출 환경의 적절성을 보여준다. 추출 시간이 오차 범위를 벗어나면 잘못된 추출이다.

2. 미시적인 측면

입자 단위의 투과 속도로 전체적으로 일정해야만 맛있는 에스프레소가 된다. 정확하게 측정할 방법이 없고 에스프레소 관능 평가로 확인이 가능하다.

잘된 추출

잘된 추출이란 커피 성분을 골고루 충분히 녹이면서 불쾌한 향미 추출을 피하는 것이다. 각각의 분쇄 입자마다 충분하고 동일하게 수율에 도달하는 것으로 이것이 완벽한 추출 Perfect extraction 이다. 분쇄 입자, 추출 압력, 추출 온도, 투과 속도 등 모든 조건이 완벽해야만 맛있는 에스프레소가 가능하다. 산미, 단맛, 고소한 맛, 쓴맛, 바디가 모두 조화를 이루고 부드러우며 긴 여운을 가지고 있다. 에스프레소는 너무 진해 미각 기관에 큰 자극을 주어 부담스러운 것은 당연하다. 하지만 완벽한 에스프레소는 떫은 맛이 없고 쓴맛은 부드러움과 매끄러움으로 감싸지면서 강한 자극이 빠르게 사라진다. 맛있는 에스프레소를 마시는 한 번의 경험만으로 그 매력에 빠지기도 한다.

잘못된 추출

잘못된 추출이란 원하는 커피 성분을 제대로 추출하지 못하여 향미가 부족하거나 부정적인 향미까지 추출한 것이다. 커피 성분을 충분히 녹이지 못하는 것이 과소 추출 Under extraction 이고 커피 성분을 많이 녹이는 것이 과다 추출 Over extraction 이다. 모두 맛없는 에스프레소에 속한다.

과소 추출
Under extraction

완벽한 추출
Perfect - extraction

과다 추출
Over - extraction

과소 추출은 투과가 빠르게 진행되어 커피 성분을 충분히 녹이지 못해 발생한다. 용해가 빠른 유기산이 상대적으로 많이 녹아 있어 산미가 지배적이며 고소함과 부드러움이 부족하다. 전체적으로 가볍고 강도(농도)가 약하며 향미의 다양성과 풍성함이 부족하다. 과소 추출로 만들어진 크레마는 연한 색을 띠며 두께가 얇고 밀도가 단단하지 못하여 비교적 빠르게 사라진다. 타이거 스킨 또한 선명하지 않거나 전혀 없는 경우도 있다.

과다 추출은 투과가 느리거나 균일하지 못해 커피 성분을 과하게 녹여 발생한다. 산미, 고소한 맛, 단맛 등 맛있는 향미를 넘어 강한 쓴맛과 탁한 느낌 같은 불쾌한 향미까지 표현된다. 과다 추출로 만들어진 크레마는 진한 색을 띠며 두께가 비교적 얇고 밀도가 약해 빠르게 사라진다.

에스프레소가 쓴 이유

에스프레소 농도는 너무 진해서 마셨을 때 상당히 자극적이다. 이 자극은 불쾌한 느낌으로 다가오며 그 느낌을 '쓰다'라고 표현한다. 하지만 그 진함의 정도가 익숙해지면 맛있는 향미와 맛없는 향미 구분이 가능하고 맛있는 쓴맛과 불쾌한 쓴맛도 구별된다.

커피는 태생적으로 쓴 성분을 가지고 있다. 하지만 다른 향미들과 조화를 이루면 커피의 쓴맛은 쌉쌀한 느낌으로 맛있게 다가온다. 그래서 완벽한 추출이 중요하다. 그럼에도 에스프레소가 너무 쓰다고 느껴진다면 설탕을 넣어 마시는 것도 좋다.

설탕이 바로 빠지지 않을 정도로 단단한 크레마

거시적 측면 : 오차 범위 밖 투과 속도

에스프레소 30mL 기준 25초로 추출 환경을 설정했다면 1~3초 오차 범위 내에서 계속 에스프레소가 추출되어야 한다. 만약 20초로 에스프레소가 추출되었다면 과소 추출에 해당한다. 반대로 추출 시간이 30초라면 과다 추출이다. 이렇게 오차 범위를 벗어나서 추출 시간이 달라졌다면 문제의 원인을 파악하여 수정해야 한다. 오차 범위 밖 투과 속도를 만드는 원인은 크게 기계적 부문과 환경적 부문으로 나누어진다.

기계적 원인

에스프레소 머신의 온도와 압력 또는 설정에 문제가 있을 가능성이 높다. 먼저 추출 압력 게이지, 추출 온도, 보일러 온도를 점검하고 물의 흐름에 변화가 있는지 확인해야 한다. 기계적 문제가 발생하면 부품 교체 등 사유로 현장에서 바로 해결하기 어렵다. 에스프레소 머신을 수리하는 전문가의 도움이 필요하다.

환경적 원인

분쇄 입자 변화에 따른 커피퍽 높이 차이로 투과 속도가 변하면 추출 시간과 추출량이 달라진다. 5초 정도의 추출 시간 또는 5mm 정도 추출량 변화는 커피퍽 높이가 1mm 정도만 바뀌어도 발생한다. 자동 그라인더로 분쇄 시간을 설정하여 도징양을 일정하게 유지되도록 추출 환경을 구축하더라도 비가 내려 습도가 올라가면 입도가 가늘어지고 도징양은 적어진다. 커피퍽 높이가 낮아지고 추출시간과 추출량은 달라진다. 추출 시간이 오차 범위 내에 있더라도 에스프레소 향미는 변하게 된다. 반대로 입도가 거칠어지면 동일한 시간 동안 더 많은 원두가 분쇄되고 커피퍽 높이는 올라간다.

투과 속도와 추출량

추출량이 설정된 버튼을 사용하여도 투과 속도가 느리면 상대적으로 적게 물이 흐르고 빠르면 많이 흐른다. 투과 속도만으로도 추출량이 바뀌게 된다. 추출량 차이가 5mm 이하일 경우 자세하게 관찰하지 않으면 바리스타가 자각하지 못할 수 있다. 탬핑을 할 때나 커피퍽을 버릴 때 높이가 변했는지 자세히 살피는 습관이 중요하다. 만약 추출량과 추출 시간이 오차 범위를 넘어 발생하였다면 추출 환경을 전체적으로 점검하는 것이 좋다.

 커피퍽 높이에 따른 추출 변화

분쇄 입도는 날씨 변화 즉 기온과 습도 변화로 24시간 계속해서 달라진다. 분쇄 시간이 설정된 그라인더라 하더라도 투입량이 계속 바뀌게 된다. 예를 들어 커피퍽 높이가 높아졌다면 분쇄 입도가 두꺼워진 것이고, 반대로 낮아졌다면 분쇄 입도가 가늘어진 것이다.

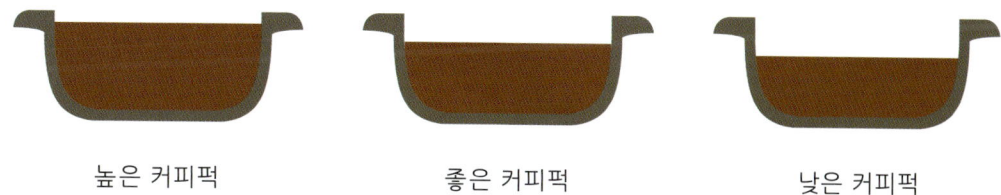

높은 커피퍽   좋은 커피퍽   낮은 커피퍽

미시적 측면 : 오차 범위 내 투과 속도

오차 범위 내 투과 속도 변화는 분쇄한 원두가 바스켓에 고르게 분포되지 않아 발생하는 경우가 일반적이다. 분쇄 원두의 분포 밀도로 물이 투과하는 속도가 달라진다. 예를 들어 상대적으로 분쇄 원두가 적게 담기거나 분쇄 원두 사이에 크랙 (갈라진 틈)이 있는 부분으로 물이 많이 흐르면서 과다 추출이 발생한다. 반면 과다 추출이 발생하는 반대편에 분포한 분쇄 원두는 상대적으로 물이 적게 흘러 커피 성분이 충분히 녹지 않아 과소 추출이 발생한다. 추출 시간이 오차 범위 내에 있더라도 완벽한 추출이라고 장담할 수 없다.

화이트 스팟

화이트 스팟 White spot

추출물이 밀도가 약한 부위로 쏠리면 추출 후반으로 갈수록 녹일 성분이 부족하게 된다. 물이 많이 함유되어 있는 아주 연한 황색의 에멀젼으로 추출되고 크레마 위로 떨어지면서 작은 흰색 거품이 만들어진다. 이 흔적이 화이트 스팟이며 오버 마킹 Over marking 이라고도 한다. 커핑시 '맛있음' 으로 결정된 수율보다 많이 녹은 흔적으로 과다 추출의 표시이다. 추출 수율이 23% 이상일 때 나타난다.

블랙 스팟 Black spot

에스프레소 추출 시 부분적으로 심한 과다 추출이 발생하면 반대편은 심한 과소 추출이 동시에 발생한다. 물이 적게 흐르면서 물의 양 대비 커피 성분이 많이 녹아 아주 어두운 진용액과 크레마가 섞인 에멀전으로 추출되면서 크레마 위에 검은색처럼 보이는 진한 거품이 만들어진다. 이 흔적이 블랙 스팟이며 오일 마킹 Oil marking 이라고도 한다. 커핑시 '맛있음'으로 결정된 수율보다 적게 녹은 흔적으로 과소 추출의 표시이다.

블랙 스팟

이러한 추출물 쏠림 현상은 추출 시간과 추출량이 정상 범위에 있더라도 전반적으로 고르게 추출되지 않아 추출 수율이 낮게 나온다. 이러한 과소 추출과 과다 추출의 동시 발생은 바리스타의 추출 기술 부족이 원인이다. 에스프레소 추출이 서투른 바리스타들은 추출 시간과 추출 양이 정해진 레시피 범위에 속하면 괜찮다고 생각하기 쉽다. 하지만 입자 내부에서 일어나는 균일하지 않은 투과 속도로 크레마에 화이트 스팟, 블랙 스팟이 나타난다. 과소 추출의 과도한 신맛과 과다 추출의 강한 쓴맛이 결합하여 불쾌하고 자극적인 맛없는 에스프레소 향미가 나타난다. 불쾌한 향미와 부족한 향미가 동시에 나타나 고객에게 '에스프레소는 맛없다'라는 편견을 주기도 한다.

정상적인 투과 속도

완벽한 에스프레소 추출은 커피 퍽 전체에서 투과 속도가 동일해야 하며 분쇄 입자 단위에서 균일하게 성분을 녹여야 가능하다. 추출 과정에서 정상적인 투과 속도를 확인하는 방법은 에멀젼 형태와 색 그리고 하강 속도를 관찰하는 것이다. 느린 속도와 진한 에멀젼으로 추출이 시작되어 점점 빨라지면서 연해진다. 이렇게 수율과 강도(농도)가 조화를 이루며 20% 정도의 추출 수율과 5% 내외의 TDS 수치에 도달하게 된다. 예를 들어 2샷 에스프레소 추출시 양 쪽 에멀젼의 형태, 색, 추출 속도가 동일해야 하며 두 잔에 추출된 에스프레소 양이 같아야 한다. 또한 전체적으로 추출 양과 추출 시간이 적정 추출 범위 내에 있어야 한다.

2샷 에스프레소 추출

에스프레소 추출 기준

에스프레소 추출 기준은 완벽한 커피가 추출되도록 추출량, 분쇄 입도, 추출 압력, 추출 온도, 추출 시간을 정하는 것이다. 이 기준들은 에스프레소 머신과 자동 그라인더 설정으로 일정하게 유지된다.

추출량

다양한 메뉴를 제조하기 위해서는 필요한 에스프레소 추출량이 다르다. 예를 들어 1샷 30ml 또는 45ml, 2샷 50ml 또는 80ml 등 필요한 용량이 제각각이다. 상업용 에스프레소 머신은 그룹당 4개까지 추출량 설정이 가능하므로 커피 음료 메뉴 레시피를 정할 때 용량 구분을 4가지로 하는 것이 좋다. 1샷 또는 2샷 추출을 선택하고 알맞은 바스켓과 스파우트로 포타 필터를 조립하여 사용한다.

바스켓 Basket

작은 구멍이 있는 필터 Filter 바스켓과 막혀 있는 블라인드 Blind 바스켓으로 구분한다. 모든 바스켓의 내부 구경은 동일하며 1샷용 또는 2샷용 포타 필터 어디든 장착된다. 필터 바스켓은 분쇄 원두를 담을 수 있는 양을 기준으로 원샷 1 Shot 용과 투샷 2 Shot 용으로 나뉜다. **1 Shot 바스켓**은 아래로 가면서 좁아지는 형태로 분쇄 원두를 적게 담을 수 있게 디자인되어 있다. 30mL 에스프레소 1잔을 추출하는 용도로 사용되며 일반적으로 9±2g 정도 분쇄 원두를 담는다. 만약 11g 이상 담는다면 바스켓 내부 공간이 협소해져서 그룹 헤드에 장착이 어렵다. **2 Shot 바스켓**은 약 18±2g 분쇄 원두를 담을 수 있는 크기와 형태를 가지고 있고 30mL 에스프레소 2잔을 추출하는 용도로 사용된다. 블라인드 바스켓은 역류 청소 다른 용어로 백플러싱 Backflushing 을 할 때 사용하는 바스켓이다. **블라이드 바스켓**이 장착된 포타 필터를 그룹에 장착한 후 추출 버튼을 눌러 물을 분사시키면 바스켓이 막혀 있어 아래로 흐르지 못하고 위로 향하게 된다. 이 원리로 디퓨져와 샤워스크린을 청소하는 것을 백플러싱이라고 한다. 이 때 전용세제 사용으로 커피 오일 등 오염 물질을 깨끗하게 제거한다.

스파우트 Spout

에스프레소가 잔으로 흐르는 통로 역할을 한다. 1개의 물길이 있는 싱글 스파우트와 2개의 물길이 있는 더블 스파우트가 있다. 에스프레소 1 Shot 을 추출하기 위해서는 원샷 바스켓과 싱글 스파우트로 조립된 포타 필터를 사용하고 에스프레소 2 Shot 을 추출할 때는 투샷 바스켓과 더블 스파우트로 조립된 포타 필터를 사용한다. 스파우트는 포타 필터에서 분리할 수 있고 스파우트가 없는 포타 필터로 에스프레소를 추출하기도 한다. 스파우트는 사용 중 수시로 물을 흘리면서 커피 오일과 찌꺼기로 제거하고 사용 후 머신용 세제에 담가 불린 후 부드러운 수세미로 세척한다.

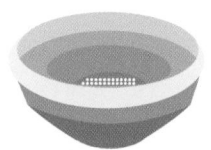 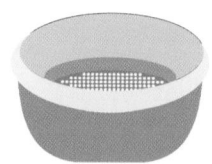 

1샷 바스켓　　　　　2샷 바스켓　　　　　블라인드 바스켓

분쇄 입도

에스프레소 추출용으로 분쇄한 입자의 지름은 0.3mm 정도로 눈으로 확인할 수 없을 만큼 미세하며 입자 조절은 0.05mm 이하로 이루어진다. 인간의 시각으로 입자 크기를 자각하거나 측정할 수 있는 범위가 아니다. 추출 수율을 측정하고 감각적으로 향미를 확인하면서 섬세하게 조절해야만 한다. 단, 바리스타의 감각이 뛰어나다면 수율의 기계 측정은 필요하지 않을 수 있다. 에스프레소 추출을 위해서는 전용 그라인더가 꼭 필요하며 섬세한 입도 조절과 빠른 분쇄 속도가 가능하도록 설계 되어 있다. 그라인더 성능은 분쇄 시간, 회전력, 날 지름, 소비 전력에 관한 정보로 확인한다. 아래 표는 상업용으로 사용하는 저성능 에스프레소 그라인더의 성능 규격서이다.

에스프레소 그라인더 성능 규격서

Average Grinding time	평균 분쇄 시간	1.4g/sec (초)
RPM	회전력	800rpm
Grinding disc diameter	분쇄 날 지름	64mm
Watt / Motor power	소비 전력	300W
Hopper capacity	호퍼 용량	2kg
Dimensions (W x H x D)	규격 (너비x높이x깊이)	195 x 570 x 370mm
Net weigh	무게	12.5kg

밀도와 성능

커피 원두 밀도는 생두의 재배 고도, 로스팅 포인트와 관련이 깊다. 재배 고도가 높을수록 생두 밀도는 높고 로스팅한 원두까지 영향을 준다. 또한 밝게 로스팅을 한다면 커피 원두는 매우 단단해 에스프레소 추출을 위한 입도로 분쇄하기가 쉽지 않다. 그래서 강한 회전력을 갖고 있는 고성능 그라인더가 필요하다. 간혹 약한 회전력을 가진 그라인더의 경우 멈추거나 공회전하기도 한다. 고성능 그라인더는 짧은 분쇄 시간, 강한 회전력, 큰 분쇄 날, 높은 소비 전력을 가지고 있다. 호퍼 크기, 규격, 무게는 디자인과 소재 차이로 제품마다 다르다. 그라인더 선택 시 제품 사양을 비교하면서 성능 차이를 분석하는 것이 중요하다.

분쇄 입도 조절

분쇄 입도 조절 원리는 위 날과 아래 날 사이 간격을 조절하는 것이다. 이 간극이 멀어지면 입도가 두꺼워지고 가까워지면 가늘어진다. 간극을 조절하기 위해 날을 돌리는 정도가 정밀할수록 미세한 입도 조절이 가능하다. 예를 들어 정해진 눈금만큼 한 칸씩 움직이는 구조는 미세 조절이 어렵다. 반면 끊김 없이 유연하게 돌리는 구조는 입도 조절이 섬세하다. 에스프레소 추출 수율을 맞추기 위하여 조절하는 범위는 5° 이내로 정밀하게 진행된다.

바리스타가 분쇄 입도를 조절하는 것은 부담스러운 일이다. 일단 입도를 조절하면 그라인더 내부에 기존 입자로 분쇄된 원두를 버려야 한다. 한번에 정확히 맞추지 못하면 이 비용도 상당히 크다. 또한 실력 부족으로 에스프레소 향미를 만들지 못하거나 심지어 에스프레소를 마시지 못해 향미 분별이 어려운 경우도 있다. 입도 조절은 감각과 기술에 능숙한 바리스타만이 수행할 수 있는 업무이다.

에스프레소 분쇄 입도 조절 방법

1. 기존 분쇄 입자를 눈으로 보고 손끝으로 만지면서 거친 정도를 확인한다.

2. 원하는 분쇄 지름에 가깝게 그라인더 분쇄도를 조절한다.

3. 그라인더 내부의 조절 전 분쇄 원두를 10~20g 정도 제거한다.
   그 양은 제품마다 상이하다.

4. 원하는 입자가 될 때까지 1-3번을 반복한다.

5. 원하는 양의 분쇄 원두를 담는다. 포타 필터 무게를 기준으로 저울의 0점을 맞춘 후 분쇄 원두를 담고 저울로 계량하여 투입양을 확인한다.

6. 에스프레소를 추출하면서 색의 변화, 추출양, 추출 시간을 확인한 후 시음을 통해 향미의 완성도를 평가한다.

7. 완벽한 에스프레소 추출을 위한 분쇄 입자가 될 때까지 5-6번을 반복한다.

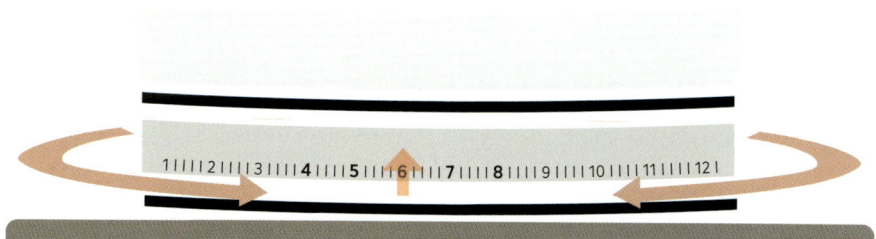

추출 압력

에스프레소가 다른 커피 추출 방법과 완전히 다른 이유는 9 bar 라는 압력 때문이다. 추출에 압력을 가하면 커피는 빠르게 추출된다. 또한, 물에 녹지 않는 불용성 커피 성분을 녹게 하여 커피의 풍미와 부드러움을 더해 준다. 추출 압력이 생산성을 높이고 차별화된 커피 향미를 만들어 에스프레소가 커피 시장에 표준이 된 것이다.

그렇다면 9 bar 라는 추출 압력은 정말 절대적일까?

상업적으로 사용되는 로터리 펌프의 경우 9bar라는 추출 압력은 게이지를 통해 확인된다. 실제로 이 수치는 분쇄 커피에 가해지는 압력이 아닌 펌프의 압력이다. 펌프 압력 9 bar 로 물을 그룹 헤드까지 보내면 압력은 낮아진다. 또한 분쇄 원두에 가해지는 압력은 분쇄 입도, 투입양, 분포도 차이로 달라진다. 오른쪽 그래프처럼 에스프레소 머신 그룹 내부에 가해지는 추출 압력은 서서히 증가한다. 추출이 시작되면 낮은 압력으로 천천히 추출되다가 9 bar에 도달하면 추출 속도가 빨라진다. 일반적으로 추출 버튼을 누르고 5~9초가 지난 후 스파우트에서 에스프레소가 떨어지고 추출 압력이 증가하면서 속도가 빨라진다. 속도 제어가 필요한 순간이 되면 추출 압력은 낮아지고 가속력이 약해진다. 에스프레소 머신에서는 최고 압력까지 도달하는 시간을 확인하는 방법은 없다. 그룹 안 추출 압력을 측정하는 별도의 장치가 있어야 한다.

압력은 추출할 때마다 일정하게 변하는 것이 중요하다. 에멀젼의 속도와 양이 동일한 패턴으로 유지되어야 한다. '일정하게 추출 압력이 변한다.'는 것은 '물의 쏠림 현상인 채널링 없이 원하는 수율로 추출된다.'는 것을 의미이다.

프리 인퓨전 Pre Infusion

완벽한 에스프레소 추출을 위해서 압력에 관한 연구가 많이 이루어지고 있다. 그 중 하나가 바로 프리 인퓨전이다. 추출 전 낮은 압력으로 물이 천천히 흐르며, 분쇄 원두를 바로 통과하지 않고 서서히 적시는 것을 의미한다. 물에 적셔진 입자의 부피가 커지고, 내부까지 고르게 성분이 추출되어 추출 수율이 높아진다. 프리 인퓨전 시간은 보통 1~2초에서 설정하며 에스프레소 향미와 수율을 기준으로 정확한 시간을 결정한다. 낮은 압력을 가하는 방법은 2가지가 있다. 수도 압력만으로 물을 천천히 흘려 주는 방법과 추출 압력을 서서히 상승시키는 별도의 부품을 사용하는 방법이 있다. 후자의 경우 고정된 압력 값이 아닌 수동으로 추출 압력을 바꿔 유속을 제어한다.

추출 시간에 따른 추출 압력의 변화

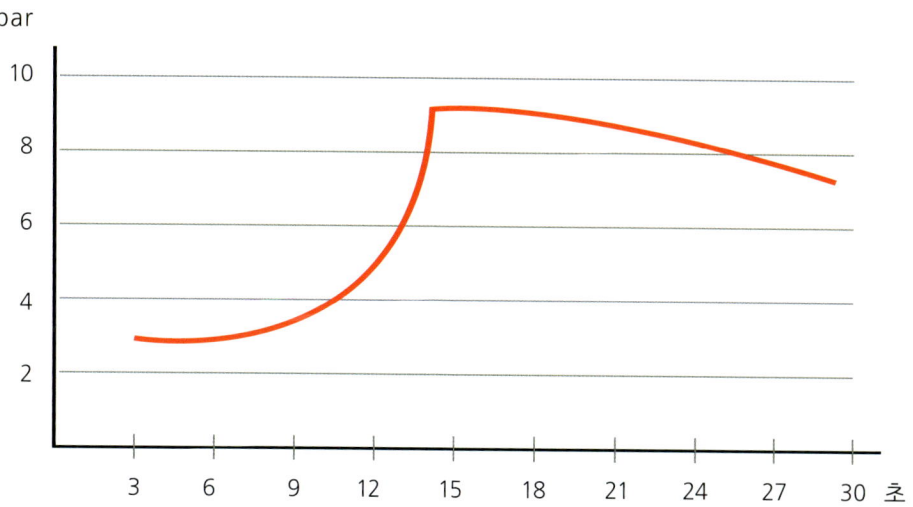

추출 시간

추출 시간과 수율

에스프레소 추출 시간은 20~30초로 권장한다. 원두 향미 특징에 맞춰 이 범위가 확대되더라도 15~40초를 벗어나지는 않는다. 예를 들어 프렌치 또는 이탈리안 로스팅처럼 진하게 볶은 원두는 용해 속도가 빨라 추출 시간이 짧아도 무리가 없다. 하지만 미디엄 또는 하이 로스팅처럼 밝게 볶은 원두는 성분을 녹이는 데 시간이 오래 걸려 추출 시간을 길게 하는 것이 좋다. 이렇게 추출 수율과 원두 향미를 고려하여 정확한 추출 시간을 결정한다. 결정된 추출 시간보다 짧게 추출이 완료되면 산미가 두드러진다. 단맛, 고소한 맛을 나타내는 성분들을 충분히 녹이기 위해서는 추출 시간을 지키는 것이 중요하다. 반대로 추출 시간이 길면 쓴맛과 바디감이 강해진다.

추출 시간과 추출량

추출량이 적은 리스트레또 또는 추출량이 많은 룽고의 경우 추출량과 추출 시간은 에스프레소 추출 시간에 비례한다. 리스트레또는 추출 시간이 짧은 반면 룽고는 추출 시간이 길다. 만약 룽고의 추출 시간이 짧다면 과소 추출이 발생한 것이고 잘못된 추출이다.

추출 시간은 구축한 추출 환경에서 에스프레소가 정확히 추출되고 있는지 알 수 있는 중요한 변수이다. 에스프레소 추출 시간이 달라졌다면 문제가 발생했다는 의미이다. 추출 환경 문제, 바리스타의 기술 문제 등 원인을 정확하게 파악하여 빠르게 해결해야 한다.

추출 온도

추출 온도와 수율

에스프레소 추출은 보통 90~95℃ 온도에서 성분이 잘 녹아 풍부한 향미가 만들어진다. 1~2℃ 차이가 크지 않게 생각될 수 있지만, 커피 향미라는 관점에서는 큰 의미이다. 추출 온도가 1℃만 높아져도 커피 성분이 빠르게 녹으면서 불쾌감이 유발된다. 반대로 1℃만 낮춰져도 용해 속도가 느려지면서 정해진 추출 시간 안에 성분이 충분히 녹지 않아 바디감이 부족하다. 추출 온도를 1℃ 정도 조절하는 기준은 관능 평가 역량을 갖춘 바리스타의 몫이다.

추출 온도 변경

에스프레소 추출 온도를 변경하는 경우는 많지 않다. 보통 에스프레소 머신 제조사에서 설정한 온도로 추출하며 이 선택은 자연스러운 것이다. 정해진 추출 온도에서 완벽한 추출이 이루어지도록 다른 추출 환경을 조성한다. 만약 에스프레소 추출 온도를 조절하고 싶다면 더블 보일러 시스템으로 설계된 머신이 유리하다. 보일러가 한대인 경우 추출 온도 조절을 하려면 보일러 온도를 바꿔야 한다. 결과적으로 스팀 압력이 달라지게 된다. 또한 프레임을 제거하고 머신 내부에 있는 온도 조절 장치를 찾아야 하기 때문에 변경이 쉽지 않다.

에스프레소 추출 환경

추출 환경을 완벽하게 준비하여 에스프레소를 정확하고 신속하게 제조하여 고객에게 제공하는 것이 바리스타의 주요 역할이다. 커피 향미, 추출 장비, 날씨, 바리스타 동선 등을 고려해서 바 업무가 원활히 진행되도록 적합한 환경을 만드는 것이 중요하다. 효율성과 정확성을 겸비한 추출 환경 설정 방법은 다음과 같다.

1. 원두 향미 특성을 파악하고 추출 수율을 결정한다.

커피 원두를 새롭게 선택하거나 기존 원두 품질이 달라졌다면 전체적인 향미를 확인하기 위해 커핑을 한다. 향미 변화를 파악하고 추출 수율을 결정한다. 이때 관능 평가와 동시에 TDS 계측 장비를 활용하여 수율 값을 확인한다.

2. 결정된 향미에 적합한 분쇄도로 그라인더를 조절한다.

에스프레소 추출 속도와 색의 변화를 관찰하고 전체 추출 시간을 정확히 측정한다. 추출량 확인이 가능한 눈금이 있는 샷글라스를 이용하는 것이 좋다. 그리고 시음을 통해 원하는 에스프레소 향미가 만들어졌는지 평가한 후 분쇄도를 정확하게 조절한다. 매일 2~3번씩 에스프레소 향미를 체크하면서 미세 조절을 한다.

3. 완벽한 추출 수율을 위해 추출 온도와 압력을 설정한다.

정확한 분쇄 입도와 투입량, 적절한 추출 시간과 추출량으로 에스프레소가 추출되어도 향미가 아쉬운 경우에는 추출 온도 또는 압력을 조절한다.

압력 조절은 로터리 펌프로 설계된 상업용 머신 모두 가능하다. 또한 인퓨전 기능이 있는 머신은 시간 조절로 압력이 가해지는 속도에 변화를 준다. 추출 온도는 93℃가 가장 일반적이다. 온도 설정 기능이 있는 머신의 경우 1~2℃ 정도 온도를 조절하면서 가장 맛있는 에스프레소 향미를 찾는다.

4. 정확한 분쇄 원두 투입량으로 그라인더 분쇄 시간을 세팅한다.

에스프레소 추출 조건이 결정되면 분쇄 원두 투입량을 0.1g 기준 저울로 정확히 계량하는 것이 좋다. 자동 그라인더를 사용한다면 계량한 투입량이 분쇄되는 시간을 설정할 수 있는데 보통 0.05초 단위로 가능하다. 성능이 좋은 그라인더의 경우 1g 원두를 분쇄할 때 약 0.3초가 소요되므로 0.2g 단위로 조절이 가능하다. 분쇄도를 결정한 후 분쇄 시간 설정 - 저울 계량 - 추출을 반복 수행하여 완벽한 에스프레소 추출에 해당하는 분쇄 시간을 결정한다. 분쇄 시간 설정은 바 업무의 정확성과 효율성 측면에서 가장 중요한 업무이다.

정확한 도징양으로 설정된 그라인더

5. 메뉴별 에스프레소 추출량을 기준으로 추출 버튼을 설정한다.

에스프레소 추출량은 원두 향미, 잔 크기, 지향하는 음료 맛 등으로 카페마다 차이가 난다. 메뉴별 필요한 에스프레소 양으로 추출 버튼을 설정한다. 상업용 머신의 경우 추출량 설정이 가능한 추출 버튼은 그룹별로 4개가 있으며 각 버튼마다 추출량을 다르게 설정하여 사용한다. 세팅 방법은 머신별로 차이가 있으므로 사용하는 머신의 세팅 방법을 확인한 후 실행한다. 아래 설명은 일반적으로 적용되는 방법의 예이다.

 에스프레소 머신 추출 버튼 세팅 (설정)

1. 에스프레소 추출 환경을 완벽하게 만들고 추출을 준비한다.

분쇄 입도, 추출 온도, 그라인더 분쇄 시간 등을 조절하여 추출 환경을 구축한다. 아래 그림처럼 포타 필터에 분쇄 원두를 담고 바로 에스프레소 추출이 가능하도록 모든 준비를 완료한다.

2. 에스프레소 머신을 세팅 모드로 전환한다.

　세팅 모드는 프리 버튼 (일반적으로 5번째 버튼)을 길게 눌러 들어간다. '길게'의 의미는 에스프레소 머신마다 다르며 보통 5초 전후 시간이다. 충분히 길게 누르지 못하고 눌림이 풀리면 일반 추출처럼 그룹에서 물이 흐르게 된다. 일단 추출 상황을 멈추고 커피 퍽을 버린 후 처음부터 다시 시작한다.

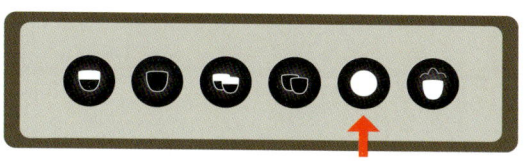

프리 버튼을 길게 누른다.

　세팅 모드에 잘 진입했는지는 머신 상태 변화로 알 수 있다. 버튼 내부 또는 위쪽에 작은 불빛이 깜박깜박하거나 상태표시창에 안내 문구가 뜬다. 예를 들어 Doses setting Select within 10s 10초 안에 추출 세팅을 하시오. 라는 문구이다. 10초가 지나면 일반 추출 모드로 전환되니 신속하게 에스프레소 추출을 시작해야 한다. 단 10초라는 세팅 대기 시간은 머신마다 다르다.

3. 에스프레소를 추출한다.

주어진 시간 내로 세팅할 버튼을 사용하여 에스프레소를 추출한다. 세팅 버튼을 눌러 추출을 시작하고 동일한 버튼을 눌러 추출을 끝낸다. 프리 버튼으로 추출 종료가 가능한 머신도 있다.

세팅할 추출 버튼으로 추출 시작

세팅 버튼　　　　　프리 버튼

4. 일반 추출 모드로 전환한다.

에스프레소 추출이 끝나면 새로운 세팅 모드 상태로 다시 들어가게 된다. 에스프레소 추출을 하려면 일정 시간이 지나 일반 추출 모드로 전화될 때까지 기다려야 한다. 기다리지 않고 추출 버튼을 누르면 다시 세팅이 시작되므로 세팅을 원하지 않으면 어떤 버튼도 눌러서는 안 된다. 세팅 모드에서 일반 모드로 전환되는 시간은 5~20초까지 머신마다 다르다.

5. 추출 세팅이 자동적으로 복사된다.

일반적으로 왼쪽 그룹에서 1번 버튼을 세팅하면 오늘쪽 그룹 1번 버튼은 동일하게 복사된다. 오른쪽 그룹의 경우 오른쪽만 세팅되고 왼쪽으로 복사되지 않는다. 대부분 상업용 머신은 복사 기능을 있으나 간혹 없는 경우도 있다.

에스프레소 추출 단계

커피바에서 수행하는 바리스타의 주요 업무 중 하나가 바로 에스프레소 추출이다. 거의 모든 커피 음료에 기본적으로 들어가기 때문에 카페의 커피 맛을 좌우한다고 해도 과언이 아니다. 에스프레소 추출 단계는 바리스타가 습관적으로 하는 일련의 과정으로 단계별 기술 실행은 숙련된 바리스타의 척도가 된다. 음료를 제조하는 순간마다 행해지는 습관 같은 이 과정을 얼마나 정확하고 신속하게 수행하느냐는 반복적인 연습을 통해 이루어진다. 에스프레소 추출은 바리스타 2급 자격증 실기시험에 포함되어 있다. 단순히 자격증 취득만을 위해 기술을 습득하기보다는 그 동작의 의미와 에스프레소 향미에 주는 영향을 이해하면서 단계별로 숙련도를 높이는 것이 바람직하다. 그리고 맛있는 에스프레소를 추출하고자 하는 바리스타의 열정이 녹으면 완벽한 에스프레소라는 명작이 탄생한다.

1. 그룹 헤드에서 포타필터를 탈착하고 바스켓을 깨끗이 닦는다.

그라인더로 분쇄한 원두를 바스켓에 담기 전 전용 린넨으로 포타 필터의 물기와 찌꺼기를 깨끗하게 닦는다. 바스켓 내부 찌꺼기는 에스프레소에 안 좋은 향미를 유발하고 물기는 일부 분쇄 원두를 적셔 과다 추출의 원인이 된다.

2. 정확한 양으로 분쇄된 원두를 바스켓에 담는다. / 도징 Dosing

도징은 투과 속도에 직접 영향을 주면서 추출 시간을 좌우하는 변수이다. 예를 들어 에스프레소 2 샷을 추출할 때 필요한 분쇄 원두가 18g이라고 하면 1g 정도 도징 오차가 6초 정도 추출 시간 차이를 가져온다. 이는 추출 수율 및 강도(농도)를 변화시키고 에스프레소 향미를 바꾸기에 충분한 시간이다. 추출 시간 3초 이하 도징양 0.5g 미만으로 오차를 용인하는 것이 바람직하다. 분쇄 시간이 정확히 세팅된 그라인더라도 원두의 밀도 차이, 습도 변화 등으로 도징 양은 바뀐다. 완벽한 에스프레소를 위해 추출할 때마다 분쇄량을 0.1g 저울로 계량하여 정확도를 올리기도 한다. 성능 좋은 그라인더의 경우 1g 원두를 분쇄할 때 0.3초 정도 시간이 소요되는 것을 감안해 보면 바리스타의 정교함이 필요한 단계이다.

아래 그림처럼 분쇄 원두를 바스켓에 담을 때 한쪽으로 치우치지 않고 중앙에 봉긋하게 담아야만 물이 고르게 투과된다. 분쇄 원두의 밀도가 중앙이 빡빡하고 주변이 약간 느슨하여 물이 바깥쪽으로 밀려 나가면서 추출하는 것을 추천한다.

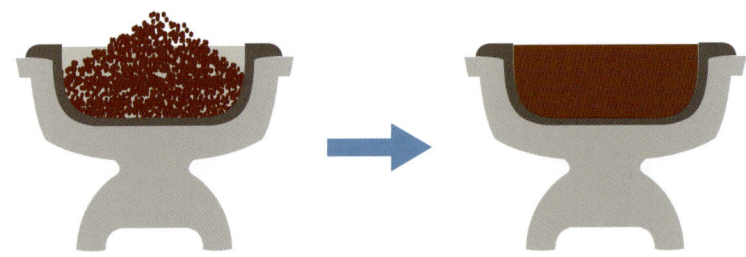

올바른 도징과 레벨링

3. 고르게 펼치기 / 레벨링 Leveling

레벨링은 바스켓에 중앙이 봉긋하게 담긴 분쇄 원두를 고르게 펼쳐 분포된 분쇄 원두의 밀도를 최대한 균일하게 하는 단계이다. 숙련도가 부족한 바리스타는 바스켓에 분쇄 원두를 담을 때부터 한쪽으로 치우쳐 담는다. 이런 경우 아무리 고르게 레벨링을 하더라도 미세하게 물의 흐름이 한쪽으로 쏠리면서 채널링 Channeling 이 발생한다. 이 결과 톡 쏘는 신맛의 자극과 거칠고 탁한 쓴맛이 만들어진다.

레벨링 방법

1. 포터 필터를 좌우로 흔들고 톡톡 치는 방법으로 고르게 한다.
2. 막대기 같은 도구를 사방으로 움직이면서 고르게 한다.
3. 손을 활용하여 분쇄 원두를 고르게 펼친다.
4. 디스트리뷰터 Distributor 라는 장비를 사용한다.

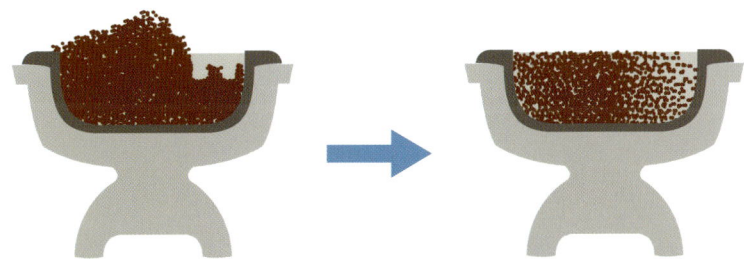

잘못된 도징과 레벨링

막대기 같은 도구로 레벨링을 할 때 빠르게 지나가면 커피 퍽 외부 또는 내부에 작은 구멍이 생기기도 한다. 이 작은 구멍으로 물길이 생기면 투과 속도가 부분적으로 달라지고 채널링이 발생한다. 손을 활용한 핸드 레벨링 Hand Leveling 이 완벽한 에스프레소 추출에 가장 적합하지만, 숙련도가 높은 바리스타만이 가능하다. 숙련도가 낮은 바리스타가 핸드 레벨링을 하다가 손가락으로 살짝 누르기만 해도 채널링이 발생한다. 바리스타 대회에 출전한 참가자들은 핸드레벨링으로 고르기를 한다. 어떤 방법을 사용하더라도 고르게 하려는 바리스타의 의지가 가장 중요하다.

손으로 레벨링하는 모습

4. 평평하게 누르기 / 탬핑 Temping

고르게 분포된 분쇄 원두를 누르는 동작을 탬핑 Temping 이라고 한다. 분쇄 원두 사이의 공기 주머니를 제거하고 물이 커피 층에 고르게 분포되도록 하는 역할을 한다. 탬핑에서 가장 중요한 것은 평평하게 누르는 것이다. 분쇄 원두가 평평하고 빡빡해져야 완벽한 커피퍽이 만들어지고 9기압으로 강하게 분사되는 물이 높이가 동일한 커피퍽에 퍼져야 채널링이 발생하지 않는다. 또한 탬핑으로 밀도가 높아진 분쇄 원두는 샤워스크린에서 분사된 추출물의 흐름을 일단 멈추게 하여, 본격적인 추출 전에 분쇄 원두를 잠깐 적셔 준다. 이렇게 탬핑 동작은 완벽한 추출의 가능성을 높여주는 장점이 있다.

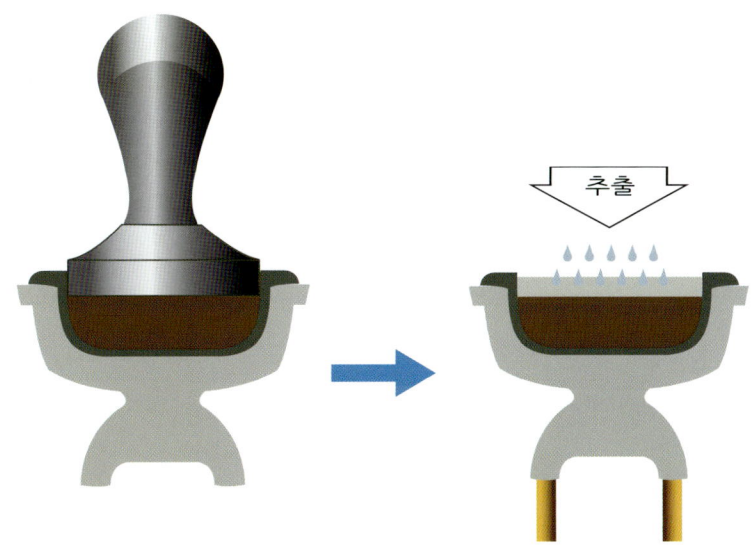

잘된 탬핑과 추출

아래 그림처럼 탬핑이 기울면 커피퍽 높이가 다르게 된다. 커피퍽이 낮은 쪽으로 물이 많이 흐르면 과다 추출이 발생하고 상대적으로 높은 쪽은 물이 충분히 흐르지 않아 과소 추출이 발생한다. 기우는 정도가 클수록 과소·과다 추출도 심하게 나타나 시고 쓰고 떫은 에스프레소가 만들어지기도 한다. 평평하게 누르는 기술이 부족하다면 탬핑을 안 하는 것이 나을 수 있다. 손가락을 사용하여 탬핑을 할 때 엄지손가락 방향 또는 몸 안쪽으로 기우는 경우가 잘못된 탬핑에 가장 흔한 유형이다. 강하게 누르려고 힘을 주면 수평을 맞추기 어렵기 때문에 평평함을 유지하는 선에서 누르는 것이 바람직하다.

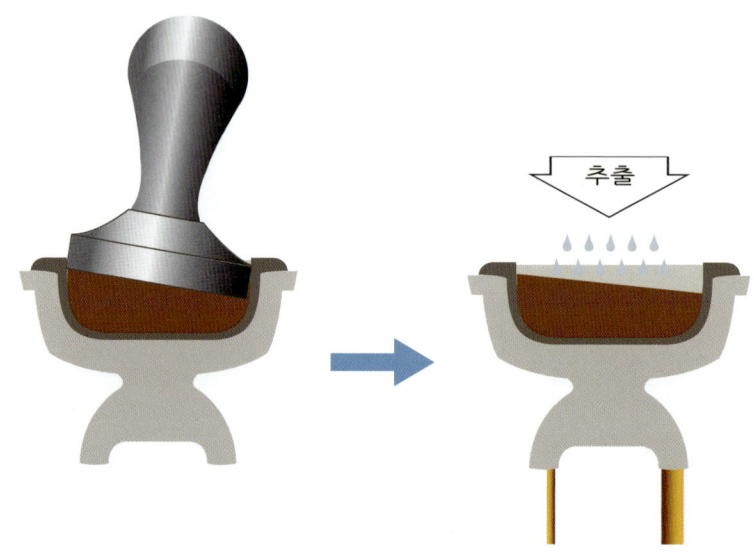

잘못된 탬핑과 추출

 탬핑 주의사항

1. 탬핑 세기

탬핑을 하면서 가해지는 압력 세기가 투과 속도에 주는 영향은 크지 않다. 탬핑을 강하게 한다고 추출 시간이 현저히 길어지거나 향미가 좋아진다고 보기 어렵다. 반복해도 몸에 무리가 되지 않도록 편하게 압력을 가하는 것이 좋다.

2. 탬퍼 돌리기

탬핑을 하면서 돌리는 습관이 있는 바리스타도 있다. 공동으로 사용하는 탬퍼의 경우 분쇄 원두와 직접 닿는 표면에 흠집이 있는 경우가 많다. 돌리는 행위 자체로 커피퍽 표면에 원 모양으로 물길이 생겨 채널링이 발생하므로 탬퍼를 돌리지 않는 것이 좋다.

3. 태핑 Tapping

태핑은 바스켓 벽에 있는 분쇄 원두를 떨어내기 위해 포타 필터 벽면을 탬퍼 손잡이로 부딪히는 동작이다. 탬핑으로 빡빡해진 분쇄 원두에 균열을 발생시킬 위험이 높아 이 동작은 사라지고 있다.

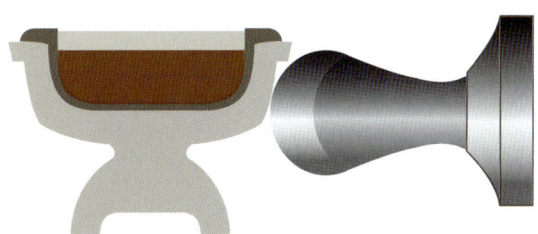

탬핑의 다른 방법

파트 타임으로 바리스타를 고용하는 카페의 경우 에스프레소 추출 숙련도를 기대하기란 현실적으로 어렵다. 카페에서는 탬핑과 비슷한 기능을 하는 레벨링 도구인 디스트리뷰터 Distributor 를 활용하는 경우가 많다. 디스트리뷰터는 샤워스크린과 분쇄 원두 사이의 적절한 공간을 만들어 주어 물이 채워지면서 분쇄 원두가 적셔질 수 있도록 유도하는 도구이다. 디스트리뷰터의 높낮이 조절로 분쇄 원두가 깊게 분포하면 탬핑의 효과가 나타나기도 한다.

에스프레소 머신의 프리 인퓨전 기능으로 물의 흐름을 조절하면 탬핑 없이도 완벽한 추출이 가능하다. 탬핑은 바리스타의 노동력을 많이 필요로 하는 동작으로 손목이나 허리에 무리를 줄 수 있어 점점 사라지거나 자동 탬핑기로 대체될 것이다.

디스트리뷰터

나의 탬핑 방법

탬핑을 하면서 평평함을 유지하기 위해 엄지와 검지를 탬퍼 헤드에 놓고 십자가 형태로 두 번 누른다. 이때 바스켓의 윗면을 손으로 느끼면서 평평함을 유지하는데 바스켓이 뜨거워 세게 누르지는 않는다. 상대적으로 엄지 힘이 강해 한쪽은 엄지로 반대쪽은 검지와 중지를 함께 사용하여 누르기도 한다. 항상 동일하게 힘이 가해지도록 조심스럽게 압력을 가한다.

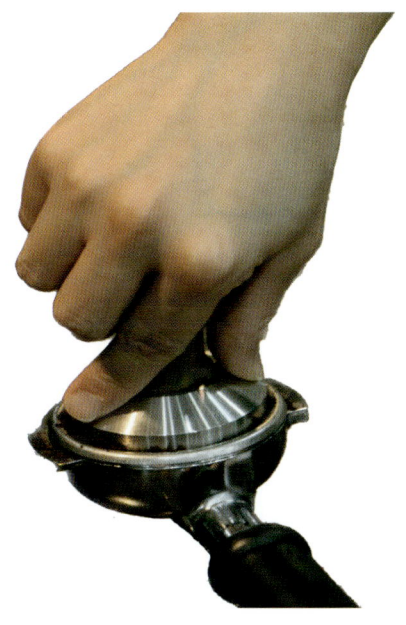

5. 포터 필터 가장자리의 커피 가루를 제거한다.

그룹에 포타 필터를 장착하기 전 그룹과 닿는 부분 즉 포타 필터 상단에 묻어 있는 커피 가루를 손으로 깨끗하게 정리한다. 그룹 내부 청결을 위한 단계로 바리스타는 이 동작을 습관처럼 익숙하게 만드는 것이 바람직하다.

6. 포타 필터 장착 전 추출수를 흘려 준다.

분쇄 원두가 담긴 포타 필터를 장착하기 전에 추출 버튼을 눌러 그룹에서 2~3초 물을 흘려 준다. 보일러 유형별로 물 흘리기 양은 다르다. 열교환 방식 보일러는 보일러 내부에 있는 추출물이 정체되면 온도가 올라간다. 이렇게 예상보다 추출물이 뜨거우면 충분히 흘려서 제거되도록 3초를 초과해도 무방하다. 독립 보일러의 경우 추출 수의 온도가 일정하게 유지되고 추출구가 보일러와 가까운데 위치하여 추출 온도 변화가 크지 않아 3초면 충분하다.

물 흘리기

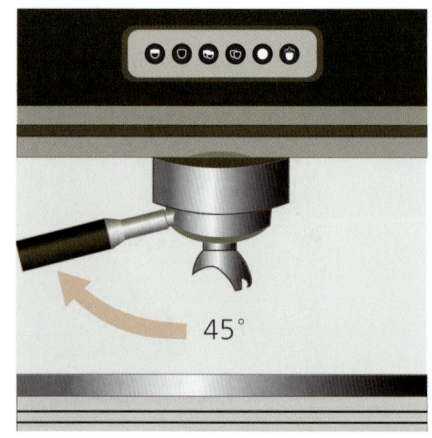

장착 위치

7. 포타 필터를 그룹헤드에 부드럽게 장착한다.

포타 필터 손잡이를 왼쪽으로 45° 각도로 수평을 유지하면서 그룹 헤드 안으로 천천히 넣는다. 부딪힘 없이 장착 돌기가 그룹 헤드 홈에 사뿐히 들어가는 것이 이상적인 방법이다. 만약 포타 필터를 그룹에 장착 시 '툭' 하고 부딪히면 커피퍽에 균열이 생겨 채널링이 발생한다. 홈에 들어간 포타 필터를 오른쪽으로 압착이 될 때까지 돌린다. 포타 필터가 90°가 되면 압착이 완료되지만, 더 돌려야 압착이 완벽하게 되는 경우도 있으니 사용하는 머신 특징을 확인한다.

 물흘리기가 필요한 이유

첫 번째 이유 : 샤워스크린의 청결

직전 에스프레소 추출로 샤워스크린에 남아 있는 커피 찌꺼기를 제거해야 한다. 그룹 내부에 커피 찌꺼기가 조금이라도 남아 있으면 불쾌한 향미가 만들어지기 때문이다. 추출 전 물을 충분히 흘려 깨끗하게 하고 항상 그룹 내부 청결이 유지되도록 주의를 기울여야 한다.

두 번째 이유 : 정확한 추출 온도

추출이 잠시 중단되면 보일러를 통과해 관 속에 남아 있는 물은 온도가 떨어진다. 추출 온도의 정확성이 떨어지면 추출 수율에 문제가 생길 수 있다. 온도가 정확하지 않은 관속의 물을 제거하는 것이 좋다. 장착 전 3초 물을 흘려준다.

8. 에스프레소를 신속하게 추출한다.

포터 필터를 그룹에 장착하면 바로 추출 버튼을 눌러 추출을 시작해야 한다. 신속하게 추출이 시작되지 않으면 내부 온도와 습도가 급격하게 상승하여 과다 추출이 발생할 위험이 높아진다.

9. 에스프레소 추출 과정에서 누수가 없어야 한다.

포타 필터가 그룹 내부 가스켓에 완벽하게 압착 되어야만 원하는 압력으로 에스프레소가 추출된다. 만약 압착이 완벽하게 이루어지지 않아 추출 시 누수가 발생하면 압력 또한 새어 나간다. 추출 압력이 약해져 과소 추출이 발생하고 심각한 경우 크레마가 전혀 없는 에스프레소가 추출된다. 일단 누수가 발생하면 추출을 멈추고 바스켓에 있는 퍽을 버린 후 다시 에스프레소 추출을 시작한다. 포타 필터를 가스켓에 꽉 끼어 완벽하게 장착했음에도 누수가 발생했다면 그룹 내부에 장착된 가스켓을 교체해야 한다.

10. 정확한 추출 시간과 추출양으로 에스프레소를 추출한다.

정확하고 신속한 추출을 위해 에스프레소 머신의 추출 버튼을 세팅하여 사용한다. 1-8번 추출 단계를 정확하게 수행한다면 설정된 시간과 양으로 일정하게 유지된다. 하지만 추출 버튼을 세팅한다는 의미는 추출 시간과 추출량을 기억하는 것이 아닌 물이 플로워미터 내부 톱니바퀴를 돌리는 회전수를 기억하게 하는 것이다. 도징양의 차이, 분쇄 입도의 변화, 채널링으로 투과 속도가 바뀌면 추출량과 추출 시간은 변한다. 추출 중 가장 직관적으로 추출 완성도를 확인할 수 있는 방법이 바로 추출량과 추출 시간이다. 습관적으로 추출 시간과 추출량을 확인하고 에스프레소 추출에 변화가 반복되면 추출 환경을 점검한다.

11. 커피퍽을 제거하고 그룹과 포타 필터를 청소한다.

에스프레소 추출이 끝나면 커피 퍽을 바로 버리고 바스켓과 샤워스크린에 남아 있는 찌꺼기를 제거한다. 추출수를 흘리면서 그룹에 포타 필터 탈착과 장착을 반복하여 깨끗하게 한다. 바스켓에 묻어 있는 찌꺼기와 물기를 린넨으로 완벽하게 닦으면서 마무리한다. 고객이 몰려 매우 바쁜 경우 탈착하면서 청소하는 과정을 건너뛰기도 한다. 커피퍽에 물기가 많아 깨끗하게 떨어지지 않으면 결과적으로 청소 시간이 길어지게 된다. 카페에서 이 현상이 발생하면 바리스타의 업무 효율성이 떨어지므로 분쇄 입도를 살짝 거칠게 하여 개선하기도 한다.

12. 포타 필터를 느슨하게 그룹에 장착해 둔다.

에스프레소 추출이 없는 시간 동안 포타 필터를 그룹에 장착해 두는 이유는 온도 때문이다. 차가운 포타 필터로 에스프레소를 추출하면 초반에 물 온도가 급격하게 떨어져 커피 성분이 충분히 녹지 않는다. 상업용 머신은 그룹 헤드가 뜨겁기 때문에 포타 필터를 그룹에 장착해 두면 뜨거운 온도로 유지된다. 추출하지 않는 대기 상태에서 압착이 강하면 가스켓이 더 빠르게 경화되어 교체 주기가 빨라진다. 또한, 포타 필터를 탈착할 때 바리스타의 손목 등에 무리가 갈 수 있으므로 심한 압착은 피하는 것이 좋다.

에스프레소 추출 단계는 완벽한 에스프레소를 위해 바리스타가 정확하게 수행해야 하는 업무이다. 그리고 신속한 실행이 가능하도록 숙련도를 향상시켜야 한다. 신속하고 정확한 추출은 바리스타의 역량을 판단하는 기준이 된다.

커피퍽은 왜 한 번에 떨어지지 않는가?

추출 시스템에서 한 줄기로 나오는 뜨거운 물은 디퓨져를 통과하면서 5~6가닥의 물줄기로 나뉜다. 샤워 스크린을 거쳐 셀 수 없는 가닥으로 분사된다. 탬핑으로 빡빡해진 커피퍽과 샤워스크린 사이에 생긴 공간부터 추출물이 채워지고 서서히 아래로 흐른다. 커피퍽과 샤워 스크린 사이 공간이 클수록 추출이 끝난 후 더 많은 양의 물이 그 공간에 존재하게 된다.

일반적으로 분쇄도가 가늘거나 도징양이 적을 때 이 공간이 커져 질퍽한 커피퍽이 발생한다. 물기를 많이 머금은 커피퍽은 아무리 세게 충격을 주어도 깨끗하게 제거되지 않고 바스켓 내부 벽면에 남는다.

커피퍽과 샤워스크린 사이 공간과 물의 양

🌼 완벽한 에스프레소 추출 확인 방법

버틈리스 포타필터 Buttomless Portafiter 는 포타 필터 하단이 없어 바스켓이 외부로 노출되어 있는 구조로 디자인되어 있다. 참고로 버틈 buttom = 바닥 less 리스 = 없음을 의미하는 영어단어이다.

버틈리스 포타필터로 추출하면 커피퍽을 투과하여 내려오는 에스프레소 모습이 자세히 보인다. 완벽한 에스프레소는 추출액이 한쪽으로 치우치지 않고 중앙으로 모이면서 한 줄기로 추출된다. 색의 변화를 눈으로 정확하게 관찰이 가능해 커피 성분이 녹는 정도와 향미 예상이 가능하다. 도징 - 레벨링 - 탬핑 - 장착 과정에서 분쇄 원두의 밀도 차이 또는 균열로 물의 흐름이 한쪽으로 치우쳐 채널링이 발생하면 추출액이 중앙이 아닌 한 쪽 방향으로 쏠리거나 심하면 사방으로 튀게 된다. 이렇게 추출된 에스프레소의 향미는 심각한 불균형 상태로 맛없는 향미를 가지고 있다. 추출 기술 실력이 궁금하다면 시도할 수 있으나 바쁜 현장에서 에스프레소를 버틈리스 포타필터로 추출한다면 업무 강도가 많이 높아질 것이다.

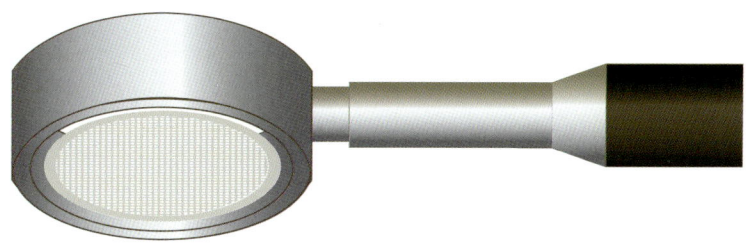

버틈리스 포타필터

버틈리스 포타 필터로 추출하는 에스프레소

에스프레소 추출 12단계

1. 그룹 헤드에서 포타필터를 탈착하고 바스켓을 깨끗이 닦는다.
2. 정확한 양으로 분쇄된 원두를 바스켓에 담는다. / 도징 Dosing
3. 고르게 펼치기 / 레벨링 Leveling
4. 평평하게 누르기 / 탬핑 Temping
5. 포터 필터 가장자리의 커피 가루를 제거한다.
6. 포타 필터 장착 전 추출수를 흘려 준다.
7. 포타 필터를 그룹헤드에 부드럽게 장착한다.
8. 에스프레소를 신속하게 추출한다.
9. 에스프레소 추출 과정에서 누수가 없어야 한다.
10. 정확한 추출 시간과 추출양으로 에스프레소를 추출한다.
11. 커피퍽을 제거하고 그룹과 포타 필터를 청소한다.
12. 포타 필터를 느슨하게 그룹에 장착해 둔다.

완벽한 핸드드립

Perfect Pour-over

바리스타의 개성이 표현되는 하나의 예술 작품이 되다.

핸드드립 추출의 시작

핸드드립이란 필터가 장착된 깔때기 (드리퍼) 안에 분쇄한 원두를 넣고 유리 용기 (드립 서버) 위에 올린 후 바리스타의 손으로 뜨거운 물을 부어 커피를 녹이는 추출 방법이다. 한국은 일본의 영향을 받아 핸드드립 Hand drip 이라고 하지만 세계적으로는 푸어 오버 Pour over 라는 용어가 보편적이다.

핸드드립 추출의 시작

1908년 독일에 멜리타 벤츠 여사가 처음 고안한 추출 방법이다. 양철 냄비 밑면에 구멍을 뚫고 윗면에 원형의 거름종이를 올려 찌꺼기를 거르면서 커피를 추출하는 방식이다. 그 후 드리퍼가 밑으로 갈수록 좁아지고 물이 잘 통과하는 구조로 발전했다. 현재의 드리퍼 형태를 갖추게 된다.

초기 핸드드립 드리퍼

핸드드립 추출의 발전

핸드드립 추출의 발전을 주도한 나라는 일본이다. 다도 문화를 기반으로 핸드드립 추출에 관한 연구가 활발하게 진행되고 1937년부터 독자적인 디자인으로 제품을 개발한 브랜드들이 등장한다. 대표적인 예가 칼리타 Kalita, 고노 Kono, 하리오 Hario 이다. 브랜드별로 사다리꼴형, 원뿔형, 웨이브형 등 다양한 드리퍼 형태를 가지고 있다. 전기 드립 브루어 Electric Drip Brewer 는 1954년 독일에서 고틀롭 위드만 Gottlob Widmman 이 발명하였다.

2000년 이후 추출의 완성도, 편리성, 참신성을 추구하는 추출 방법들이 고안되고 새로운 브랜드들이 만들어지고 있다. 케멕스 Chemex, 클레버 Clever 등이 있으며 개성 있는 디자인과 커피 향미를 완성하는 방향성으로 차별화된다. 드리퍼에 적합한 필터, 포트, 서버 등이 함께 시판되고 있다.

칼리타 Kalita

케멕스 Chemex

추출 도구의 종류

핸드드립 추출을 위해서 필요한 5가지 주요 도구로 드리퍼 Dripper, 필터 Filter, 드립 포트 Drip Port, 드립 서버 Drip Server, 그라인더 Grinder 가 있다. 그리고 저울, 초시계, 온도계는 정확한 추출을 위한 보조 도구이고 계량 스푼, 보조 서버, 린넨, 행주는 편리성을 위한 보조 도구이다.

드리퍼 Dripper

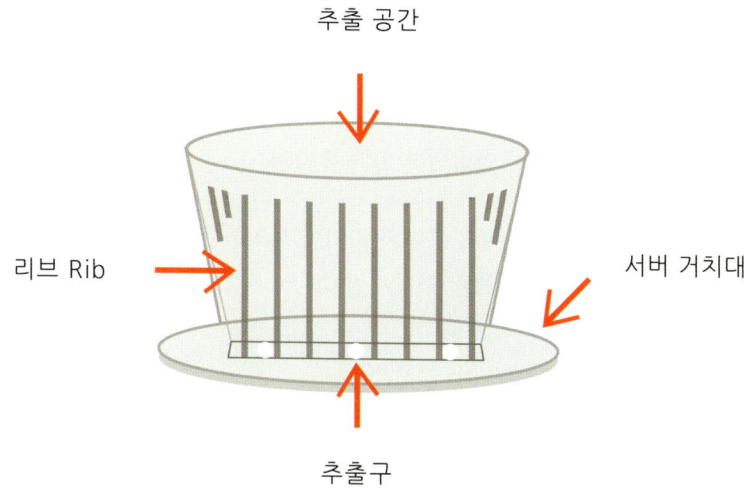

　드리퍼는 분쇄 원두를 담고 물을 붓는 공간으로 커피가 추출되는 용기이다. 형태, 추출구, 리브 3가지가 기본 구성 요소이며 추출 수율에 상당히 영향을 준다. 드리퍼 종류가 바뀌면 같은 원두라도 커피 향미가 다르다. 드리퍼 크기는 1~2인용, 3~4인용, 5~6인용으로 분류한다. 크기별로 투입가능한 분쇄 원두의 양이 다르므로 추출하는 커피양에 맞춰 선택하는 것이 좋다.

　드리퍼 소재는 뜨거운 물을 담을 수 있고 인체에 무해해야 한다. 플라스틱, 금속, 유리, 도자기가 드리퍼 소재이다. 어느 소재가 더 좋은가보다는 그 특징을 정확히 파악하여 사용하는 것이 중요하다. 소재별로 드리퍼 가격을 비교해 보면 플라스틱이 가장 저렴하고 도자기, 금속 순이다. 4,000~30,000원이 일반적이며 디자인이 특별한 경우 그 이상 가격으로 책정된 드리퍼도 있다.

소재별 드리퍼 특징

플라스틱 드리퍼	내부 공간이 가장 넓고 예열이 빠르다. 가벼워 사용이 편리하고 가격이 저렴하다.
도자기 드리퍼	추출 공간이 좁고 예열 시간이 가장 길다. 추출 온도가 쉽게 떨어지지 않아 일정하게 유지된다.
금속 드리퍼	플라스틱과 도자기 드리퍼 특징이 공존하는 드리퍼로 내구성이 좋아 사용기한이 가장 길다.

필터 Filter

뜨거운 물로 분쇄 원두를 녹인 후 찌꺼기를 걸러주는 추출 도구이다. 드리퍼 형태에 맞춰 사다리꼴형과 원뿔형으로 구분된다. 드리퍼 브랜드별로 완벽하게 장착되도록 크기와 형태를 디자인한다. 필터의 주요 소재는 금속, 융, 종이이며 추출 성향과 사용 방법이 다르다.

금속 필터

종이필터보다 여과 성능이 떨어져 미세한 고형물이 통과하여 묵직한 느낌으로 커피가 추출된다. 반복 사용이 가능하나 사용 후 바로 커피 찌꺼기와 오일을 세척해야 한다. 드리퍼와 서버가 연결된 형태인 케멕스 Chemex 에 많이 사용된다.

융 필터

천연 솜으로 제작한 필터로 여과 성능이 종이 필터와 금속 필터의 중간 정도이다. 금속 필터보다는 깔끔하게 추출되고, 종이필터보다는 질감이 더 좋은 커피가 추출된다. 반복적으로 사용할 수 있으나 추출 후 바로 세척하고 완벽하게 건조해야만 곰팡이로 인한 오염을 막을 수 있다. 드리퍼 없이 링과 손잡이로 구성된 금속 핸들에 끼워 사용하는 융 필터 드리퍼도 있다.

종이 필터

다른 필터에 비해 촘촘한 구조로 되어 있어 가장 깔끔한 커피가 추출되며 일회용으로 사용이 편리하다. 여과력이 좋아 커피 기름을 가장 잘 걸러 준다. 만약 콜레스테롤로 인한 건강상의 문제가 있다면 종이필터를 활용한 핸드드립 커피가 적합하다. 종이 필터를 만드는 재료인 펄프는 조직 구조와 두께가 다양하다. 이 차이로 여과 성능이 달라진다. 예를 들어 멜리타 필터는 아주 작은 구멍이 있는 조직 구조로 미세한 입자가 통과하여 묵직한 감촉의 커피가 추출된다. 커피 향미에 까다로운 바리스타는 펄프의 여과 성능을 고민하고 제조 공장까지 확인하고 선택한다.

종이 필터는 흰색과 자연 갈색이 있다. 자연 갈색 필터는 가공 과정을 거치지 않아 종이 냄새가 존재한다. 초창기에는 이런 냄새를 해결하기 위해 염소로 표백하여 가공한 필터가 제조되었다. 1990년부터 친환경에 관한 관심이 커져 일본에서 환경호르몬인 다이옥신이 전혀 발생하지 않는 산소 표백 방법이 개발되었다. 인체에 안전한 흰색 필터가 브랜드별로 제작된다. 드리퍼 브랜드 필터가 아닌 일반(비브랜드) 필터의 경우 크기, 조직, 두께 등을 확인하고 선택하는 것이 좋다.

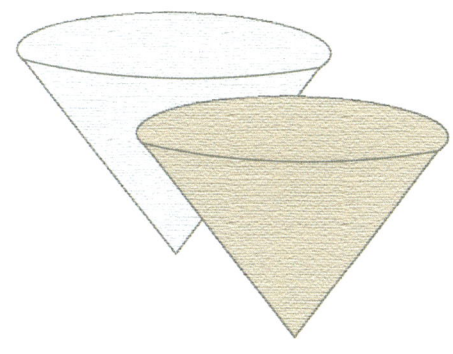

원뿔형 종이필터

드립 서버 Drip Server

드립 서버는 핸드드립으로 추출한 커피가 모이는 용기이다. 정확한 추출 용량을 눈으로 확인할 수 있도록 눈금이 그려져 있는 투명한 유리 재질이 보편적이다. 눈금이 얼마나 세분해서 그려졌는가는 브랜드마다 다르며 추출 시 저울을 활용하면 눈금이 꼭 있을 필요는 없다. 드리퍼를 상단에 놓을 수 있는 윗지름인 용기는 모두 드립 서버로 사용 가능하며 일반 머그잔이 대표적인 예이다.

핸드드립 거치대

드리퍼를 올려놓는 도구로 원뿔형 드리퍼 사용만 가능하다. 거치대에 적합한 드리퍼는 손잡이와 서버거치대가 없다. 드립 서버는 윗지름에 제한이 없어 선택이 자유롭다. 이처럼 바리스타의 미적 만족과 사용 편리성을 향상시키는 핸드드립 도구들이 다양해지고 있다.

나무와 금속으로 디자인된 핸드드립 거치대

드립 포트 Drip Port

드립 포트는 핸드드립 추출용 주전자로 스테인리스 재질이어서 가스레인지 또는 전기레인지에 바로 올려 물을 데울 수 있다. 하지만 적정 온도 이상으로 높아져 이 방법을 선택하지 않는다. 뜨거운 물을 포트에 부어 온도를 낮추고 커피를 추출한다. 물 온도를 맞추는 번거로움을 개선한 제품으로 온도 설정 및 유지 기능이 있는 전기 드립 포트가 있다.

주둥이 형태와 물줄기 조절

드립 포트의 주둥이 형태는 일반 주전자와 다르다. 주둥이의 단면적은 유량에 영향을 주며 단면적이 넓으면 흐르는 유량이 풍부하다. 주둥이의 각도는 유속과 관련이 있으며 각도가 수직에 가까울수록 더 느리게 물이 흐른다. 주둥이 디자인 차이로 물의 유량과 유속을 조절하는 가능 범위가 다르고 추출 수율이 변한다.

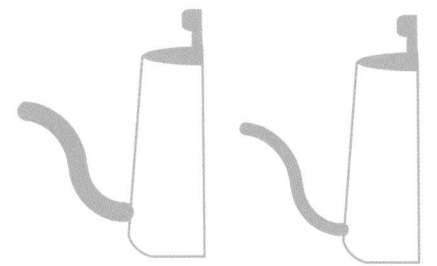

단면적이 다른 주둥이 형태

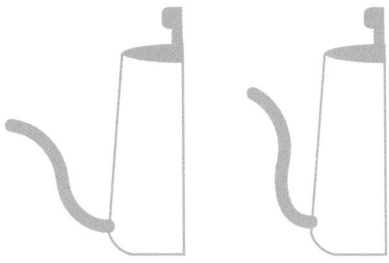

꺾인 각도가 다른 주둥이 형태

주둥이의 단면적이 넓고 각도가 덜 꺾인 포트는 물의 양과 속도 제한이 적어 자유자재로 흐름을 만들어 유속·유량 조절이 능숙한 바리스타에게 잘 맞는다. 하리오 드립포트가 대표적인 예이다. 반면에 주둥이의 단면적이 좁고 각도가 많이 꺾인 드립 포트는 물을 과하게 부어도 유량과 유속이 포트에 의해 조절된다. 핸드드립 초보자에게 적합하며 칼리타 드립포트가 대표적이 예이다.

그라인더 Grinder

원두를 분쇄하는 도구로 플랫 버 Flat Burr 또는 코니컬 버 Conical Burr 로 구성된 제품이 바람직하다. 핸드드립 분쇄 입도는 에스프레소 입도보다 거칠고, 입도 조절이 미세하지 않기에 그라인더 성능 선택의 폭이 넓다. 예를 들어 20,000원 정도 수동 핸드밀로도 적당한 분쇄 입도가 가능하다. 핸드드립 커피 전문점에서는 빠른 분쇄 속도와 낮은 열 발생이 중요하므로 고성능 그라인더를 사용한다.

저울 Scale

작은 저울은 1g 단위로 측정하는 것이 일반적이지만 커피 추출의 경우 정확성을 위해 0.1g 단위 저울 사용을 권장한다. 초시계가 결합된 저울을 사용하면 추출 시간과 추출양을 동시에 확인할 수 있어 물줄기에 집중하기 좋다.

나의 핸드드립 그라인더

매일 아침 핸드드립으로 추출한 커피를 동료들과 함께 마시며 고양커피학원 일과가 시작된다. 분쇄 입도 조절이 편리하고 균일한 입도가 가능한 그라인더로 원두를 분쇄한다. 고성능 그라인더의 경우 크고 무겁기 때문에 장비 이동이 잦은 학원 특성상 특정 교과목을 제외하고는 사용이 제한적이다. 아래 사양 정도의 그라인더를 선호한다.

핸드드립 그라인더 상세 성능

분쇄날 규격	40mm 코니컬
분쇄 속도	1.2 ~ 2.4g / sec
분쇄 단계	40단계
분쇄 범위	0.2 ~ 1.4mm
호퍼통 용량	225g
분쇄통 용량	142g

난류와 드리퍼

난류 Turbulence 란 유체 Fluid의 흐름 Flow이 무질서하고 비정상적으로 섞이면서 흐르는 것을 의미한다. 핸드드립 추출에서 난류는 물이 커피 입자에 닿으면서 돌아다니는 것을 뜻하며 이 과정에서 커피 성분은 물에 녹아든다. 뜨거운 물에 설탕을 담가 그냥 방치하면 잘 녹지 않지만 막대기를 사용하여 휘저으면 난류가 발생하여 잘 녹는 원리와도 같다.

난류 발생

핸드드립 추출 시 막대기를 사용하지는 않지만, 드립 포트로 만드는 가느다란 물줄기가 막대기와 같은 역할을 한다. 드리퍼에 물을 부으면 분쇄 원두와 물이 동시에 난류를 만들어 낸다. 난류가 활발할수록 짧은 시간에 더 많은 커피 성분이 녹는다. 난류가 과하면 과다 추출이 발생하여 불쾌한 향미가 나타나고 반대로 약하면 커피 성분이 적게 녹아 과소 추출이 발생한다. 핸드드립 추출에서 난류는 가장 핵심적인 추출 환경으로 바리스타의 기술 숙련도로 결정된다. 유량과 유속을 조절하는 기술이 높으면 원하는 커피 향미를 추출하는데 유리하다.

유량 유속이 수율에 미치는 영향

유량과 유속의 변화로 다양한 난류가 만들어지고 추출 수율과 추출 강도(농도)에 상당한 영향을 준다.

유량은 난류 방향을 만들고 추출 속도와 밀접한 관련이 있다. 유량이 적으면 좌우 방향으로 물길이 만들어져 정체한다. 커피 성분은 천천히 녹고 물을 여과지로 보내는 힘이 세지 않아 여과 또한 서서히 진행된다. 반면 유량이 많으면 아래로 물이 강하게 흘러 추출구로 빠져나가 여과 속도가 빨라진다.

유속은 물이 움직이는 세기를 만든다. 유속이 빠르면 난류가 활발하게 움직이고 커피 입자와 강하게 부딪혀 커피 성분을 많이 녹인다. 짧은 시간에 추출 수율을 올리는 방법은 빠른 유속이다. 반면 유속이 느리면 커피 입자 사이와 약하게 충돌하여 성분이 적게 녹는다. 추출 수율은 느리게 올라가고 추출 시간은 비례하여 길어진다.

유량 차이에 의한 난류 방향

많은 유량 - 직선 방향	적은 유량 - 가로 방향

유량 유속 조절

핸드드립 추출에서 물을 골고루 붓기 위해 원을 그리며 물길을 만든다. 원을 그리며 흐르는 물은 일정한 유량과 유속을 유지하는 것이 중요하다. 일정한 물붓기는 드리퍼 내부 추출 공간에서 일정한 난류를 만들고 분쇄 입자 사이를 이동한다. 이런 방법으로 균형 잡힌 커피가 추출된다.

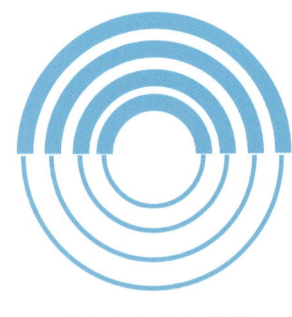

일정하지 않은 유량

숙련도가 부족하면 원 모양으로 물을 부을 때 몸에서 멀어지면 유량이 많아지고 몸과 가까워지면 적어진다. 이렇게 유량이 변하면 드리퍼 내부에 발생하는 난류가 달라 잘못된 추출이 발생한다. 과소 추출과 과다 추출이 동시에 발생하여 균형감이 부족한 커피가 만들어진다.

완벽한 핸드드립 추출의 필수 조건은 일정한 물 붓기로, 이 기술을 습득하기 위해서는 연습이 필요하다. 먼저 편안한 유량과 유속으로 원을 그리며 물을 붓는다. 익숙해지면 유량을 더 많이 또는 더 적게 붓고, 유속을 빠르게 또는 느리게 조절한다. 적은 유량 느린 유속, 적은 유량 빠른 유속, 많은 유량 느린 유속, 많은 유량 빠른 유속 이 4가지 유형의 물 붓기를 연습한다. 물 붓는 손의 감각이 체득될 때까지 반복 연습하여 다양한 물줄기로 자유롭게 물을 부을 수 있다면 핸드드립 추출하는데 가장 중요한 기술을 습득한 것이다.

핸드드립 추출 물 붓기

적은 유량과 느린 유속

적은 유량과 느린 유속으로 물을 부으면 물길이 좌우 방향으로 느리게 움직이면서 성분이 천천히 녹는다. 일반적으로 추출 초반 분쇄 원두를 불리는 뜸들이기 구간에서 사용된다. 추출 중반까지 이 물줄기로 난류를 만들면 추출 시간은 길어지고 쓴맛과 불쾌한 향미가 더 강해진다. 만약 특정한 커피 향미 추출을 위해 이 방법으로 계속 추출한다면 유량과 유속을 조절에 상당한 노력이 필요하다.

적은 유량과 빠른 유속

적은 유량과 빠른 유속으로 물을 부으면 좌우 방향으로 빠르게 난류가 발생하면서 커피 입자와 계속 부딪히고 커피 성분은 빠르게 녹는다. 가장 활발한 난류이며 짧은 시간과 적은 물로 추출 수율은 높아지고 농도(강도)는 진해진다. 결과적으로 맛있는 커피가 추출될 가능성도 커진다. 바리스타가 습득하기 가장 어려운 물 붓기 방법으로 많은 연습이 필요하다.

많은 유량과 느린 유속

　많은 유량과 느린 유속으로 물을 부으면 커피 성분을 녹이는 것과 물을 여과지 쪽으로 밀어내는 난류가 동시에 발생한다. 일반적으로 핸드드립 추출 후반에 선택하는 물붓기 유형이다. 간혹 유량 유속 조절의 중요성에 대한 개념 없이 일반 주전자에서 편안하게 물을 따르듯 핸드드립을 추출하는 경우 나타난다. 난류의 세기가 약해 물이 커피 성분을 충분히 녹이지 못하고 물길이 아래로 향하면서 커피 추출이 빨리 종료된다.

많은 유량과 빠른 유속

　많은 유량과 빠른 유속으로 물을 부으면 아래 방향으로 빠른 난류가 만들어진다. 커피 입자와 부딪히는 횟수가 가장 적기에 커피 성분도 거의 녹이지 않는다. 맛있는 커피 성분을 거의 다 녹였다면 핸드드립 추출 마무리 과정에서 선택하는 것이 일반적이다. 안 좋은 향미 추출을 최소화하고 맛있는 성분이 녹은 커피 추출액을 빠르게 여과시키기 위해 사용된다.

드리퍼 구조와 특징

드리퍼 안의 물길은 거대한 강의 흐름과 유사하여 강폭이 넓은 구간에서는 천천히, 강폭이 좁으면 빠르게 흐른다. 나무 또는 바위 등 장애물을 만나면 물길 방향이 바뀌고 속도가 빨라진다. 이렇게 난류가 발생하는 공간이 드리퍼이며, 난류의 특징을 만드는 요소로 드리퍼 형태, 추출구, 돌기 디자인이 있다. 물의 흐름을 유도하여 방향과 속도 차이를 만들어 추출 수율에 미치는 영향이 크다. 형태, 크기, 소재가 다른 드리퍼를 다양하게 준비하면 커피 향미에 적합한 드리퍼 선택이 가능하다.

형태

드리퍼는 아래가 좁은 깔대기 모양으로 커피 성분을 녹인 물이 아래로 내려가면 자연스럽게 유속이 빨라지는 구조를 가지고 있다. 형태별로 평바닥형 Flat-bottom, 사다리꼴형 Trapezoid, 원뿔형 Cone 이 있다.

평바닥형 드리퍼

형태는 원뿔형이지만 바닥이 막혀 있고 작은 추출구가 중앙을 기준으로 간격을 두면서 뚫려 있다. 물의 치우침이 가장 적어 유량 조절 기술이 부족하여도 안정적인 추출이 가능하다. 추출 시간이 길어질 수 있으므로 분쇄 원두의 투입량 조절에 신경을 써야 한다.

사다리꼴형 드리퍼

아래로 좁아지는 역사다리꼴 형태로 물이 투입되는 윗변이 길고 추출구가 있는 아랫변이 짧다. 추출구는 작은 크기로 1개 또는 3개이고 원뿔형보다 물의 흐름이 느리며 한쪽으로 치우치는 위험성이 작다.

원뿔형 드리퍼

크기가 큰 추출구 1개로 구성되어 있고, 추출구 지름은 브랜드마다 다소 차이가 있다. 물의 흐름이 빠르고 난류가 활발하게 만들어져 추출 시간이 단축된다. 하지만 물의 흐름이 한쪽으로 치우치지 않게 조심해야 한다.

추출구

추출구 지름은 2~5mm 작은 크기부터 14~18mm 큰 크기까지 다양하며 개수는 1개 또는 3개가 보편적이다. 추출구 개수는 직선 난류의 방향을 유도하는 역할을 한다. 추출구 여러 개가 간격을 두고 배치해 있으면 아래로 흐르는 물이 여러 방향으로 분산되면서 자연스럽게 난류가 발생한다.

사다리꼴 드리퍼 - 추출구 3개

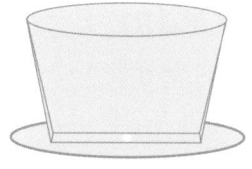
사다리꼴 드리퍼 - 추출구 1개

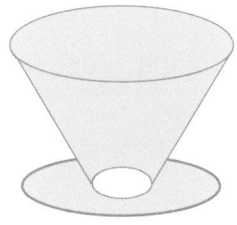
원뿔형 드리퍼 - 추출구 1개

평바닥형 드리퍼 - 추출구 3개

추출구 면적과 하강 속도

추출구의 전체 면적은 물의 하강 속도와 밀접한 관계가 있다. 추출구가 넓으면 하강 속도가 빠르고 추출 시간이 짧다. 물붓기로 추출 속도를 빠르게 또는 느리게 유도할 수 있다면 추출구가 큰 드리퍼가 유리하다. 좁은 추출구로 하강 속도가 느린 경우 유량이 많아지면 드리퍼 위까지 물이 차오르고 자연스럽게 물 붓기를 멈추게 된다. 추출 시간을 길게 유도하여 추출 수율을 높인다. 드리퍼 형태와 추출구는 커피 향미를 연출하는데 가장 많이 영향을 주는 요인으로 그 특징을 정확히 이해하고 선택하는 것이 중요하다.

드리퍼 종류별 분쇄 원두 투입량

분쇄 원두 투입량은 드리퍼의 내부 공간 크기와 추출구 면적 차이로 달라진다. 다음 그림처럼 동일한 1~2 인용 드리퍼라도 내부 공간이 넓고 추출구가 크면 분쇄 원두를 많이 투입할 수 있다. 커피 추출량은 원두 투입량에 비례하므로 추출량과 투입할 원두양을 계산한 후 드리퍼를 선택하는 것이 바람직하다.

사다리꼴 드리퍼 또는 평바닥형 드리퍼

원뿔형보다 추출구 면적이 작아 하강 속도가 느리다. 드리퍼 높이의 1/3 정도까지만 분쇄 원두를 투입하여 추출 공간을 확보하는 것이 좋다.

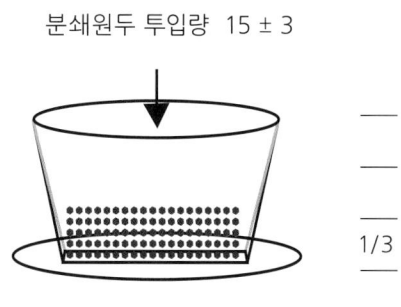

추출구가 좁은 드리퍼 / 1~2인용 기준

원뿔형 드리퍼

    추출구 면적이 커 하강 속도가 빠르므로 아래 그림처럼 높이의 반 정도까지 투입하는 것이 좋다. 그보다 적게 투입하면 하강 속도가 빨라져 과소 추출이 발생할 위험이 커진다. 하지만 투입량이 아무리 많더라도 높이의 2/3를 넘지 않아야 한다. 물을 부을 수 있는 추출 공간이 좁아지면서 추출 시간이 길어지기 때문이다.

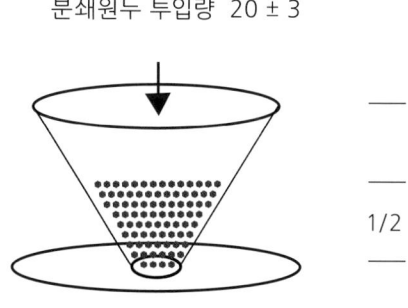

추출구가 넓은 드리퍼 / 1~2인용 기준

리브

리브는 드리퍼의 경사면에 일정한 간격으로 볼록하게 돌출된 돌기로 갈비뼈 모양을 닮아 '리브 Rib' 라고 한다. 리브는 드리퍼 형태, 추출구 크기, 갯수와 조화를 이루며 디자인된다. 물의 방향과 속도에 영향을 주어 드리퍼마다 난류와 추출 시간에 차이가 생긴다. 추출 수율에 도달하는 방법이 다르므로 추출 환경, 추구하는 커피 향미, 바리스타의 추출 숙련도 등을 감안하여 적합한 드리퍼를 선택하는 것이 바람직하다.

대표적인 리브 역할

1. 드리퍼와 종이필터 사이 공간을 만들어 물이 쉽게 내려가게 한다.
2. 분쇄된 원두에 내포된 가스가 리브 사이 공간으로 빠져나가도록 유도한다.
   가스가 원활하게 빠져나가면서 추출 수율이 높아진다.
3. 드리퍼 내부에서 자연스럽게 물길을 유도한다.
   물이 흐르는 방향과 속도는 리브의 형태, 길이, 개수로 달라진다.

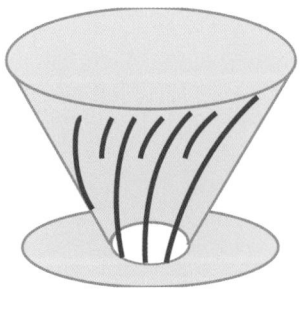

나선형 긴 리브

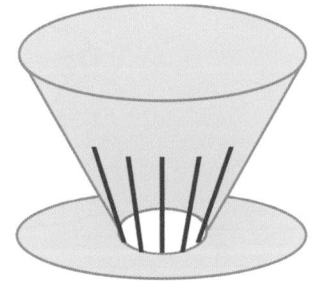

직선형 짧은 리브

리브 종류

리브 형태는 나선형과 직선형 두 가지가 있으며 리브 길이와 배치 간격이 다르게 디자인된다.

나선형 리브

물의 방향을 회오리 형태로 만들어 물길을 길게 만들고 난류가 활발하게 진행되도록 유도한다. 적은 유량과 빠른 유속으로 계속 물을 부으면 수평으로 흐르는 난류가 활발해져 커피 성분이 빠르게 녹아든다.

직선형 리브

물의 방향을 직선으로 유도하여 수평으로 흐르는 난류가 적은 편이다. 직선형 리브로 디자인된 드리퍼는 리브의 길이와 배열 간격으로 유속이 달라진다. 리브의 길이가 짧으면 리브가 있는 공간과 없는 공간이 만들어진다. 리브가 있으면 유속이 빨라지고 없으면 유속이 느려진다. 그리고 배열 간격이 좁을수록 유속이 빨라진다.

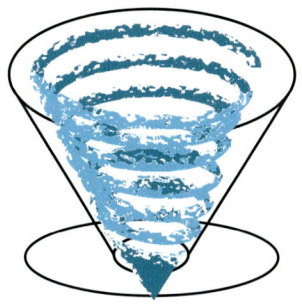

나선형 리브에 의한 난류

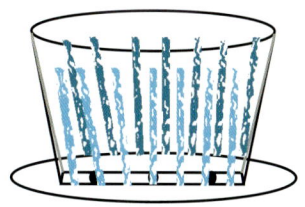

직선형 리브에 의한 난류

멜리타 드리퍼

추출구 지름	3mm
추출구 개수	1개
리브 형태	짧고 아주 촘촘한 직선형
난류 추천	적은 유량 느린 유속
추천 향미	밝은 산미
바리스타 기술력	하

멜리타 드리퍼는 사다리꼴 형태로 지름 3mm 작은 추출구 1개가 바닥면이 아닌 벽면 중앙 하단에 있다. 리브 Rib 는 직선형으로 길고 촘촘하게 배열되어 있어 직선의 물길을 유도한다. 사이즈는 1~2인용, 3~4인용, 그 이상의 사이즈도 있다. 좁은 추출구로 커피 용액의 하강 속도가 느려 분쇄 원두를 적게 투입해야 한다. 투입량이 많으면 추출 시간이 너무 길어져 불쾌한 향미가 나타날 위험이 크다. 드리퍼 전체 높이의 1/3 전후로 투입량을 정하는 것이 적당하며 1~2인용 드리퍼의 경우 10~13g이 적당하다. 1~2g의 차이로도 추출 시간이 현저하게 길어지므로 저울로 정확하게 계량하는 것이 중요하다.

물을 부을 때 드리퍼 형태와 원두량 분포를 고려하면서 작은 원을 그리며 물길을 만든다. 수직 방향으로 분포된 분쇄 원두량이 많은 중앙을 중심으로 물을 붓는다.

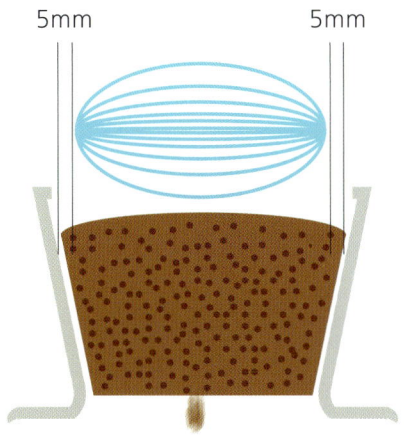

멜리타 드리퍼 물 붓기

유량이 많으면 바로 차올라 물 붓기가 중단되고 추출 시간은 자연스럽게 길어진다. 과소 추출의 위험이 작지만 드리퍼 벽면에 물을 부으면 성분을 충분히 녹이지 못하고 추출구로 빠져나간다. 최소한 5mm 정도 벽면에서 떨어져 물을 부어야 드리퍼 내부에 머무르며 커피 성분을 녹일 수 있다. 멜리타 드리퍼는 바리스타 기술력으로 발생할 수 있는 추출 편차가 가장 적은 드리퍼이다. 난류 영향을 가장 적게 받아 유량과 유속 조절보다는 정확한 추출 레시피가 중요하다.

멜리타 드리퍼는 추출 시간이 길 수밖에 없는 구조로 쓴맛이나 텁텁한 맛처럼 용해 속도가 느린 비극성 성분을 적게 녹이는 것이 중요하다. 추출물 온도를 낮게 하거나 분쇄 입도를 두껍게 하여 투과 속도를 빠르게 하는 추출 환경이 적합하다. 산미가 좋고 향미 결점이 적은 원두에 적합하며 진하게 로스팅된 원두는 피하는 것이 좋다. 하지만 크림이나 설탕을 넣은 음료를 제조할 때에는 무방하다.

칼리타 드리퍼

추출구 지름	5mm
추출구 개수	3개
리브 형태	길고 비교적 촘촘한 직선형
난류 추천	적은 유량 빠른 유속
추천 향미	고소한 향미
바리스타 기술력	중

칼리타 드리퍼는 멜리타 드리퍼 단점인 긴 추출 시간을 개선한 드리퍼이다. 사다리꼴 형태로 지름 5mm 작은 추출구 3개가 일정한 간격으로 있다. 리브 Rib 는 직선형으로 상단부터 추출구까지 길게 연결되어 있고 비교적 촘촘하게 배열되어 있어 직선 난류를 빠르게 유도한다. 추출구 전체 면적 또한 넓은 편이기에 유량으로 하강 속도를 조절하면서 커피 향미를 만들어가는 재미가 있는 드리퍼이다. 활발한 난류를 활용하여 핸드드립 추출을 하고 싶다면 드리퍼 전체 높이의 1/3 전후로 투입량을 정하는 것이 적당하다. 적은 유량과 느린 유속으로 느리게 추출할 때는 전체 높이의 1/2까지 분쇄 원두를 투입해도 무방하다. 1~2인용 드리퍼의 경우 12~16g이 좋다. 드리퍼 사이즈는 1~2인용, 3~4인용, 그 이상의 사이즈도 있다.

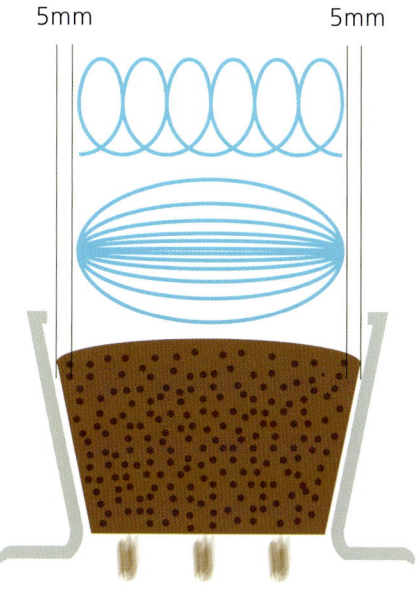

칼리타 드리퍼 물 붓기

물을 부을 때 드리퍼 형태와 원두량 분포에 따라 타원형 또는 작은 원을 연속해서 그리며 물길을 만든다. 원두 분포가 많은 중심부를 위주로 최소한 5mm 정도 벽면에서 떨어지도록 물을 붓는다. 모든 분쇄 입자가 동일한 양의 물이 부딪치도록 부어야 맛있는 커피가 추출된다. 너무 큰 타원을 계속 그리면서 물길을 만들면 필터 밖으로 물이 밀려 나가 바로 추출구로 하강하여 과소 추출이 발생한다.

3개의 추출구로 동일하게 물이 흐르도록 유량을 일정하게 유지하는 것이 중요하다. 만약 추출구로 떨어지는 유량이 다르면 맛없는 커피가 추출되고 있다는 것을 나타낸다. 추출하는 물줄기가 두꺼운 쪽은 과다 추출이, 가는 쪽은 과소 추출이 발생한다. 눈으로 물줄기를 확인하고 한쪽으로 쏠리지 않게 추출해야 한다.

칼리타 드리퍼는 비교적 추출 공간이 넓어 활발한 난류를 만들 수 있고 직선형 리브와 넓은 추출구로 하강 속도를 빠르게 유도한다. 하지만 많은 유량으로 물을 부으면 하강 속도가 과하게 빨라져 전체적으로 과소 추출이 발생한다. 적은 유량과 빠른 유속으로 물을 붓는 것이 어렵다면 분쇄 입도를 가늘게 하여 추출 수율을 높이는 것이 좋다. 만약 가는 입도로 살짝 탁한 느낌이 나면 물 온도를 조금 낮추어 수율을 조절한다.

프렌치 또는 이탈리안 로스팅처럼 진하게 볶인 원두를 제외하고는 커피 향미와 관계없이 선택이 가능한 드리퍼이다. 비교적 짧은 추출 시간에 수율을 높일 수 있어 바리스타의 유량·유속 조절로 개성 있는 향미 연출이 가능하다.

추출 물길 - 칼리타 드리퍼

하리오 드리퍼

추출구 지름	18mm
추출구 개수	1개
리브 형태	촘촘한 나선형
난류 추천	적은 유량 빠른 유속
추천 향미	모든 향미에 적함
바리스타 기술력	상

하리오 드리퍼는 원뿔 형태로 지름이 18mm인 큰 추출구 1개가 있다. 리브 Rib는 나선형으로 상단부터 추출구까지 연결된 긴 것과 상단부터 중간까지 연결된 짧은 것이 촘촘하게 배열되어 있다. 물길이 회전하는 형태로 만들어져 커피 입자와 물이 접촉하는 시간을 길게 유도한다. 사이즈는 1~2인용, 3~4인용, 5~6인용이 있고 플라스틱, 도자기, 유리, 금속 재질로 다양한 제품이 출시되고 있다.

내부 공간이 크고 하강이 빠르게 진행되어 분쇄 원두 투입량을 많이 하는 것이 좋다. 투입량이 적으면 심한 과소 추출이 발생할 가능성이 크다. 드리퍼 전체 높이의 1/2 전후로 투입량을 정하는 것이 적당하며 1~2인용 드리퍼의 경우 17~25g 범위가 좋다. 17g 보다 적게 투입하면 투과 속도가 너무 빨라져 적은 유량을 유지하는 것이

하리오 드리퍼 물 붓기

중요하다. 25g 이상 투입되면 활발한 난류가 발생할 수 있는 공간이 작아져 원하는 향미 연출이 어렵다.

물을 부을 때 분포된 원두량을 고려하면서 드리퍼 형태대로 원 모양을 그리며 물길을 만든다. 드리퍼는 하단이 좁아지는 형태이기에 드리퍼 벽면에 가까운 분쇄 원두는 수직 방향으로 보면 분포양이 적다. 원뿔형 드리퍼의 경우 상단과 하단의 분쇄 원두 분포도 차이가 크다. 분쇄 원두가 많은 중앙 부위에는 작은 원으로 물길이 만들며 지나가는 횟수를 많게 한다. 반면 분쇄 원두가 적은 가장자리 부위는 지나가는 횟수를 적게 하여 분쇄 입자 단위 수율이 균일하게 추출한다. 분쇄 원두 표면에 도달한 물은 스스로 수평을 맞추려는 성향이 있어 중심부에 물을 부어도 옆으로 물을 밀어 가장자리로 퍼지면서 차오른다. 왼쪽 그림처럼 중심으로부터 50%에 해당하는 부위에서 80% 정도 추출되도록 작은 원을 그리며 물길을 만드는 것이 좋다. 특히 드리퍼 가장자리 약 10mm 정도는 분쇄 원두가 절대적으로 적어 커피 성분이 거의 녹지 않고 물이 바로 아래로 흐른다. 이렇게 큰 원을 그리면서 물을 붓지 않게 유의하여야 한다.

하리오 드리퍼는 움직일 수 있는 공간이 넓고 나선형 리브가 물길을 회전시켜 수평 물길이 잘 만들어진다. 적은 유량 빠른 유속으로 난류를 활발하게 만들면 수율이 빠르게 올라가 추출 시간은 짧아진다. 이런 유량 조절로 물길 방향과 추출 속도에 변화를 주면서 추출 시간을 유연하게 조절한다. 짧은 추출 시간 대비 높은 추출 수율이 가능해 깔끔하면서도 풍부한 커피 향미가 장점이다. 하지만 바리스타의 능숙한 유량 유속 조절이 무엇보다 중요하다. 유량이 너무 많으면 직선 물길이 생겨 큰 추출구로 빠르게 이동하게 된다. 커피 성분을 충분히 녹이지 못해 심한 과소 추출이 발생한다. 또한, 유량이 일정하지 않고 많고 적음이 반복되면 넓은 추출 공간에 다른 난류가 발생하여 과소 과다 추출이 동시에 나타난다.

숙련된 바리스타라면 향미 특징과 관계없이 하리오 드리퍼를 선택할 수 있다. 밝은 로스팅, 강한 산미가 특징인 원두는 녹는 속도가 느리므로 적은 유량, 빠른 유속으로 추출 수율을 높이고 반대로 진하게 로스팅된 원두는 커피 성분이 빠르게 녹기 때문에 유량을 증가시켜 짧은 시간에 추출을 완료한다. 이렇게 커피 향미 연출이 자유로워 바리스타의 개성이 표현되는 드리퍼이다.

고노 드리퍼

추출구 지름	14mm
추출구 개수	1개
리브 형태	짧고 간격이 넓은 직선형
난류 추천	적은 유량 느린 유속
추천 향미	모든 향미에 적함
바리스타 기술력	상

고노 드리퍼는 원뿔 형태로 지름이 14mm인 추출구 1개가 있다. 리브 Rib 는 직선형으로 드리퍼 중간에서 하단까지 연결된 짧은 길이로 비교적 넓은 간격으로 배열되어 있다. 드리퍼 상단에는 리브가 없어 물길을 유도하지 않는다. 물을 붓는 유량 유속 그대로 난류가 만들어진다. 하단에는 직선 리브가 있어 상단보다는 빠르게 물길을 유도한다. 드리퍼 사이즈는 1~2인용, 3~4인용이 있다.

같은 원뿔형인 하리오 드리퍼에 비해 전체적으로 작다. 높이가 낮아 하강 길이가 짧고 내부 공간이 좁아 난류가 활발하게 일어나기 어려운 구조이다. 유량이 조금이라도 많으면 직선 난류가 발생하여 빠르게 추출이 완료된다. 바리스타가 선택하는

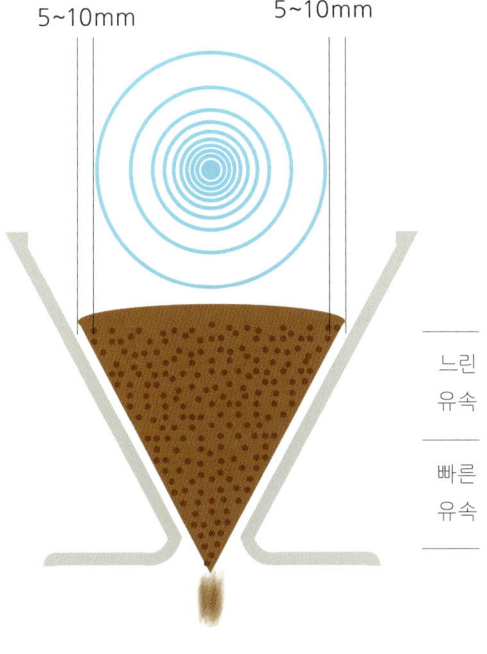

고노 드리퍼 물 붓기

물줄기 종류에 따라 원두 투입양은 비교적 유연하지만 드리퍼 전체 높이의 1/2 또는 그 이상으로 투입량을 정하는 것이 안정적인 추출에 유리하다.

　물을 부을 때 분포된 원두량을 고려하면서 드리퍼 형태대로 원 모양을 그리며 물길을 만든다. 분쇄 원두가 많은 중앙 부위에는 작은 원으로 물길의 횟수를 늘린다. 반면 분쇄 원두가 적은 가장자리 부위는 물길 횟수를 적게 하여 분쇄 입자 단위 수율이 균일하게 추출한다. 특히 고노 드리퍼는 동적인 난류를 거의 활용하지 않기 때문에 물이 입자에 닿는 횟수와 추출 시간이 중요하다. 적은 유량으로 물길을 지나가는 횟수가 많아져야 커피 성분이 충분히 녹는다.

적은 유량과 느린 유속으로 고르게 부어 리브가 없는 상단 부분에서 커피 성분을 천천히 녹인다. 커피 성분이 충분히 녹아 무거워진 용액이 천천히 아래로 내려오면서 하단부 직선 리브를 만나 자연스럽게 유속이 빨라진다. 추출 전반부 시간을 길게 하여 수율을 높이고, 후반부는 많은 유량으로 추출 속도를 높여야 긴 추출 시간 대비 불쾌한 향미가 적어진다.

진한 농도와 깊은 향미를 위해 가는 물줄기로 천천히 부어야 하는 바리스타의 노력이 필수 요소이다. 일부 바리스타들은 한 방울씩 물을 부어 커피 성분을 굉장히 천천히 녹여 적은 유량으로 농도가 매우 진한 커피를 만든다. 이렇게 바리스타가 원하는 향미를 자유롭게 디자인할 수 있어 산미가 높은 커피부터 쓴맛이 나타난 커피 추출까지 가능하다. 고노 드리퍼는 추출 기술과 더불어 인내심이 좋은 바리스타만이 완벽하게 추출할 수 있는 까다로운 드리퍼이다.

추출 원칙과 추출 구간

커피 성분이 물에 녹는 과정에서 적용되는 추출 원칙은 용해 Dissolution, 확산 Diffusion, 여과 Filtration 이다. 분쇄 원두에 물을 붓는 순간부터 추출 3 원칙이 반복되면서 추출이 진행된다. 다음은 추출 원칙의 사전적 정의와 핸드드립에 적용되는 의미이다. 일반적으로 용해는 확산의 개념을 포함한 광의의 개념이다.

용해 Dissolution

정 의	용질이 용매에 녹아 고르게 섞이는 것
의 미	물이 분쇄 원두 세포 안으로 들어가 커피 성분을 녹이는 것

확산 Diffusion

정 의	농도가 높은 곳에서 낮은 영역으로 이동하여 그 차이가 감소하는 것
의 미	세포 안 커피 용액이 밖으로 나오고 세포 밖 물이 안으로 들어 오는 것

여과 Filtration

정 의	액체와 고체가 혼합된 물질을 입자 크기 차이로 분리하는 것
의 미	커피 용액과 원두 찌꺼기가 혼합된 추출액을 필터로 분리하는 것

삼투 현상 Osmosis

원두는 세포로 구성된 일종의 생물에 속한다. 생물에서의 용해 (확산을 포함한 의미) 는 세포막의 무결성을 손상시키는 분해를 의미한다. 세포막 분해를 일으키는 원인 중 하나가 삼투이다. 참고로 바이러스, 효소 등도 세포막 분해를 일으키는 원인이다. 삼투 현상은 세포 내부와 외부의 삼투압 불균형으로 물이 과도하게 세포 내로 들어와 세포가 터지며 세포 분해가 일어나는 현상이다. 원두의 세포벽은 반투과성 막 구조이다. 농도 차에 의해 입자가 작은 물이 세포막을 통과하여 안으로 이동하고 커피 성분을 녹인다. 세포벽 안과 밖 용액 농도가 같아질 때까지 삼투 현상이 계속되면서 커피가 추출되는 것이다.

추출 3 원칙의 적용

드리퍼 안으로 물을 부으면 분쇄 원두 외부에 있는 커피 용액은 농도가 낮아져 세포벽 안으로 들어가고 세포 안 성분이 용해된 진한 용액은 세포 밖으로 나온다. 이렇게 용해와 확산이 반복되고 추출 수율은 높아진다. 무거워진 커피 용액은 필터 밖으로 분리된다. 드리퍼 리브와 필터가 만든 사잇길을 타고 아래로 내려가거나 바로 아래로 하강하여 여과되기도 한다. 핸드드립 추출 전체 과정에서 용해-확산-여과

4가지 추출 유형 - 용해, 확산, 여과 비율 기준

유형 1. 용해만 진행되도록 추출

유형 2. 용해 - 확신 중심으로 추출

유형 3. 용해 - 확산 - 여과가 비슷한 비율로 추출

유형 4. 여과를 중심으로 추출

가 진행되지만 적용되는 비율은 계속 변한다. 일반적으로 추출 초반에는 용해와 확산이 주로 진행되고 후반으로 갈수록 분리 비율이 커진다. 이렇게 변화가 많은 핸드드립 추출을 구간별로 단순화하여 그 이해를 높이는 것이 완벽한 추출을 위해 중요하다.

추출 구간

추출 구간은 물을 붓는 시점을 기준으로 다음 물을 붓기 시작 전까지의 구간을 의미하며 4개의 구간으로 구분한다. 추출 구간 시간이 합해져서 전체 추출 시간이 된다. 전체 추출 시간이 길어지면 커피 성분이 많이 녹지만 불쾌한 향미가 나타날 가능성도 커진다. 전체 추출 시간을 그대로 유지하면서 구간별 추출 시간을 조절하여 원하는 커피 향미를 연출하는 것이 바람직하다. 예를 들어 전반부 추출 구간을 길게 또는 짧게 조절하는 방법으로 수율 변화를 준다. 핸드드립 추출은 분쇄 원두에 물이 닿는 순간부터 시작되며 구간별로 용해-확산-여과 비율 조절로 커피 향미를 만들어가는 과정이다. 구간별 아로마를 반복 확인하여 향미 성분의 용해 정도를 파악한다. 달라지는 아로마를 토대로 추출 구간마다 유량, 유속, 추출 시간을 유연하게 조절한다.

4가지 추출 구간 - 추출 시간 기준

뜸들이기 구간   Wetting Section
1차 추출 구간   1st Extraction Section
2차 추출 구간   2nd Extraction Section
3차 추출 구간   3rd Extraction Section

뜸들이기 구간 Wetting Section

뜸들이기란 건조 상태인 분쇄 원두가 적셔지면서 팽창하는 것이다. 커피 성분이 용해되는 구간으로 충분한 적심 Wetting 을 목적으로 하고 있다. 특히 용해도가 느린 성분의 용해율을 높이는 것이 중요하다. 이 구간은 분리 없이 용해만 가능하도록 물을 부어야 한다. 즉 물이 수평으로 퍼지면서 서버 아래로 떨어지지 않도록 아주 적은 유량으로 분쇄 원두를 고르게 적시면서 조심스럽게 부어야 한다. 물이 분쇄 원두에 닿으면 팽창하고 용해가 시작된다. 원두 내부 가스양은 팽창 정도에 영향을 주며 가스양이 많으면 팽창이 크게 일어난다. 이때 커피 성분이 용해된 액체가 기화하면서 만들어진 아로마 Aroma 를 확인하기 위해 뜸이 들고 있는 젖은 원두에 최대한 코를 가까이하고 깊게 향을 맡는다.

뜸들이기 실패와 성공

뜸들이기 물을 충분히 부어 분쇄 원두가 푹 적셔지고 서버로 떨어지는 물이 전혀 없거나 '똑똑똑' 방울일 때 '뜸들이기 성공'이라고 한다. 반면 '주루루' 흐르면서 연한 커피 물이 아래로 떨어지면 '뜸들이기 실패'이다. 예를 들어 드리퍼 벽면에 직접 물을 붓거나 갑자기 많은 유량으로 부으면 곧바로 서버로 떨어진다. 이 커피 용액은 농도가 아주 연하고 심지어 물과 비슷하기도 하다. 뜸들이기 구간에서 서버로 떨어진 커피 용액이 많을수록 용해가 충분하게 진행되지 않아 전체 추출 과정에서도 커피 성분이 제대로 녹지 못한다. 반대로 뜸들이기 물을 너무 적게 부어 건조 상태인 분쇄 원두가 남아 있거나 레시피로 정해놓은 뜸들이기 시간 전에 표면이 건조해지는 것도 실패이다.

뜸들이기 유량과 유속

뜸들이기에 사용하는 전체 유량은 분쇄 원두 중량의 2~3배가 적당하다. 예를 들어 15g 분쇄 원두를 적실 때 약 40g 물이 필요하다. 유속은 드리퍼 하단에 있는 분쇄 원두까지 충분히 적셔질 만큼 물을 부어도 여과되지 않게 최대한 느리게 한다. 드리퍼 안에 있는 분쇄 원두 입자가 골고루 적셔지도록 분포 깊이를 감안하면서 분쇄 원두가 많은 중앙 부위를 중심으로 붓는다. 가장자리로 갈수록 붓는 물의 양을 줄이고 가장자리 끝 부위는 물길을 만들지 않는 것이 좋다. 물이 퍼지면서 자연스럽게 적셔지기 때문이다. 특히 드리퍼 벽면에 물을 부으면 벽면을 타고 바로 하강하여 과소 추출의 원인이 된다.

뜸들이기 - 원뿔형 드리퍼

뜸들이기 부풀음

삼투 현상으로 물이 세포 안으로 들어가면 세포에 있던 가스가 밖으로 나온다. 드리퍼 리브와 리브 사이 공간을 타고 위쪽으로 자연스럽게 빠져나가게 된다. 가스가 사라진 후에야 분쇄 원두가 물에 적셔지고 용해-확산이 진행된다. 이 과정에서 적셔진 분쇄 원두가 부풀어 오르는데, 꽃이 활짝 피는 것에 비유하여 블룸 bloom 또는 블루밍 blooming 이라고 한다.

부풀음 정도는 원두 내부 공기 압력에 비례한다. 로스팅 후 디개싱 Degassing 이 충분히 이루어지지 않았다면 이산화탄소로 원두가 꽉 차 있다. 이렇게 압력이 높은 분쇄 원두에 물을 부으면 가스가 강하게 밖으로 나오면서 부풀음이 크게 만들어진다. 심지어 뚫고 밖으로 솟구치기도 한다. 가스와 뜨거운 물이 만나 수증기가 되어 공기 중으로 빠져 나가는데 가스양이 많으면 다 빠져나가지 못하고 용해를 방해한다. 그래서 원두 내부에 가스가 많으면 뜸들이기에 필요한 물의 양이 증가하고 시간 또한 길어진다. 반대로 디개싱이 충분하면 부풀음이 적거나 거의 없는 경우도 있다. 커피 성분 용해가 수월하여 수율이 빨리 높아져 농도가 진하게 추출된다. 하지만 물의 하강을 잡아주는 이산화탄소가 부족하기에 최대한 적은 유량과 느린 유속으로 뜸들이기를 하는 것이 좋다.

뜸들이기 시간

뜸들이는 시간은 보통 30초 전후이지만 정확한 시간은 추출 환경 차이로 달라진다. 뜸들이기 시간을 결정할 때 고려해야 할 주요 사항은 물 붓는 기술력, 원두의 로스팅 칼라, 분쇄 원두의 분쇄 입도이다.

많은 유량으로 물을 부어 여과가 발생하면 원두 세포 안으로 수분이 충분히 들어가지 못해 예상보다 빠르게 건조가 진행된다. 원두 내부에 수축이 일어나면 젖은

뜸들이기 구간 난류와 추출량

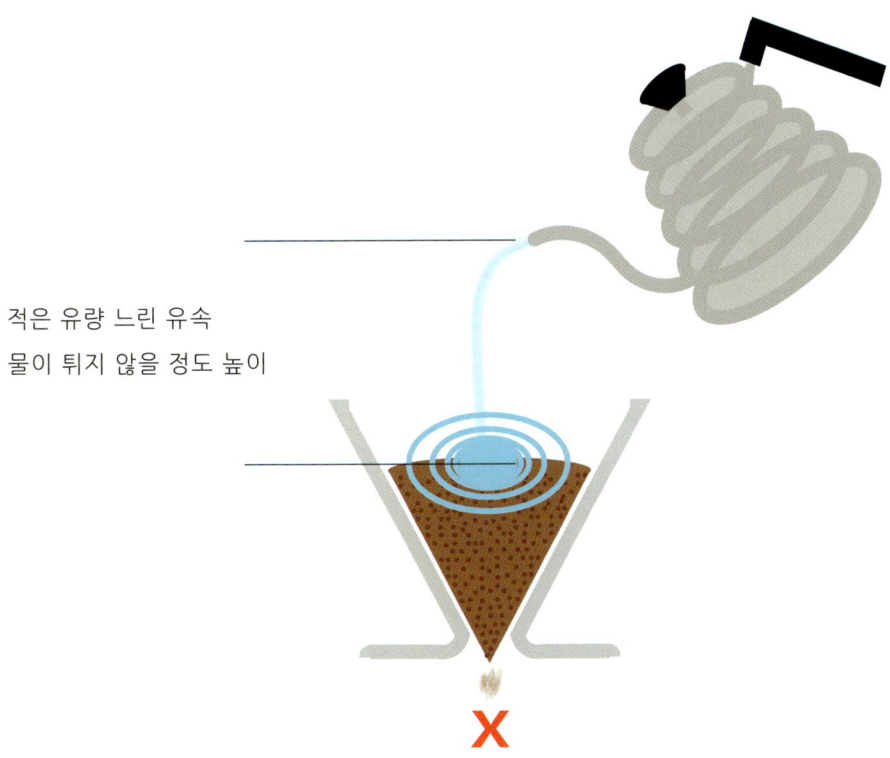

적은 유량 느린 유속
물이 튀지 않을 정도 높이

분쇄 원두 표면이 갈라지는 현상이 발생한다. 이렇게 건조가 시작되면 충분한 불림이라는 뜸들이기 목적을 달성하지 못한다. 다시 물을 부어도 삼투 현상이 원활하게 진행되지 않아 추출 시간이 예상보다 길어진다. 뜸들이기 시간을 30초로 정했어도 적셔진 분쇄 원두에 수축이 발견되면 바로 물을 부어 본 추출을 시작하는 것이 좋다. 뜸들이기부터 계획에서 벗어난다면 전체 레시피 수정은 불가피하다.

분쇄 입도가 거칠면 입자 내부 가운데까지 물이 스며드는데 시간이 많이 필요하다. 여과 없이 느린 확산과 충분한 용해가 이루어지도록 유량을 아주 가늘게 하면서 천천히 물을 붓는다. 이 방법으로 뜸들이기 시간을 길게 유도해야 한다. 반대로 분쇄 입도가 가늘면 뜸들이기 시간이 짧아진다.

분쇄향이 산뜻한 과일의 산미로 가득하고 로스팅 포인트가 시티보다 밝은 원두의 경우 뜸들이기 시간을 30초 이상 충분히 하는 것이 좋다. 원두 구조가 단단하여 물을 흡수하는데 시간이 많이 소요되기 때문이다. 반대로 진한 로스팅 칼라, 건열 반응에 의한 향미가 나타나는 원두는 뜸들이기 시간을 10초 이하로 짧게 할 수도 있다.

뜸들이기와 커피 향미

분쇄 원두 향인 프레그런스 Fragrance 로 전체적인 향미를 느끼고 분쇄 입도를 확인한 후 뜸들이기에 적합한 유량, 유속, 시간을 계획하고 물을 붓는다. 물 붓기가 끝나면 수증기로 올라오는 아로마 Aroma 를 후각으로 감지한다. 아로마를 반복하여 확인하면서 용해되고 있는 커피 성분에 대한 정보를 수집한다. 1차 추출 구간의 난류와 시간을 결정한다. 만약 아로마에서 향미 손실이나 결점이 나타나면 녹이고자 하는 성분을 신중하게 확인하고 구간별 난류와 추출 시간을 수정한다.

1차 추출 구간 1st Extraction Section

1차 추출 유량과 유속

1차 추출은 용해와 확산을 중심으로 추출하면서 수율을 높이는 것이 중요하다. 새로운 물이 계속 공급되어 원두 세포 내부에서는 용해-확산이 활발하게 진행되고 서버로 떨어진 커피 추출양을 적게 하는 추출이 보편적이다. 적은 유량과 빠른 유속으로 물길이 아래로 향하는 것을 최소화하면서 활발하게 난류를 일으킨다. 특히 뜸들이기가 불충분하거나 맛있는 성분이 많아 수율을 높이고 싶다면 용해에 더 초점을 맞추어 1차 추출을 진행한다. 간혹 뜸들이기를 한 번 더 한다는 생각으로 1차 추출을 하기도 한다. 반대로 뜸들이기 구간에서 용해가 과하게 진행되어 1차 추출 구간 아로마에서 예상하지 못한 향미가 느껴지면 유량을 늘려 확산과 여과 비율을 높여야 한다.

1차 추출량과 추출 시간

적절한 1차 추출량을 특정하기란 거의 불가능하다. 예를 들어 용해 위주로 1차 추출을 진행하면 전체 추출량의 30% 정도가 된다. 용해와 확산을 동일한 비율로 하면 추출량의 50% 정도이고 여과까지 진행한다면 추출량이 그 이상이 된다. 그리고 추출구 면적이 작은 드리퍼의 경우 물을 많이 부으면 필터 뒤쪽으로 물이 넘칠 수 있다. 추출된 커피에 가루가 떨어질 수 있으므로 어느 정도 차오르면 1차 추출을 끝내야 한다. 특히 멜리타 드리퍼는 1차 추출량 한계가 명확하다. 추출구가 넓은 드리퍼의 경우 많은 유량으로 1차 추출을 하면 여과가 빠르게 진행되어 예상보다 빠르게 수축이 진행된다. 과소 추출이 나타나고 의도치 않게 2차 추출이 앞당겨진다. 적은 유량으로 물을 붓는 것이 어렵다면 추출구가 작은 드리퍼를 선택하거나 유량 조절이 편하게 디자인된 포트를 선택하는 것이 좋다.

1차 추출물을 부은 후 드리퍼 위로 올라오는 아로마를 확인하면서 추출되고 있는 커피 성분을 파악한다. 아로마 확인 과정에서 좋지 않은 향미가 나타나면 추출 시간을 단축하여야 한다. 2차 추출을 바로 시작하는 방향으로 레시피를 수정한다. 1차 추출 시간을 커피 향미 기준으로 조절하면 1차 추출양은 계획보다 10~20% 길어지거나 짧아질 수 있다.

1차 추출과 커피 향미

밝은 로스팅과 강한 산미가 특징인 원두는 적은 유량, 빠른 유속으로 용해와 확산을 중심으로 1차 추출을 하는 것이 바람직하다. 원두에 포함되어 있는 부드러운 성분이 적기에 이 성분이 용해되도록 1차 구간의 시간, 유량, 유속을 결정하는 것이 중요하다. 고소하고 캐러멜 같은 단향이 특징인 원두는 용해 속도가 상대적으로 빠르다. 중간 유량, 빠른 유속으로 여과 비율을 조금 늘리는 레시피가 가능하다. 진한 초콜릿과 탄향이 나타나는 원두는 1차 추출에서 여과 비율을 늘리는 것이 좋다.

2차 추출 구간 2st Extraction Section

2차 추출 유량과 유속

2차 추출은 용해, 확산, 여과 모두 활발하게 이루어지는 구간이다. 1차 추출과 비슷하게 빠른 유속으로 활발한 난류를 유도하여 충분한 용해를 지속시키면서 1차 추출보다 많은 유량으로 확산과 여과 비율을 늘려야 한다. 2차 추출의 핵심은 용해 속도가 느린 성분들을 얼마나 녹이느냐이다. 여과 속도가 너무 빠르면 과소 추출로 부드러움이 부족할 수 있고 반대로 너무 느리면 과다 추출로 불쾌하고 탁한 느낌이 나타난다. 1차 추출 시간, 추출량, 아로마를 종합적으로 확인한다. 2차 추출의 용해-확산-여과 정도를 선택하고 난류를 조절해야 한다.

1차 추출 구간 난류와 추출량

적은 유량 빠른 유속

목표 추출량

1차 추출량

2차 추출 구간의 적합한 난류를 특정하기란 어렵다. 1차 추출로 만들어진 커피 향미와 농도 기준으로 2차 추출의 용해와 확산 비율로 난류를 선택한다. 완벽한 핸드드립 추출을 위해 많은 연습으로 차근차근 실력을 쌓는다. 자신만의 개성을 만들어 가는 긴 호흡이 필요하다.

2차 추출량과 추출 시간

1차 추출과 2차 추출로 커피 향미의 80% 이상 결정된다. 2차 추출 구간의 추출량과 시간은 1차 추출 결과에 영향을 받는다. 만약 2차 추출 물붓기를 마무리했음에도 커피 성분이 충분히 녹지 않았다면 전체 추출량의 오차 범위 내에서 2차 추출을 한 번 더 수행한다. 간혹 드리퍼 대비 전체 추출량을 많이 할 경우 분쇄 원두 투입량이 많아져 추출 용액이 드리퍼 상단까지 빠르게 올라와 전체 추출량을 달성하기 위해 2차 추출을 여러 번 수행하기도 한다. 이런 상황에서는 여과 속도가 상대적으로 빠른 하리오 드리퍼를 선택하는 것이 합리적이다.

반대로 드리퍼 대비 투입량이 적으면 2차 추출 구간에서 여과가 빠르게 진행되어 풍성한 느낌과 부드러움이 부족한 커피가 될 가능성이 크다. 추출구가 작은 사다리꼴형 드리퍼 또는 평바닥형 드리퍼를 선택하여 여과 속도를 제어하는 것이 효율적이다. 1차 추출처럼 2차 추출물 붓기가 마무리되면 달라진 아로마를 후각으로 확인하고 3차 추출 레시피를 결정해야 한다.

2차 추출 구간 난류와 추출량

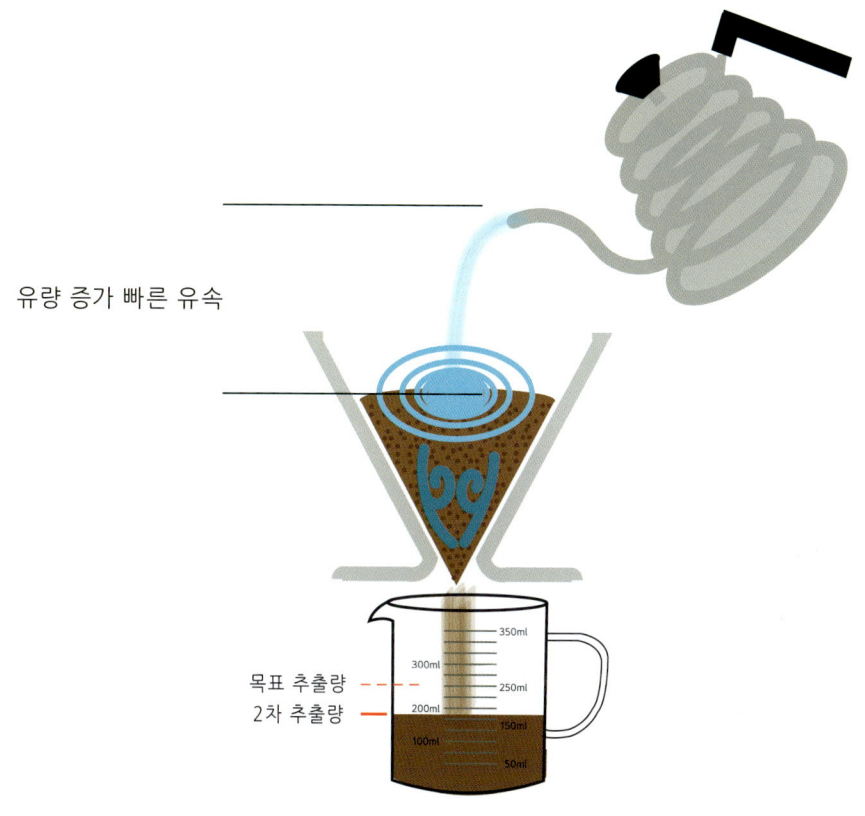

유량 증가 빠른 유속

목표 추출량
2차 추출량

Perfect Handdrip

3차 추출 구간 3st Extraction Section

2차 추출로 맛있는 커피 성분 용해가 마무리되는 시점이 되면 세포 안과 밖의 농도차가 작아지고 용해-확산 진행 속도가 느려진다. 점점 비극성 물질이 활성화되어 녹기 때문에 빠른 여과로 추출을 마무리하는 것이 불쾌한 향미를 줄이는 방법이다. 3차 추출은 여과를 중심으로 진행되는 구간으로 서버로 떨어지는 속도를 빠르게 하여 여과를 촉진한다. 이를 위해 많은 유량으로 직선으로 부어 물길이 아래로 향하게 한다.

3차 추출로 전체 추출 목표량에 다다르면 드리퍼 안에 물이 남아 있더라도 드리퍼를 옆으로 이동시켜 추출을 마무리한다. 옆으로 이동시킬 때 드리퍼에 남아 있는 커피액이 바닥으로 떨어질 수 있으니 머그잔 같은 보조 서버를 최대한 가깝게 한다.

3차 추출 중인 평바닥형 드리퍼

3차 추출 구간 난류와 추출량

많은 유량 직선 낙하

3차 추출량

커피 추출 완성도 확인

핸드드립 추출이 얼마나 완성도가 높은지 확인하는 방법은 2가지가 있다.

첫 번째는 커피를 시음하는 것이다. 추출한 향미의 특징, 부족한 향미 또는 불쾌한 향미의 종류와 원인을 관능 평가를 통해 파악한다. 전체적인 플레이버 Flavor의 다양성과 풍성함, 바디 Body의 질감과 부드러움, 여운 Aftertaste 의 길이와 불쾌한 향미 유무를 확인한다. 커피 강도 즉 농도가 마시기에 적당한지 입안에서 느낌도 중요하다.

두 번째는 추출 완료 후 커피 찌꺼기 모양과 냄새를 통해 확인하는 것이다. 드리퍼 내부에 남아 있는 커피 찌꺼기 모양은 드리퍼 형태를 유지하면서 패인 부분이 없이 고르게 분포되어 있어야 한다. 원하는 성분이 다 녹았는지 확인하기 위해 찌꺼기 향을 맡기도 한다.

맛있는 커피

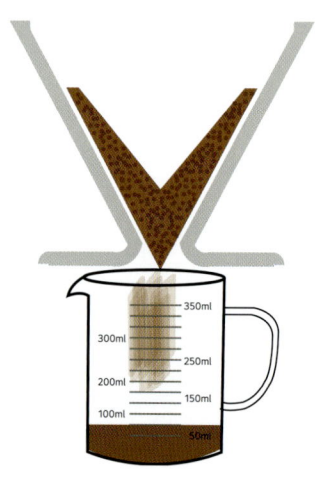

보조 서버로 이동된 드리퍼

핸드드립 추출 기준

핸드드립 추출 기준은 완벽한 커피가 추출되도록 추출 비율 Brew Ratio, 분쇄도 Grind size, 추출 온도 Brew temperature, 추출 시간 Brew time, 난류 Turbulence를 정하는 것이다. 이 기준들이 특별한 이유는 유연성으로 5가지 기준 모두 선택 가능한 범위가 넓다. 추출이 진행되는 동안 서로 상호작용을 하면서 커피 향미가 만들어지기에 모범 답안처럼 추출 기준을 정하기가 어렵다. 바리스타마다 선호하는 추출 도구가 다르고 추출 방법이 다양하여 핸드드립 추출은 '맞다 또는 틀리다.' 라는 이분법적 사고로는 해결이 되지 않는다. 결과적으로 완벽한 핸드드립은 추출 기준에 관한 전체적인 이해가 우선되어야 한다.

난류 Turbulence

난류는 핸드드립 추출의 핵심 기준으로 같은 원두, 같은 추출 환경이라도 방향과 세기 차이만으로 다른 느낌의 커피 향미가 추출된다. 바리스타 각자가 선호하는 난류와 물줄기를 조절하는 숙련도가 다르다. 개인별 차이가 크기에 명확한 기준을 정하여도 실제로 지켜지지 않을 확률이 높다. 카페에서 핸드드립을 메뉴로 선택하기 어려운 가장 큰 이유이다. 모든 바리스타의 추출 역량을 올리는 것은 쉬운 일이 아니므로 난류의 영향을 최소화하는 드리퍼를 선택하여 추출 기준을 정하는 것이 현실적인 대안이 되기도 한다.

추출 비율 Brew Ratio

추출 비율은 원두와 추출한 커피양을 나타내는 비율로 커피 강도(농도)를 의미하는 수치로 추출 비율이 낮을수록 진한 커피이다. 예를 들어 1:10 비율이 1:17 비율보다 진한 농도를 의미한다. 맛있는 추출 비율을 커피 황금 비율 Coffee Golden Ratio 라고 하는데 1:10 ~ 1:18 정도로 그 범위가 넓다. 커피를 마시는 농도는 개인별 차이가 크기 때문이다.

추출 비율은 추출 수율에 도달하는 것을 전체 조건으로 한다. 만약 20%로 추출 수율이 정해졌다면 이를 달성하기 위해 물을 얼마나 사용하느냐가 추출 비율에 있어 핵심 문제이다. 원칙은 간단하다. 원하는 추출 수율을 위해 물을 많이 부으면 농도가 연하게 된다. 물을 적게 부어 추출 수율에 도달한다면 진한 커피가 된다.

초시계 기능이 있는 0.1g 저울

추출 비율 계산에 필요한 원두 양과 추출양은 저울로 계량하여 정확한 데이터를 확보하는 것이 중요한다. 원두의 양은 분쇄 전 홀빈 상태로 계량한다. 추출양을 확인하는 방법은 2가지가 있다. 구간별로 물 붓는 양을 저울로 측정하는 방법과 계량 눈금이 정밀한 서버를 활용하여 구간별로 추출된 커피량을 확인하는 방법이 있다. 왼쪽 그림에 있는 저울은 초시계 기능이 추가되어 있는 제품으로 추출량과 추출 시간을 동시에 확인이 가능하다.

바이패스 Bypass

  바이패스란 추출이 종료된 후 물을 부어 농도(강도)를 맞추는 것이다. 만약 추출한 커피가 마시기에 부담스러울 정도로 진하다면 물을 부어 농도를 맞춘다. 이 때 추출 비율을 감안하여 추가할 물의 양을 정한다. 특히 물온도는 추출한 커피의 온도와 비슷하게 한다. 깔끔한 느낌의 커피를 좋아하는 한국 사람들은 바이패스를 나쁘다고 생각하지 않지만, 서구권에서는 인식이 좋은 편은 아니다.

바이패스 Bypass를 하는 모습

분쇄 입도 Grind size

핸드드립 추출에 적합한 분쇄 입도는 백설탕 지름 정도인 0.5mm부터 1mm까지 선택 가능한 범위가 상당히 넓다. 이 선택은 바리스타의 추출 성향으로 결정된다. 예를 들어 추출 시간을 짧게 하는 성향이라면 선호하는 분쇄 입도가 가는 편일 것이다. 하지만 중간 입도로 분쇄되더라도 다른 추출 기준을 변경하여 수율을 맞출 수는 있다. 또한 추출 비율에서 물의 비율이 높다면 입도가 미세할 필요가 없다.

보통 핸드드립 추출 경험이 많으면 좋아하는 분쇄 입도는 정해져 있다. 반면 핸드드립 추출 경험이 많지 않으면 입도 결정은 정답이 없는 문제가 된다. 만약 분쇄 입도 선택이 어렵다면 다른 추출 조건들은 동일하게 유지하고 입도만 바꾸어 커피를 추출한다. 입도 차이로 다르게 만들어진 커피 향미를 확인하고 선호하는 입도를 결정한다. 경험이 쌓이거나 추구하는 커피 향미가 바뀌면 선호 입도 또한 달라진다.

분쇄 입도의 지름

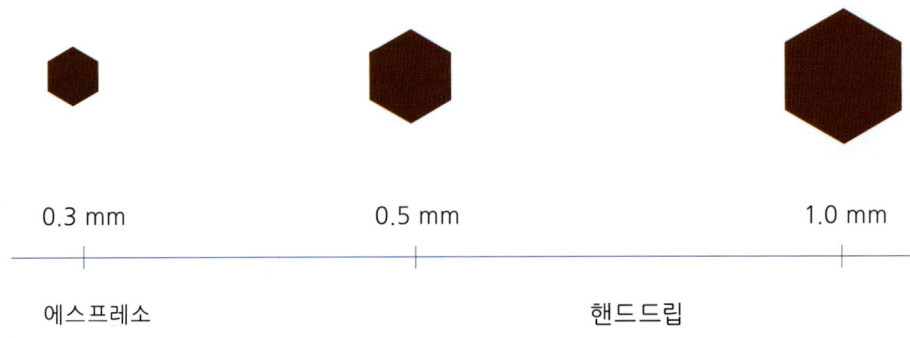

분쇄 입도와 원두 밀도

분쇄 입도를 정하면 그 입도대로 그라인더 조절을 해야한다. 이 조절에 절대적 영향을 주는 요인은 원두의 단단함 즉 밀도이다. 그라인더 날 사이 간극이 동일해도 밀도가 높아 단단한 원두는 거칠게 분쇄되고 밀도가 낮은 원두는 가늘게 분쇄된다. 밀도는 원산지, 품종, 로스팅 칼라 등에 의해 영향을 받는다. 이 중 가장 크게 영향을 미치는 요인은 로스팅 칼라이다. 같은 생두라도 로스팅 칼라가 다르면 밀도 차이가 크다. 그라인더 날 간극을 조절하지 않으면 상당히 다른 입도로 분쇄되며 간혹 눈으로 구분이 될 정도로 차이가 발생하기도 한다.

핸드드립 추출을 위해 분쇄한 원두

원두 밀도와 로스팅 칼라

분쇄 전 로스팅 칼라와 분쇄 후 칼라가 다른 경우도 있다. 로스팅 기술이 부족하여 고르게 볶아지지 않아 발생하는 문제이다. 분쇄 전후 칼라가 일치할수록 잘 볶은 로스팅이며 예상한 분쇄 입도와 정확하게 일치한다. 만약 표면이 어둡고 내부가 밝다면 예상보다 강한 밀도로 인해 거칠게 분쇄된다. 원두 겉면과 내부 칼라 차이가 크면 입자 단위에서 입도 차이가 발생하고 분쇄한 원두의 칼라가 고르지 않아 얼룩덜룩하게 보인다. 커피 성분이 녹는 속도가 동일하지 않아 수율이 고르게 나오지 않는다. 추출 환경에 상관없이 과소 과다 추출이 발생하여 완벽한 커피 추출이 불가능하다. 균일한 로스팅 칼라를 가지고 있는 원두 선택이 중요하다.

분쇄 후 로스팅 칼라 변화와 추출

⬢	분쇄 후 원두 표면과 동일한 칼라 예상한 분쇄 입도	적정 추출
⬢	분쇄 후 예상보다 진한 로스팅 칼라 고운 분쇄 입도	과다 추출
⬢	분쇄 후 예상보다 밝은 로스팅 칼라 거친 분쇄 입도	과소 추출

원두 밀도와 상대 습도

상대 습도 (온도에 연동하여 계산되는 습도) 또한 분쇄에 영향을 미친다. 비가 오는 습한 날에는 그라인더 날에서 분쇄 원두가 느리게 분리되어 분쇄 시간이 길어지고 입도가 미세해진다. 그라인더 날의 간극을 벌려 입도를 거칠게 조절해야 한다. 그라인더를 분해 청소 후 재조립하면 날의 간극이 정확하지 않을 수 있으니 전체 원두를 한 번에 다 분쇄하지 말고 원두 일부분을 분쇄하여 입도를 확인하는 것이 좋다. 예상 분쇄 입도와 차이가 있다면 날 간극을 다시 조절한 후 전체를 분쇄하는 것이 합리적이다.

입도 분별과 추출

이렇게 다양한 변수로 시각적 분별이 가능할 정도의 입도 차이가 발생한다. 입도는 정확히 수치로 측정할 수 없어 적절한 입도 여부를 확인하는 방법은 눈으로 자세히 관찰하고 손의 촉감으로 거친 정도를 느끼는 것이다. 그래서 입도를 확인하려는 바리스타의 의지가 무엇보다 중요하다. 원두 종류가 다양해도 핸드드립용 그라인더는 일반적으로 한 대를 사용한다. 원두 특성에 맞게 3~4가지로 분류하여 그라인더 조절 기준을 정하는 것이 효율적이다.

분쇄 입도는 분쇄가 끝나야 알 수 있는 추출 기준으로 항상 불확실성이 존재한다. 예상한 입도와 다르다고 해서 분쇄한 원두를 폐기할 필요는 없다. 추출 기준을 변경하여 추출 수율 달성이 가능하기 때문이다. 예를 들어 입도 지름이 예상보다 가늘다면 과다 추출 위험이 크다. 적정한 추출 수율을 위해 난류를 약하게 하거나 추출 온도를 낮추는 방향으로 레시피를 수정한다. 반대로 예상보다 분쇄 입도가 거칠면 커피 성분이 늦게 녹는다. 난류를 활발하게 만들고 추출 온도를 높여 과소 추출의 위험을 줄인다.

추출 온도 Brew temperature

핸드드립에 적당한 물 온도는 85~95℃ 로 선택 범위가 넓은 편이다. 온도 편차가 클수록 수율에 주는 영향도 크다. 예를 들어 동일한 원두를 88℃ 물로 추출한 커피와 93℃ 물로 추출한 커피의 향미는 상당히 다르다. 1℃ 차이라면 아주 섬세하게 커피 향미가 바뀐다. 온도계로 실제 물 온도를 측정하는 것이 바람직하다. 계획한 온도와 차이가 크면 더 끓이거나 식혀서 맞추는 것이 좋다. 1~2℃ 차이라면 추출 레시피를 수정하여 추출 수율을 맞추는 것이 가능하다.

온도 조절

핸드드립 추출 시 물 온도가 고정된 환경이 일반적이다. 예를 들어 카페에서 사용하는 온수기는 온도가 일정하게 설정되어 있어 원두 향미 차이가 있어도 온도 변경이 불가능하다. 추출 기준을 정할 때 온도는 변수가 될 수 없다.

가정에서 물을 뜨겁게 하는 방법이 일정하다면 온도를 미리 알아두는 것이 좋다. 일반 전기 포트는 93℃로 데워지고 한 번 더 데우면 95℃까지 온도가 올라간다. 만약 가스불로 물을 팔팔 끓이면 100℃ 이상 올라가 식혀야 한다. 이 때 온도계가 없다면 정확한 온도를 맞추는 것이 힘들다.

추출 물 온도를 자유롭게 바꾸고 싶다면 온도 설정 기능이 있는 전기 드립 포트를 사용하는 것이 효과적이다. 디자인과 합리적인 가격을 모두 갖춘 다양한 제품들이 출시되어 있다.

추출 시간 Brew time

핸드드립 추출 시간은 바리스타가 구사하는 유량 유속에 상당한 영향을 받으며 선택 범위가 넓다. 물을 부을 때 점처럼 똑똑 떨어뜨리며 추출하는 점 드립은 추출 시간을 정하는 것이 무의미하다. 추출 시간은 정답이 없는 문제와 같다. 이것이 핸드드립의 매력이다.

핸드드립에서는 전체 추출 시간보다 구간별 추출 시간이 중요하다. 구간별 추출 시간을 다 더하면 전체 추출 시간이 되는 것이다. 카페에서 레시피를 정할 때 구간별 추출 시간과 추출량을 구체적으로 정하면 일정한 핸드드립 추출이 가능해진다. 예를 들어 핸드드립 커피 150cc를 추출한다면 30초 뜸들이기, 1차 추출 20초, 2차 추출 20초, 3차 추출 10초, 전체시간 1분 20초처럼 구체적인 시간을 정하는 것이 좋다. 추출하는 동안 구간별 시간을 확인한다.

추출 온도 설정이 가능한 전기 드립포트

나의 핸드드립 추출 루틴(습관)

내가 가장 좋아하는 커피 향미는 과일의 산미가 다양하며 고소하고 부드러운 촉감과 긴 여운이 있는 커피이다. 원산지는 코스타리카, 품종은 카투아이 Catuai, 가공방법은 허니 프로세싱, 재배고도는 1400m 이상, 로스팅 포인트는 하이 #65 ~ 시티 #55 사이인 원두가 대표적이다. 물론 로스팅 과정에서 마이야르 반응과 카라멜화가 완성도 높게 진행된 원두를 좋아한다.

위와 같은 원두로 커피를 내린다면 1차 추출은 전체 추출의 1/4 정도로 적게 한다. 간혹 아로마 확인을 통해 뜸들이기가 충분하지 않다고 판단되면 용해를 중심에 두어 1차 추출양을 더 적게 하기도 한다. 반대로 생각보다 용해가 빠르게 진행되면 1차 추출량을 늘리기도 한다. 1차 추출량을 기준으로 2차, 3차 추출은 달라진다. 반복적으로 아로마를 확인하면서 추출 구간을 결정하는 편이다.

나의 추출 루틴 (습관)을 기준으로 구간별 추출량은 다음과 같다.

1차 추출 : 전체 추출량의 20~30%

2차 추출 : 전체 추출량의 50~60%

3차 추출 : 전체 추출량의 20%

커피 향미, 로스팅 칼라, 분쇄도 등 추출 기준이 바뀌면 이 루틴에 변화를 준다.

이렇게 자유롭게 하는 이유는 원두 종류가 다양하고 같은 원두라도 산패가 계속 진행되어 커피 향미가 다르기 때문이다.

5개 추출 기준 중 난류를 통해 추출 완성도를 높이는 것이 다른 추출 기준을 바꾸는 것보다 편하여 하리오 드리퍼를 선호한다. 짧은 추출 시간동안 추출 수율을 높이는 난류를 만들어 커피를 내린다. 물의 온도는 92℃ 정도, 분쇄 입도는 0.7mm 정도로 로스팅 칼라 변화가 없는 한 일정하게 유지하는 편이다. 추출을 하는 중간에 반복적으로 커피 향미를 확인하고 용해된 성분과 용해할 성분을 감각적으로 느끼며 물의 흐름을 조절한다. 이런 나의 핸드드립 성향은 급한 성격, 정확한 아로마 변화의 이해와 판단, 높은 추출 기술을 바탕으로 만들어졌다.

나의 핸드드립 레시피

원산지	로스팅칼라	물의 온도	분쇄 입도	추출 시간	난류
코스타리카	#65 ~ #55	92℃	설탕보다 약간 두껍게	짧은 편	강

핸드드립 추출 환경

태양
커피 향미 선택

잎사귀
추출의 실행

열매
맛있는 커피

작은 줄기
추출 환경 조성

큰 줄기
커피 향미 자각

뿌리
난류 조절 기술

대지
추출 기준 설정

완벽한 핸드드립 추출을 위해 적합한 추출 기준을 세운 후 편안하고 정확한 추출이 지속되도록 추출 환경을 만든다. 효율성, 생산성, 정확성, 완벽성을 감안하여 다음과 같은 순서와 방법으로 추출 환경을 조성한다. 이것이 추출 레시피이다.

1. 원두 향미 특성을 파악하고 추출 수율과 강도(농도)를 결정한다.

선택한 원두의 전체적인 향미를 이해하기 위해 커핑을 한다. 추출하고자 하는 커피 성분을 결정하고 시범 추출을 하여 맛있는 강도(농도)와 추출 수율을 정한다. 이때 TDS 계측 장비를 활용하여 강도를 확인하고 수율 공식으로 계산하면 정확한 추출수율을 도출한다.

2. 추출 비율을 결정하고 커피 추출량과 원두 투입량을 정한다.

추출 수율과 강도(농도)를 기준으로 추출 비율을 결정한다. 커피 추출량은 선택한 잔 크기에 의해 결정된다. 일반적인 잔 용량은 작은 찻잔의 경우 150cc 정도이고 머그잔의 경우 300cc 정도이다. 잔을 기준으로 추출량이 다르므로 추출 비율을 계산하여 원두 투입량을 결정한다. 예를 들어 150cc 정도 추출한다면 15±3g 범위에서 투입양을 정한다. 선호하는 향미 또는 농도가 있으면 이 범위를 벗어날 수 있다.

3. 드리퍼 종류를 선택한다.

원두 투입량, 추출 수율 및 강도(농도), 핸드드립 추출 기술 숙련도를 고려하여 드리퍼 종류를 결정한다. 특히 난류 기술이 부족하거나 개인별 편차가 크다면 추출구가 작은 드리퍼를 선택하는 것이 바람직하다.

4. 원하는 분쇄 입자를 위해 그라인더 분쇄도를 조절한다.

로스팅 칼라를 기준으로 분쇄 입자 크기를 결정하고 그라인더 분쇄도를 조절한다. 원두 개봉전 원산지, 품종 등 기본적인 생두 정보로 밀도와 커피 향미를 예상한다. 원두 개봉 후 로스팅 칼라와 향미를 확인하고 밀도에 적합한 분쇄 입도로 그라인더 간극을 조절한다. 분쇄 원두를 시각과 촉각으로 거친 정도를 확인하고 예상과 다르다면 반복하여 그라인더를 조절한다. 한두 번의 조절로 입도 조절을 완료하는 것이 바람직하다. 추출 후 관능 평가를 통해 향미 결점이 나타나면 다시 조절한다.

5. 추출 온도를 결정한다.

로스팅 칼라, 드리퍼 종류에 따른 난류의 영향, 분쇄 입도 등 추출 기준을 감안하여 추출 온도를 결정한다. 시험 추출로 커피 향미를 확인한 후 추출 온도를 다시 조절한다. 예를 들어 과다 추출이 조금 발생하면 추출 온도를 1~2℃ 낮게 하고 반대 경우에는 추출 온도를 올린다.

6. 구간별 추출 시간과 추출량을 결정한다.

구간별 추출 시간은 전체 추출 시간보다 추출 수율과 커피 향미에 미치는 영향력이 훨씬 더 크다. 누가 추출하더라도 일정하게 커피 향미를 얻고 싶다면 구간별 추출 시간을 정확하게 결정할 필요가 있다. 추출 레시피를 결정할 때 초시계로 추출 시간을 측정하면서 정확한 데이터를 확보하는 것이 중요하다.

구간별 추출량은 저울로 물 붓는 양을 측정하거나 계량 눈금이 정교한 서버로 추출량을 확인하며 데이터를 확보해야 한다. 이런 방법으로 구간별 추출 시간과 추출량을 sec(초), ml, g 단위로 정확한 추출 레시피를 만들어야 한다.

7. 구간별 난류를 결정한다.

뜸들이기, 1차 추출, 2차 추출, 3차 추출 물줄기를 커피 향미에 맞게 결정한다. 뜸들이기는 적은 유량 느린 유속을 가진 물줄기로 수평 방향의 난류가 적절하다. 1차 추출은 적은 유량 빠른 유속 물줄기, 2차 추출은 많은 유량 빠른 유속 물줄기, 3차 추출은 많은 유량 느린 유속 물줄기가 일반적이다. 하지만 물줄기 기술이 부족하면 이 기준대로 추출이 불가능하다. 바리스타 근무자가 많고 숙련도 차이가 크다면 난류 영향을 최소화하는 레시피가 바람직하다.

핸드드립 추출 단계

완벽한 핸드드립 추출에서 가장 중요하고 기본적인 기술은 정해진 레시피대로 정확하게 추출하는 것이다. 추출 단계와 동작을 하는 이유을 정확하게 이해하고 핸드드립 추출에 필요한 기술을 연마하는 것이 바람직하다. 반복 실습으로 기술 숙련도가 높아지고 그 과정에서 향미 자각 능력도 동시에 향상된다.

추출 기술 숙련도가 높아지면 정확하고 유연한 핸드드립 추출 업무가 가능하다. 고객이 산미가 살짝 더 강한 커피 또는 더 부드러운 커피 같이 구체적인 요구를 한다면 즉석에서 구간별 추출 시간, 구간별 추출량 또는 난류 조절로 바로 해결할 수 있다. 핸드드립은 바리스타의 손동작으로 아름다운 커피 향미를 만드는 특별한 추출 방법이다. 그 수려한 동작은 섬세하게 표현되어 예술이 된다.

핸드드립 추출 21 단계

1. 핸드드립 도구 및 추출 환경 확인하기

핸드드립 도구가 제 위치에 있는지 확인하고 원두 상태, 그라인더 정상 작동 여부, 물 온도 등 추출 환경을 꼼꼼히 점검한다.

2. 드리퍼에 적합한 필터 장착하기

드리퍼 형태 및 크기에 적합한 종이 필터를 선택하고 접착면을 접어 장착이 풀리지 않도록 접는다. 접착면을 접을 때는 접착 부위 끝에 최대한 가깝게 하여 접는다. 필터 부위가 접히게 되면 크기가 작아져 드리퍼 장착이 잘 안 될 수 있다. 원뿔형 드리퍼에 사용하는 필터는 접착면이 하나이고 사다리꼴 드리퍼 종이 필터는 접착면이 두 개이다. 사다리꼴 드리퍼 필터의 경우 아래 그림과 같이 접착면을 반대 방향으로 접으면 잘 풀리지 않아 장착이 수월하다.

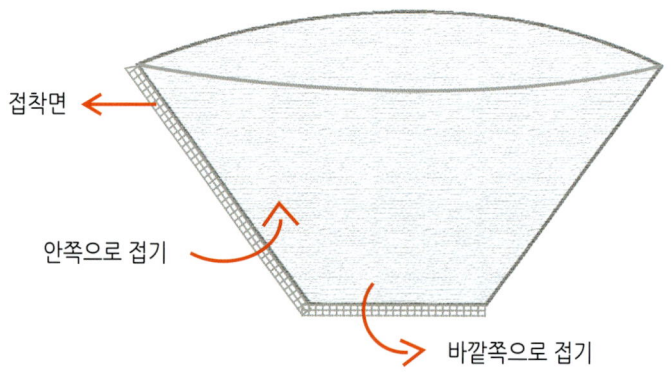

3. 드리퍼와 서버 예열하기

드리퍼와 드립 서버를 추출 온도까지 올리기 위하여 뜨거운 물을 충분히 부어 전체적으로 예열한다. 예열 물량은 정해져 있지 않지만 충분하게 예열이 이루어지면 된다. 서버 전체 용량의 1/3 ~ 1/2 로 정한다. 추출구가 작은 드리퍼는 많은 유량으로 움직임 없이 물을 부어도 물이 드리퍼 위까지 차올라 자연스럽게 상단까지 예열이 가능하다. 하지만 추출구가 큰 드리퍼는 천천히 원을 그리면서 뜨거운 물을 부어야 드리퍼가 전체적으로 예열된다. 특히 유리, 도자기 또는 금속 드리퍼는 예열하지 않으면 드리퍼에 빼앗기는 열이 많아 추출 온도가 급격히 떨어진다. 특히 뜸들이기 구간 온도가 떨어져 용해가 충분히 이루어지지 않는다. 결과적으로 과소 추출 위험성이 높아진다.

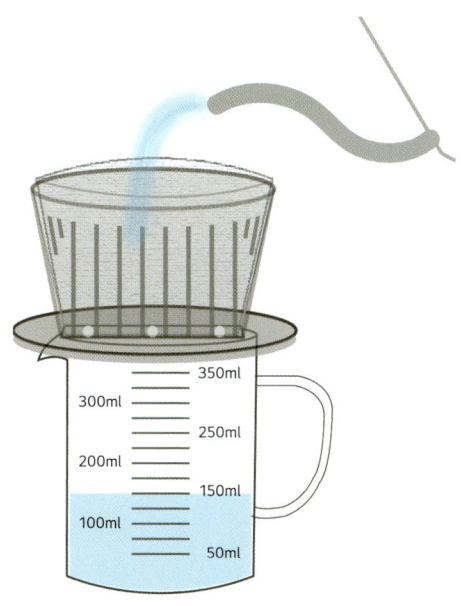

필터가 장착된 드리퍼와 서버 예열하기

4. 잔 예열하기

핸드드립 잔 예열은 필수이다. 핸드드립 커피는 보통 80℃ 이하 온도로 떨어진 상태로 추출이 완료된다. 또한 핸드드립 커피잔은 도자기 소재가 많아 잔이 차가우면 커피 온도가 급격하게 떨어진다. 80℃ 이상의 물로 잔에 가득 부어 전체적으로 충분히 예열한다.

 예열과 필터

필터를 장착한 후에 드리퍼와 서버를 예열한다. 자연스럽게 필터는 적셔지고 드리퍼와 밀착된다.

예열전 필터를 장착하여 적시는 이유
1. 용해된 커피 흡수가 적어 맛있는 성분 추출에 바람직하다.
2. 필터가 드리퍼에 밀착되어 분쇄 원두 투입시 안정적인 환경이 된다.
3. 필터가 적셔져 있지 않으면 뜸들이기 물을 흡수한다. 필터와 가까이 있는 분쇄 원두의 경우 충분히 적셔지지 않을 위험이 높아진다.

예열이 끝난 후 필터를 장착하는 경우

품질이 다소 떨어지는 갈색 종이 필터의 경우 종이 냄새가 강해 아로마 확인을 방해한다. 이 때는 예열 후에 필터를 장착한다.

5. 원두 계량하기

원두 담을 용기를 먼저 저울에 올려놓고 저울의 0점을 맞춘다. 그리고 원두를 용기에 담아 정확히 계량한다. 저울이 없는 경우 계량스푼 또는 정해진 스푼으로 원두량을 일정하게 하면서 커피를 추출하는 것이 좋다.

6. 원두 분쇄하기

계량한 원두를 그라인더 호퍼에 모두 부은 후 남김없이 분쇄를 진행한다. 작고 가벼운 그라인더인 경우 내부가 플라스틱 소재로 되어 있어 단단한 원두를 분쇄하면 플라스틱이 깨지면서 고장이 난다. 그라인더를 먼저 작동시킨 후 원두를 호퍼에 투입하는 것이 바람직하다.

7. 예열 물 버리기와 잔 건조하기

드립 서버와 커피잔에 있는 예열 물을 모두 버린다. 특히 커피잔은 전용 린넨으로 물기를 제거하고 청결 상태를 다시 점검한다. 핸드드립 추출 전 간혹 서버를 예열한 물을 버리지 않고 추출하는 경우도 있다. 커피 농도가 너무 연해져 커피 향이 있는 물을 마시는 것과 같다. 추출 전에 예열 물을 버렸는지 다시 확인하는 습관이 필요하다.

8. 분쇄 원두 드리퍼 투입하기

분쇄한 원두를 필터가 장착된 드리퍼에 흘림 없이 모두 투입한다. 그라인더 분쇄 원두 통에 남아있는지 다시 확인한다.

9. 분쇄 원두 고르기

분쇄 원두가 있는 드리퍼를 부드럽게 흔들거나 톡톡 치면서 평평하게 고르기를 한다. 분쇄 원두가 한쪽으로 너무 치우치면 물의 흐름도 치우쳐 뜸들이기 구간에서 적은 유량으로 조심스럽게 물을 부어도 서버로 빠져나간다. 또한 본 추출에도 영향을 주어 분쇄 원두가 적은 쪽으로 물이 상대적으로 많이 흘러 과다 추출이 발생하고 분쇄 원두가 많은 반대쪽은 과소 추출 위험성이 올라간다. 특히 추출구가 큰 드리퍼의 경우 고르기 동작을 정확하게 하는 것이 중요하다. 추출 과정에서 아래로 떨어지는 물의 흐름을 파악하는 것으로 정상 추출이 되고 있는지 알 수 있다. 추출구가 하나인 드리퍼는 일자로 흐르는 것이 좋고 추출구가 여럿인 경우는 동일한 유량과 유속으로 떨어지는 것이 중요하다.

잘못된 추출 : 고르기 실패로 물이 한쪽으로 치우침

10. 프레그런스 Fragrance 확인하기

분쇄 직후 또는 고르기 동작 중에 분쇄 원두를 코에 가깝게 가져가서 깊게 들이마시고 내시면서 분쇄 원두 향인 프레그런스 Fragrance를 확인한다. 최대한 가깝게 하여 공기 중에 다른 향미와 섞이지 않게 한다. 프레그런스 확인으로 추출할 커피의 전체 향미를 파악하고 추출 환경을 만들 때와 비교하여 향이 달라졌다면 추출 레시피를 수정한다.

11. 물 온도 확인하기

추출용 물 온도가 몇 도인지 확인한다. 드립 포트에 온도계를 꽂고 뚜껑을 올려 온도 하강을 최대한 막는다. 온도가 올라가는 것이 멈출때까지 온도계를 그냥 두어야 정확한 물 온도를 측정할 수 있다. 온도 설정이 가능한 전기 드립포트의 경우 컨트롤 화면에 온도 숫자를 확인한다.

12. 뜸들이기

뜨거운 물을 분쇄 원두가 적셔질 만큼만 조심스럽게 붓는다. 적은 유량과 느린 유속으로 부어지는 물줄기를 확인과 동시에 원을 그리며 골고루 부어야 한다. 원을 그리는 움직임이 늦으면 아래로 향하는 물길이 생겨 서버로 물이 떨어진다. 반대로 정확한 유량을 잡지 않고 성급하게 움직이면 원하는 물줄기가 만들어지지 않는다.

13. 아로마 Aroma 확인하기

뜸들이는 동안 드리퍼 안 쪽까지 최대한 코를 가깝게 가져가 증기향인 아로마를 확인한다. 아로마를 통해 녹고 있는 커피 성분을 후각으로 인지한다. 뜸들이는 동안 여러 번 아로마를 확인하면서 커피 성분의 용해 정도를 파악한다.

14. 뜸들이기 시간 확인하기

추출물이 분쇄 원두를 닿는 순간부터 추출 시간이 시작된다. 뜸들이기 물을 붓는 즉시 초시계 시작 버튼을 누르기 힘들다면 물 붓기 전 먼저 초시계를 작동시킨다. 물을 붓는 순간 몇 초가 지났는지 정확히 확인하고 뜸들이기가 끝난 시간에서 빼는 방식으로 계산한다. 추출 레시피에서 정한 뜸들이기 시간을 준수한다.

15. 1차 추출하기

추출 레시피대로 1차 추출을 진행한다. 물줄기를 정확하게 조절하면서 난류를 만든다. 저울로 투입하는 물의 양을 측정하거나 서버 눈금으로 추출량을 확인한 후 정확한 양에 도달하면 물붓기를 멈춘다.

16. 아로마 및 추출 시간 확인하기

물 붓기를 잠시 멈추었을 때 변화하는 아로마를 확인한다. 녹고 있는 커피 성분을 후각으로 감지하면서 정해진 레시피를 수정한다. 계획된 추출 시간에 도달하면 2차 추출을 시작한다.

17. 2차 추출 및 아로마 확인하기

추출 레시피대로 2차 추출을 진행한다. 물 붓기를 잠시 멈추었을 때 변화하는 아로마를 확인한다. 추출량에 도달하지 못하고 차올라 물 붓기를 멈췄다면 정해진 추출량까지 2차 추출을 여러 번한다. 물 붓기를 멈출 때마다 아로마를 확인하는 것이 좋으나 추출 시간이 촉박하면 생략할 수 있다. 계획된 추출량과 추출 시간에 도달하면 3차 추출을 시작한다. 만약 예상한 향미와 다르면 레시피를 수정한다.

18. 3차 추출하기

추출 레시피대로 목표한 추출량과 추출시간을 최대한 지키면서 3차 추출을 진행한다. 최대치의 유량으로 물을 붓는 레시피의 경우 드리퍼 밖으로 추출액이 넘치지 않도록 조심한다.

19. 추출 끝내기

커피 추출량이 목표량에 도달하면 드리퍼를 보조 서버로 이동시켜 추출을 마무리한다. 완성된 아로마를 확인하고 고객에게 서빙되기 전 또는 후에 소량의 커피를 시음한다. 이렇게 완성도를 점검하는 것은 추출 능력을 향상시키는 좋은 습관이다.

20. 서빙하기

추출한 커피를 잔에 조심스럽게 따르고 플레이팅을 점검한 후 고객에게 서빙한다. 고객과 눈을 맞추면서 신뢰를 쌓고 커피 향미에 대한 정보를 요구하는 고객이 있다면 이해하기 쉽게 설명한다.

21. 마무리하기

커피 찌꺼기가 있는 필터를 제거하고 물 세척이 필요한 추출 도구들은 바로 세척한다. 드립 포트에 남아 있는 물을 버려 다음 추출에 영향을 주지 않게 하고 추출 장비와 바 주변의 오염 물질을 제거한다. 처음 구성 및 청결 상태가 유지되도록 정리 정돈과 청소를 습관화한다. 이런 루틴 routine (습관)이 신속하고 효율적인 업무 수행을 달성하는 지름길이다.

아주 가느다란 물줄기로 한 방울의 떨어뜨림도 없는 뜸 들이기, 팽창하는 원두 가루의 움직임이 주는 시각적 자극, 다양한 커피 향미가 뜨거운 증기와 만나 강하게 후각세포를 자극하는 아로마의 향연은 핸드드립 추출 과정에서 바리스타가 느끼는 최고의 쾌감이다. 가는 물줄기와 빠른 손동작으로 커피 성분을 녹이는 1차 추출은 바리스타의 난류 조절의 노력이 돋보이는 구간이다.

뜸들이기
확산, 여과 없는 용해 구간

1차 추출
용해 확산 위주 구간

점점 늘어나는 유량과 유속으로 빠르게 분쇄 원두 사이를 돌아다니는 뜨거운 물이 커피 성분으로 점점 진해지면서 아래로 떨어진다. 이렇게 진행되는 2차 추출은 가장 신나게 커피를 추출하는 구간이다. 많은 유량으로 물을 부어 직선의 방향과 최고 속도로 여과되는 3차 추출은 맛없는 커피 성분을 최소화하겠다는 바리스타의 결연한 의지를 보여주는 구간이다.

2차 추출
용해 - 확산 - 분리 구간

3차 추출
분리 위주 구간

맛있는 커피

Favorite Coffee

맛있음은 타인을 존중하는 마음에서 비롯된다.

원두 선택 기준

바리스타가 만들고 싶은 작은 세계는 어떤 공간으로 채워져 있을까? 맛있는 커피와 행복한 고객으로 가득한 공간이 아닐까 싶다. 좋아하는 향미의 원두를 선택한 후 추출 환경을 구축하고 숙련된 기술로 완벽하게 추출한다. 그리고 마시는 사람의 만족으로 결정된다. 이 단원은 카페에서 고객을 만족시키는 것을 기준으로 한다.

원두 선택이 어려운 이유

1. 좋은 원두 특징에 관한 이해 부족이다. 기본 지식을 습득하고 향미를 자각할 수 있는 감각 훈련이 필요하다.

2. 고객 요구와의 불일치이다. 주 고객층이 선호하는 향미와 바리스타가 선택하여 제공하는 향미가 다르면 좋은 원두라도 맛있는 커피로 인정받지 못한다.

3. 커피와 먹을거리 맛의 부조화이다. 각각의 메뉴 품질이 좋더라도 전체적으로 조화롭지 못하면 맛이 없게 느껴진다.

4. 가격이다. 이웃 카페의 커피 가격이 너무 낮으면 가격 책정에 제한이 있다. 품질 좋은 원두를 선택하고 싶어도 원재료 구입에 부담이 된다.

추출별 원두 선택 기준

커피 원두를 향미의 다양성 기준으로 구분하면 싱글 오리진 Single Origin 과 블랜딩 Blending 이 있다. 싱글 오리진 커피는 단어적 의미로 하나의 원산지이다. 특별함을 강조하기 위해 하나의 농장, 농장을 세분화한 작은 단위 밭, 특정 품종 등으로 세분화 되고 있다. 그래서 커피에 대한 개인 취향이 구체적이거나 개성이 강한 커피를 원할 때 많이 선택된다. 블랜딩 커피는 싱글 오리진의 개성이 모여 다양하고 균형 있는 커피이다. 블랜딩 하는 원두 종류와 개수는 로스터의 선택이지만 2종부터 5종까지 혼합한 원두가 보편적이다. 부족함을 서로 채워가며 완성도를 높이는 블랜딩 원두는 로스터의 개성을 돋보이게 한다.

추출 방법별로 적합한 원두가 있는가?
이 물음의 답은 '아니다' 이다.

핸드드립은 고급화 방향으로 시장이 확대되면서 더 특화된 추출 방법이다. 이 관점으로 보면 핸드드립 커피는 싱글 오리진 원두가 유리하다. 고객과의 소통을 통해 커피의 특별함을 설명할 수 있기 때문이다. 예를 들어 향미를 소개하면서 고객 취향에 맞는 원두를 선택하거나 추출 환경 조절로 섬세한 변화를 만들어 큰 감동을 주기도 한다. 커피 음료의 원재료로 사용하는 비율이 높은 **에스프레소**는 무엇보다 균형감이 중요하다. 우유, 크림, 초콜렛 등 커피 향미와 궁합이 맞는 다양한 부재료를 혼합하여 맛있는 음료를 만들기 위해서이다. 원두를 선택하는 과정에서 바리스타는 궁극적으로 커피 향미에 대한 이해가 높아야 한다.

메뉴별 원두 선택 기준

민족, 국가 또는 문화마다 사람들이 좋아하는 커피 향미는 다르다. 원두를 선택하는 기준이 다르고 에스프레소 또한 다른 향미를 가지고 있다. 당연히 에스프레소를 베이스로 한 커피 음료를 만드는 레시피 또한 에스프레소 향미를 방해하지 않고 돋보이도록 섬세해져야 한다.

'카페라떼 Cafe Latte 와 카푸치노 Cappuccino, 정확히 뭐가 다를까?'

에스프레소에 우유를 첨가하여 마시는 것을 좋아하는 사람이라면 누구나 한 번쯤 해 본 질문일 것이다. 최근에는 비슷한 음료로 플랫화이트 Flat White가 유행하면서 차이를 구별하기 더 어려워졌다. 이 세 음료의 공통점은 에스프레소에 우유와 우유 크림을 섞어서 만든다는 것이고 차이점은 에스프레소에 섞는 우유와 우유크림의 비율이다. 그리고 이 차이는 커피 향미에서 시작한다.

카푸치노는 우유 크림이 많고 우유가 적어 에스프레소 향미가 진하고 카페라떼는 우유 크림이 적고 우유가 많아 연하고 부드럽다. 이 두 커피 음료는 보통 같은 크기의 잔을 사용하지만, 만약 다르다면 카페라떼용 잔이 더 크다. 플랫화이트는 사용하는 잔이 작고 우유 크림과 우유가 모두 적은 진한 커피 음료이다. 이 설명은 부분적으로 맞을 수는 있지만 100% 정확하다고 할 수 없는 설명이다. 그래서 이 음료들이 만들어진 역사를 거슬러 올라가 보려고 한다.

커피 음료는 17세기 이탈리아 유럽에서 시작되었다. 비엔나 커피하우스에 크림과 설탕이 곁들인 커피가 처음 메뉴로 등장하면서 시작되었다. 커피의 쓴맛을 부드럽고 달콤하게 하기 위해 우유나 꿀 등을 넣어 마시는 단순한 형태의 커피 음료가 시작되었다. 다양한 커피 음료는 에스프레소 등장으로 본격화된다.

카푸치노는 1930년 이탈리아 비엔나에서 시작되었다. 에스프레소 머신으로 추출한 에스프레소에 우유를 첨가한 커피가 카푸친 Capuchin (kapuzin) 수도사들이 입은 예복의 진한 갈색과 유사하여 이 음료 이름을 카푸치노 Cappuchino 라고 지었다. 1930년 당시 에스프레소 머신은 부피가 크고 복잡하여 전문 카페에서만 추출이 가능하였다. 초기 카푸치노는 우유 크림 위에 휘핑크림, 계피(시나몬) 또는 초콜릿을 얹은 스타일이 대중적이었다. 2차 세계 대전이 끝나고 유럽 재건이 시작되고 사람들의 삶도 안정을 찾으며 풍요의 시대로 들어간다. 1961년 현대식 에스프레소 머신이 개발되어 완벽한 크레마가 있는 에스프레소에 벨벳 우유 크림을 얹은 훌륭한 카푸치노가 만들어졌다. 완벽한 에스프레소의 향미와 매끄러운 우유 크림의 조화로 우유 이외 다른 재료를 첨가할 이유가 없어졌다. 순수한 카푸치노가 유럽을 넘어 호주, 남미 그리고 미국으로 퍼져 나갔다. 다양한 문화를 만나면서 우유만을 첨가한 커피 음료, 카라멜 또는 초콜릿으로 달콤함을 높인 커피 음료 등 사람들의 기호에 맞게 세분화되었다.

카페라떼 Cafe Latte는 미국 작가인 윌리엄 하우얼스 William Dean Howells가 1867년 쓴 수필 이탈리아 여행기 Italian Journeys에 처음 등장한다. 우유를 넣은 커피 Caffe e latte 라는 표현으로 이탈리아 카푸치노를 소개했다. 미국 사람들은 카푸치노의 진한 맛보다 부드럽고 달콤한 커피 음료를 선호하여 우유를 추가하면서 카페라떼가 대중화되었다. 1980년 워싱턴주 시애틀에서 시작하여 전 세계로 퍼져 나간 스타벅스는 이탈리아 정통 에스프레소에 비해 쓴맛이 강한 원두를 선택한다. 우유를 더 많이 첨가하고 더 뜨겁게 데워 단맛을 강하게 만들어 맛의 균형감을 맞추게 된다.

플랫화이트 Flat White 는 1985년 호주에서 시작한 커피 음료이다. 호주인들이 좋아하는 밝은 산미의 에스프레소에 적합한 우유 크림을 찾으려는 바리스타의 노력으로 완성되었다. 캐러멜, 너트 그리고 초콜릿 풍미가 지배적인 이탈리아 에스프레소에 맞는 묵직한 크림은 호주의 산뜻한 에스프레소에는 잘 어울리지 않는다. 더욱 얇고 가벼운 크림과 높지 않은 온도로 우유 향을 약하게 한 우유 크림이 에스프레소의 산뜻한 풍미를 더 돋보이게 한다. 이렇게 에스프레소와 우유 크림이 조화를 이루는 플랫 화이트가 만들어졌다.

메뉴 구성

맛있는 커피는 공간, 시간, 고객 등 여러 가지 이유로 바뀔 수 있다. 그 이유 중 하나가 메뉴 구성이다. 만약 주방장 Chef 이 이웃 음식점이 잘 된다고 하여 무조건 비슷한 메뉴를 선택한다면 성공할 수 있을까? 당연히 대답은 '아니다' 이다. 카페 메뉴를 구성하는 것은 단순해 보이지만, 카페를 방문한 고객은 메뉴를 보는 순간 많은 것을 판단한다. 주문할 때 판매하고자 하는 것이 무엇인지 모호할 때가 있다. 메뉴 컨셉이 전체 컨셉과 조화롭지 않거나 통일성이 부족하여 정확하게 보이지 않는 경우가 종종 있다. 메뉴 구성은 카페가 가지고 있는 철학을 바탕으로 이루어진다. 컨셉과 맞춰 구체적인 요소들이 통일성 있게 차곡차곡 쌓여야 한다. 이 과정을 통해 매력이 만들어지고 고객은 좋은 느낌을 받는다.

카페 유형별 메뉴 구성

고객이 카페를 방문하는 목적은 다양하다. 커피 음료를 마시기 위해, 아이들의 놀이를 위해, 물건을 사기 위해 등 다양한 목적으로 카페를 찾는다. 이러한 목적은 메뉴 구성에 있어 중요한 변수가 된다. 방문 목적을 기준으로 카페 유형은 2가지로 구분된다.

유형 1. 레귤러 카페 Regular cafe
카페를 방문하는 주 목적이 커피 음료를 마시는 것

유형 2. 특수 목적 카페 Specific purpose cafe
특수한 목적을 위해 방문한 공간이 카페 형식으로 구성되어 있는 것

유형 1 : 레귤러 카페

커피 위주로 다양한 음료와 간단한 디저트를 메뉴로 구성하는 유형의 카페를 의미한다. 메뉴 구성에 따라 프랜차이즈형과 개인카페형으로 구분된다.

프랜차이즈형

방문하는 고객층을 두껍게 하는 유형이 프랜차이즈형 카페이다. 카페를 방문하는 고객 유형이 다양하기에 구성된 메뉴의 종류가 많다. 메뉴판을 디자인할 때 일반 메뉴는 나열하고 특별 메뉴는 더 잘 보이도록 강조한다. 본사에서 시즌별로 메뉴를 개발하여 메뉴 구성에 부담이 없다. 준비가 부족한 개인 카페에서 비슷하게 메뉴를 구성하는 경우가 있는데 이러한 메뉴 개발 패턴은 여러 난관에 부딪칠 수 있다.

에스프레소로 다양한 음료를 제조하면서 계절별로 새로운 메뉴를 개발하여 고객에게 선보이며 트랜디한 느낌을 준다. 이런 컨셉을 가진 카페는 합리적인 가격대의 블렌딩 원두를 선택하는 것이 일반적이다. 하지만 이런 유형의 카페라도 부정적인 향미를 가지고 있는 원두를 피하는 것이 좋다.

개인 카페형

완성도 있는 메뉴를 구성하여 고객 만족도를 높이는 유형이 개인카페형이다. 바리스타의 철학이 카페를 만들어가는 기준이 되고 대중성과 차별성 사이에서 철학을 바탕으로 조화를 찾는 것이 중요하다. 이러한 특별함이 카페의 매력이 된다. 커피 향미, 시그니쳐 Signature 디저트 등 특별함으로 매력을 만드는 카페가 많아지고 있다.

개인 카페형 중에는 최고의 커피 향미를 지향하는 커피전문점이 있다. 핸드드립 바 또는 에스프레소 바 형태로 전문성이 강조된 공간을 구성하고 완벽한 추출을 위해 많은 장비를 갖추고 있다. 커피 원두의 원산지, 가공 방법, 농장 등 정보를 공개하면서 고객 신뢰를 얻는다. 원두 선택에 있어 좋은 품질에 초점을 둔다. 싱글 오리진 원두 Single Origin Bean 는 한 종류의 원두를 의미하며 구체적인 향미 특성에 중심을 둔 카페에서 많이 선택한다. 블렌딩 원두 Blending Bean 는 여러 종류가 배합된 원두를 의미하며 다양성과 독창성을 가진 커피 향미로 카페 개성을 살리는데 유리하다.

개인 카페형 메뉴 구성의 예

SINGLE & BLENDED ORIGIN DRIP COFFEE		ESPRESSO MACHINE COFFEE		BEVERAGE	
4,3	카사블랑카아프리카 블랜디드 CASABLANCA AFRICA BLENDED	3,3	아메리카노 AMERICANO	5,3	크림 딸기 라떼 CREAM STRAWBERRY LATTE
	클래식 중남미 블랜디드 CLASSIC LATIN AMERICAN BLENDED		에스프레소 ESPRESSO		딸기 레몬 프라페 LEMON & STRAWBERRT
5,3	콜롬비아 수프리모 COLOMBIA SUPREMO	4,3	카페 플랫 라떼 CAFE FLT LATTE		딸기 요거트 프라페 YOGURT & STRAWBERRY
	과테말라 안티구아 스페셜 GUATEMALA ANTIGUA SPECIAL		카푸치노 CAPPUCCINO		시그니처 초콜릿 라떼 SIGNTURE CHOCOLATE LATTE
	에디오피아 워시드 ETHIOPIA WAHED		카페 라떼 CAFFE LATTE		밀크 티 MILK TEA
	에디오피아예가체페 허니 ETHIOPIA YIRGACHEFFE HOHEY	5,3	바닐라 빈 카페 라떼 VANILLA BEAN CAFFE LATTE		오리진 레몬 차 ORIGIN LEMON TEA
6,8	케냐 에이에이 탑 KENYA AA TOP		초콜릿 카페 라떼 CHOCOLATE CAFFE LATTE		오리진 레몬 에이드 ORIGIN LEMON AID
	중남미 커피 스페셜 LATIN AMERICAN COFFEE		더블 초콜릿 카페치노 DOUBLE CHOCOLATE CAFFCCINO		유자 캐모마일 티 CITRON CHAMOMILE TEA
	동아프리카커피 스페셜 EAST AFRICAN COFFEE				유자 히비스커스티 CITRON HIBISCUS TEA
9,8	체리 블랜디드 CHERRY BLENDED		THE BEST COFFEE		
	테라 블랜디드 TERRA BLENDED	3,3	바리스타추천 핸드드립 SINGLE & BLENDED COFFEE		

바리스타는 좋은 커피로 최선을 다해 손 드립 합니다.
커피 향미 강약, 커피 농도(진하기)를 선택하시면
좋은 향미(취향저격)로 추출하겠습니다

700원으로 모든 음료 사이즈 UP 가능합니다 / HOT 13oz(384ml) > 17oz(502ml) COLD 16oz(473ml) > 20oz(591ml)
HOT / COLD 동일한 가격으로제공 합니다.

유형 2 : 특수 목적 카페

커피 음료를 매개체로 특수한 목적을 효율적으로 활성화하는 유형의 카페를 의미한다. 라이프 스타일 변화로 다양한 유형의 카페가 등장하고 있다. 대표적으로 베이커리 카페, 디저트 카페, 북 카페, 애견 카페, 플라워 카페, 타로 카페 등이 있고 새로운 융합으로 특수 목적 카페가 다양해지고 있다.

베이커리 카페 Bakery Cafe

베이커리을 구매하는 소비 패턴의 변화로 등장한 특수 카페 유형이다. 동네 빵집에서 프랜차이즈 빵집으로 그리고 점점 더 좋은 빵을 사는 소비자가 많아지면서 나타나기 시작했다. 맛있는 빵을 찾아다니는 고객을 위해 자연스럽게 카페와 결합되었다. 베이커리에 대한 컨셉이 정확할수록 어울리는 커피를 찾는 것 또한 쉬워진다. 예를 들어 달콤한 도넛이나 케이크를 파는 카페일 경우 진하고 쓴맛이 강조된 부드러운 커피가 적합하다. 달콤함과 진한 커피의 조화로움이 고객에게 만족감을 선사한다. 반면 달지 않고 담백한 빵을 주요 메뉴로 한다면 쓴맛이 강조된 커피보다 새콤달콤한 향미의 부드러운 커피가 더 어울린다. 이 조합으로 메뉴를 구성할 때 고객이 더 맛있다는 느낌을 받는다.

북 카페 Book Cafe

아마존이나 알라딘 등 온라인 서점이 대세를 이루면서 오프라인 서점들이 점점 사라지는 시장 변화로 등장한 특수한 카페 유형이다. 단순히 책을 판매하는 공간이 아닌 체험을 통해 소중함을 알리고자 하는 노력으로 만들어진 것이 북카페이다. 조용하고 집중할 수 있는 공간에 적합한 커피를 선택하여야 한다. 디저트 없이 커피를 단독으로 마실 가능성이 크기에 화사하고 부드러운 커피가 잘 어울린다.

과일 도시락 카페와 커피 가격

  1인 가구 증가로 편안하게 다양한 과일을 카페에서 즐기는 소비자가 늘어나고 있다. 과일 단가를 고려해보면 카페라는 공간에서 과일 도시락은 10,000원 이상, 과일 음료는 7,000원 이상으로 가격을 책정하는 것이 불가피하다. 이런 컨셉의 카페에서 커피 메뉴가 불필요할 수 있지만 제외하기도 쉽지 않다.

 간단한 커피 음료 메뉴로 구성한다고 가정한다면 아메리카노 기준 어느 정도 가격과 품질을 선택하는 것이 적합할 것인가? 커피 시장에서 가장 저렴한 1,500원부터 대형 프랜차이즈 커피 가격인 5,000원까지 선택의 범위는 넓다. 특별한 커피 향미를 선택하여 고가 정책도 가능하다.

고객 선호도

카페는 고객이 널리 분포되어 있기보다 특정 범위의 특정 성향을 가지고 있는 고객을 대상으로 하는 업종이다. 그래서 위치의 특성과 고객 선호도에 영향을 많이 받는다. 고객에게 적합한 커피를 선택하기 위해서 먼저 카페를 방문하는 주 고객층을 분석한다. 예를 들어 10~20대 청년, 30~40대 여성, 직장인 등으로 구분한다. 주 고객이 선호하는 커피 향미를 찾는 과정으로 이어진다.

고객 선호도 결과가 정확할수록 원두 선택과 전체 컨셉을 정하는 과정에서 중요한 기준이 된다. 커피 향미의 전문성이 강조된 카페, 세련되고 팬시한 느낌의 카페 또는 부담 없이 편안하게 찾을 수 있는 카페처럼 전체 컨셉을 명확하게 하는 것이 바람직하다. 그 컨셉에 맞춰 공간 구성, 동선, 색감, 음악, 메뉴 그리고 바리스타의 태도 등 세부 항목들을 구체화하여 통일성 있는 이미지를 확립하는 것이 중요하다. 또한 바리스타가 좋아하는 것과 고객이 좋아하는 것을 분석한다. 각각의 입장에서 바라는 것을 구분하고 접점을 찾는 과정이 필요하다. 바리스타에게는 재미있는 공간이 되고 고객에게 행복을 주는 카페가 매력적이며 지속 가능하다.

 나의 고객

커피 강의를 하는 강사로서 이 일에 대해 끊임없이 고민을 한다. 대한민국은 직업 훈련 환경, 교육생 니즈 그리고 외식산업 동향이 참 빠르게 변하는 생태계를 가지고 있다. 빠른 변화에 적응하는 것이 가끔 버거울 때도 있다. 커피 철학을 바탕으로 변화에 적응하기 위한 노력은 계속된다.

카페 상권 분석을 위한 고객 분석

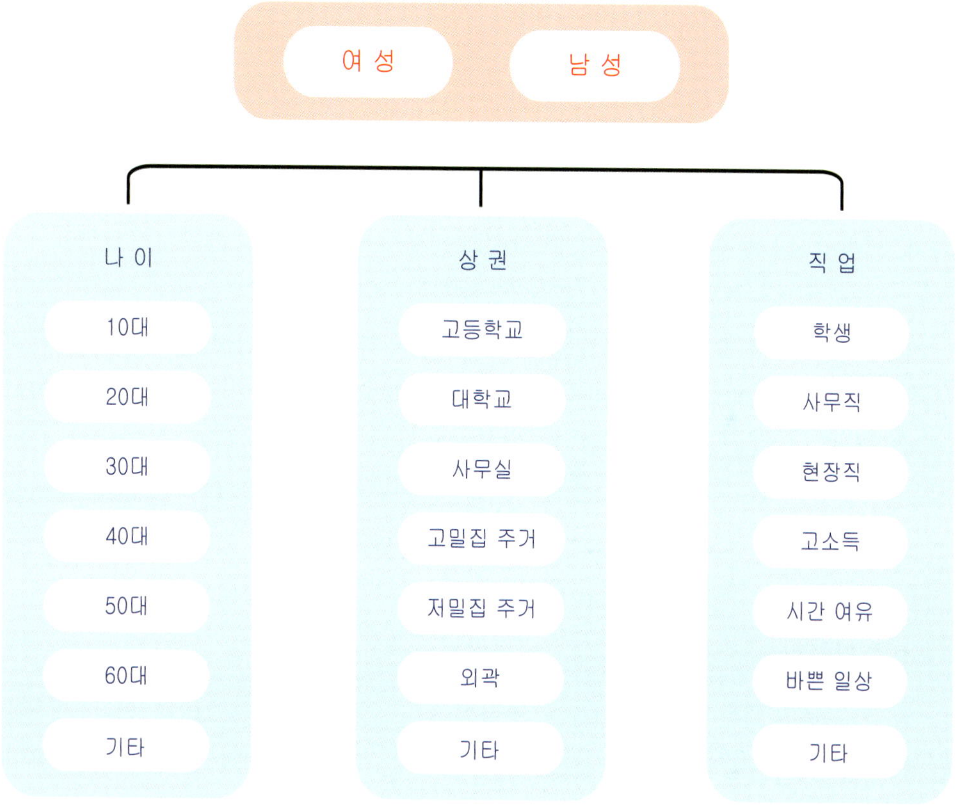

여 성	남 성

나 이	상 권	직 업
10대	고등학교	학생
20대	대학교	사무직
30대	사무실	현장직
40대	고밀집 주거	고소득
50대	저밀집 주거	시간 여유
60대	외곽	바쁜 일상
기타	기타	기타

바리스타가 만나게 될 고객이 가장 선호하는 음료는 무엇일까?
인터뷰 또는 설문을 통해 시장 조사를 강화한다면 더 정확한 데이터를 찾을 것이다.

원두 가격

'고객들은 좋은 커피를 잘 모른다' 라는 바리스타의 생각은 착각이다. 음식은 경험하는 횟수가 많아질수록 맛을 자연스럽게 알게 되고 더 맛있는 음식을 찾게 된다. 그래서 '맛집 투어'라는 여행을 하기도 한다. 커피도 음식의 한 종류로서 이 원칙은 동일하다. 커피 향미가 아무리 어렵더라도 10년 넘게 매일 커피 한 잔을 마신다면 좋은 향미을 알게 된다. 커피에 관한 지식 여부를 떠나 맛에 대한 감각은 모든 사람이 가지고 태어나며 경험은 자연스럽게 소비 패턴에 영향을 주게 된다.

엠브레인 트랜드모니터에 따르면 2022년 기준 커피 음용 비중 중 47.5%가 카페에서 마신다. 집에서 마시는 커피는 26%를 차지하는데 이 중 머신으로 추출한 커피가 57.7%에 달한다. 이렇게 커피 소비자 중 60% 이상 원두커피를 마시고 있고 이 수치는 증가 추세이다. 커피를 취향에 맞게 고르는 비율과 습관적으로 마시는 비율은 비슷하다. 이런 분석은 원두를 선택하는 데 도움이 된다.

선택 가능한 가격 범위

원두 품질은 생두 품질에 절대적 영향을 받고 생두 가격은 그대로 원두 가격에 반영된다. 지금 온라인에서 에티오피아 원두를 검색하면 가격과 종류가 정말 다양하다. 가정에서 하루에 1~2잔 커피를 마신다면 하루에 40g 전후로 원두를 사용할 것이다. 개인 소비자가 원두를 선택하는 데 있어 가격은 가장 중요한 기준이 아닐 수 있지만 카페의 경우 원두 가격에 민감할 수밖에 없다.

먼저 카페를 성공적으로 운영하는 아주 간단한 기본 공식을 알아야 한다. 카페의 성공 여부는 전체 비용을 충당할 수 있는 매출 크기에 달려 있다. 비용이 아니라 매출이 더 중요하다. 카페의 매출 크기는 앞에서 언급한 상권, 고객 분석, 카페 컨셉 등 다양한 이유로 결정된다. 비용은 직접 재료비, 간접 재료비, 임대료, 인건비, 감가상각비 등으로 나눈다. 참고로 감가삼각비는 장비와 인테리어 등의 투자비용을 기대 수명으로 나누어 1년 또는 1개월 비용으로 계산한다.

직접 재료비는 음료 가격에 약 35% 정도 차지하는 것이 일반적이며 원두는 재료 중 일부이다. 원두가 차지하는 비용을 더 정확하게 알기 위해 10oz 300ml 머그잔을 기준으로 카푸치노 제조 원가를 분석해 보자. 에스프레소 2oz 60ml와 우유 240ml가 필요하다. 에스프레소 2 shot 60ml를 추출하기 위해 약 18g 원두가 필요하다. 아래 표는 1kg 원두 사용 카푸치노 50잔 제조를 기준으로 한다.

원두 단가별 카푸치노의 원가 분석표

원두 단가 1kg		20,000원	30,000원	40,000원
에스프레소	2oz 60ml	400원	600원	800원
우유	6oz 240ml	600원	600원	600원
합계		1,000원	1,200원	1,400원

카페에서 1kg 40,000원 정도 프리미엄급 원두를 사용할 때 카푸치노 가격이 5,000원이면 직접 재료비 비율은 28%이다. 기타 재료비를 더하여도 30% 정도로 비율은 높지 않다. 원두의 절대 가격이 문제가 아니라 품질에 합당한 가격 여부를 판별하는 능력의 문제다.

원두 가격 결정에 있어 가장 중요한 것은 생두 가격이다. 1kg 기준 20,000원 정도의 원두를 선택한다면 원재료인 생두 단가가 1kg 기준 7,000원 이하일 확률이 높다. 생두를 로스팅하면 수분 증발 등으로 20% 정도 무게가 줄어 원두의 직접 재료비는 8,400원 정도가 된다. 생두 원가가 이보다 높으면 커피 로스팅 생산시설을 운영하기가 힘들다. 생두 1kg 7,000원 이하는 2023년 인터넷 판매가 기준 가장 낮은 가격이다. 물론 저렴한 원두가 필요한 커피 시장도 존재한다. 인스턴트커피 또는 2,000원 이하 아메리카노처럼 저렴한 가격으로 피곤한 몸을 위로해주는 커피는 누군가에게 큰 선물이 되기 때문이다.

 일반적인 커피 생각

카페를 창업한 바리스타와 이야기를 나눈 적이 있다. 사용하고 있는 원두를 소개하면서 에티오피아, 브라질, 콜롬비아가 원산지인 블렌딩 원두로 저렴한 가격에 구입한다고 하였다. 에티오피아 원두가 포함된 아라비카 원두로 좋은 원두라고 확신하는 것 같았다. 문득 이런 의문이 들었다. 가격이 저렴한 이 원두에 좋지 않은 향미가 없을까? 이 바리스타는 이 향미를 구분할 수 있을까? 커피 향미에 대한 기준은 객관적인 사실과 취향의 문제가 공존하기 때문에 도움을 주는 것은 쉽지 않다.

10,000시간의 법칙

밥이 주식인 한국 사람은 어릴 때부터 하루에 한 번 이상 밥을 먹는 경험을 한다. 만약 당신 나이가 30세라면 지금까지 적어도 10,000번 이상 밥 냄새와 맛에 대한 경험이 있을 것이다. 그 경험으로 우리는 밥 냄새만으로 맛있는 밥인지 아닌지 짐작한다.

어떤 일이라도 10,000시간을 투자하면 최고가 될 수 있다는 10,000시간의 법칙은 먹을거리의 맛을 정확히 알아가는 과정에서도 똑같이 적용되는 것 같다. 커피 향미를 정확하게 자각하는 위해서는 10,000번 이상 경험을 통한 정보들이 필요하다는 의미이기도 하다.

한국 사람은 원두커피의 향미에 경험이 충분치 않다. 예를 들어 10년 동안 주 2회 아메리카노 또는 드립 커피를 마셨다고 해도 1,000번 정도 경험이고, 매일 2잔 정도 마시면 7,000번 정도의 경험이다. 2023년 현재 한국 사람들은 커피 향미를 잘 알기에는 그 경험이 부족할 수 있다.

그렇다면 앞으로 10년 뒤는 어떨까?

고객 만족

고객 만족의 기본은 맛있음과 정확하고 신속한 메뉴 제조이다. 그리고 메뉴 구성, 주문, 메뉴 제조, 플레이팅, 서빙, 청결 등 카페를 들어오면서부터 나갈 때까지 모든 지점에서 고객 만족을 위해 바리스타의 고민이 필요하다. 또한 바리스타의 태도, 에스프레소 바 구성의 전문성 등 소프트 웨어도 중요하다. 예를 들어 주문에서 이루어지는 바리스타와의 짧은 대화로 깊은 인상을 주기도 한다. 이 모든 순간들이 모여 한 사람의 고객을 만족시키는 것이다.

맛있는 커피, 고객들이 알까?

전문가가 말하는 좋은 커피와 개인이 좋아하는 커피 사이에는 차이가 존재할 수 있다. 전문가는 국제 기준으로 가격이 높은 생두 향미를 좋음으로 평가한다. 개인은 로스팅된 원두로 추출한 커피 향미로 좋음을 판단한다. '커피 맛을 잘 모른다.' 는 '전문가와 의견이 다르다' 또는 '향미가 복잡하여 구체적으로 표현하기 어렵다.'라는 의미일 것이다.

바리스타는 좋은 향미와 고객 선호도 차이를 아는 것이 중요하다. 연출하고자 하는 향미와 고객 기호를 정확히 분석하여 업무에 반영하는 것이 필요하다. 개선 사항이 있다면 이견을 조율하면서 더 나은 방향으로 나아가야 한다. 고객이 기호에 맞는 커피를 쉽게 선택할 수 있게 안내하고 완벽한 커피 추출로 만족도를 높여야 한다. 이 모든 것이 한 번에 이루어지지는 않는다. 맛있는 커피를 위한 진정성 있는 태도로 열린 마음으로 생각하고 행동한다면 인정받는 바리스타가 될 것이다.

변화에 대한 적응

한국의 외식산업은 소비자의 요구에 맞게 계속해서 모습이 변하고 있다. 20년 전 10년 전 그리고 지금 우리가 방문하는 식당이나 카페에서 즐겨 먹었던 메뉴를 한 번 생각해 보자. 20년 전 여러 가지 한식 메뉴가 있던 '00식당' 이라는 음식점이 참 많았다. 점점 그 구성이 단조로워지면서 메뉴의 특별함을 강조하는 경향으로 바뀌고 있다. 이렇게 메뉴를 써 내려가는 것만으로도 과거의 외식 산업 변화를 알 수 있다. 과거가 현재가 되었고, 현재가 미래가 될 것이다. 1년 후 5년 후 그리고 10년 후 카페가 어떻게 변할지 정확히 알 수는 없지만 시장과 소비자 변화를 주시하면서 바리스타로서 그 변화에 적응해야 한다.

2023년 외식 동향을 보면 음식 맛집보다는 사진 맛집 경향이 계속해서 강화될 것이다. 그렇기에 플레이팅의 중요성은 아무리 강조해도 지나치지 않는다. 플레이팅은 디자인적인 면과 기능적인 면 모두 고객이 만족할 수 있도록 준비하여야 한다. 예를 들어 카페 컨셉에 어울리는 소재, 색, 위치 등을 고려한 세련된 디자인뿐만 아니라 고객이 편리하게 사용할 수 있는 크기, 재질 같은 기능 또한 꼼꼼하게 따져서 결정해야 한다. 그 밖의 서빙 방법, 공간 사용의 분리, 청결 등 서비스 관련 사항들도 고객이 만족할 수 있는 지점이다.

 카페 폐업률

2020년 한국 카페 폐업률은 66.8%로 집계되었고 2021년 상반기까지 2020년 대비 15%가 증가했다. 이렇게 높은 폐업률은 철저한 준비가 안 된 창업이 많은지를 보여 준다.

맛있는 커피를 위한 바리스타의 노력

고객 만족의 길로 가고 싶다면 신뢰가 쌓이는 시간이 필요하다. 고객과의 소통, 좋은 향미, 능숙한 추출 등 바리스타의 노력으로 만들어진다.

1. 고객 선호도 파악의 의지
2. 좋은 향미의 원두 선택
3. 추출 환경의 정확한 세팅
3. 완벽한 추출
4. 적합한 잔의 사용과 충분한 예열
5. 정성스러운 플레이팅
6. 신속한 서빙
7. 고객 만족에 대한 피드백

커피 한 잔을 주문한 고객은 그 가격에 기대감이 다르다. 1,000원 가치의 기대감, 5,000원 가치의 기대감, 10,000원 가치의 기대감. 각자 기대감의 종류와 크기는 다양하겠지만 지불 금액이 클수록 기대하는 만족감도 커진다. 커피 향미, 플레이팅 완성도, 바리스타 태도, 공간 분위기 등 기대에 부응하기 위한 고민이 필요할 때이다.

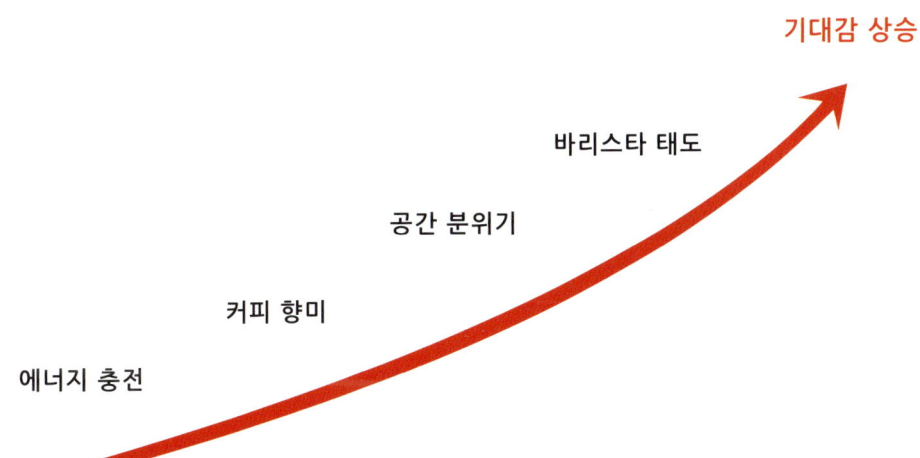

부록 : 나의 커피 이야기

Supplement : My Coffee Story

커피, 나의 삶에 스토리를 입히다.
삶을 지탱하는 주춧돌이 되어 인생 이야기를 만들어 가고 있다.

커피 탐구의 시작

2009년부터 커피 회사에서 계속 일하고 있다. 이 글을 쓰면서 지금까지 했던 일을 생각해보았다. 커피관리 직업훈련강사, 직업훈련기관 운영, 커피 테이스팅, 생두 구매, 커피 민간 자격증 관리 등등... 커피 관련해서 다양한 일을 했고 아직도 진행 중이다. 맡은 일을 잘하기 위해 자연스럽게 커피에 관한 탐구를 시작했던 것 같다.

본격적인 나의 커피 이야기 시작은 2010년 한국스페셜티협회에서 진행하는 미국 연수프로그램이다. 회사 대표이자 남편의 권유로 참여하게 되면서 세계 커피 시장에 눈을 떴다. 그 당시 다른 사람들처럼 에스프레소가 너무 진해서 마시지 못했다. 커피도 잘 모르고 연수프로그램에 대해서도 잘 모르는 상태에서 그냥 갔었다. 참가 인원은 소규모였고 협회 관계자로 카페를 운영하는 사장, 통역을 위해 온 사장 부인 (전문 통역사 아님), 서울의 유명한 카페 사장, 그 카페의 로스터, 대구 유명한 카페 바리스타, 커핑 자격증이 있는 개인 그리고 나 그 정도였다. 첫 번째 연수프로그램으로 한국 스페셜티 커피가 첫 걸음마를 하는 장면 중 하나인 것이다.

3일 동안 미국 스페셜티 커피 전문가를 만나 캘리포니아 작업실에서 연수를 받았다. 중남미 어느 나라에 있는 자신의 농장 이야기, 비료가 향미에 미치는 영향, 샘플 로스터기를 활용한 로스팅, 커핑을 통한 향미 이야기를 했던 기억이 있다. 지금 생각해보면 그는 스페셜티 생두 전문가로 이야기를 했지만 생두, 로스팅, 커핑, 향미 모두 처음인지라 무슨 의미인지 완전히 이해하기 힘들었다.

로스앤젤레스로 이동하여 미국 카페쇼에 참가하였다. 한국의 카페 전시회와는 규모, 전문성, 다양성 등 많은 점에서 달랐다. 책에서만 봤던 이브릭을 구매했고 클레버, 케멕스라는 추출 도구를 처음으로 경험했다. 많은 것들을 보았지만 지식이 짧았던 나로서는 이해하는데 한계가 있었다. 전시 관람 후 코스타리카 원두 커핑을 위해 다른 공간으로 이동했다. 30명 이상 사람들이 약 50종류의 코스타리카 원두만을 커핑했다. 생두를 구매하러 온 사람들은 제일 앞에서 커핑을 하고 우리는 뒤따르면서 진행이 되었다. 다른 사람들은 그 차이를 자각하기 위하여 노력하는 듯 보였다. 하지만 나는 같은 원산지의 비슷한 향미 커피로만 느껴졌다. 아마 그 당시 구매 자금이 있었더라도 생두를 선택하지 못했을 것이다. 그래도 커핑을 했던 많은 코스타리카 원두 중 하나는 정확히 기억한다. 코스타리카 게이샤, 레몬향이 강한 굉장히 산미가 높았던 커피. 그 커피 품종이 굉장히 고가라는 것도 나중에 알았다.

LA에서 유명한 카페로 이동했다. 해안가 근처에 정차한 버스에서 내려 조금 걸어가니 도로에서 10m 정도 안 쪽으로 들어간 카페 건물이 있었다. 사람들이 줄을 서서 차례를 기다렸고 옆 벽면 쪽 계단 모양의 시설물에 앉아 커피를 마시고 있었다. 줄을 서서 커피 주문을 기다리는 것도 생소했고 내부가 아닌 외부에 탁자도 없이 앉아 있는 것도 생소했다. 한참을 기다리다가 카페 내부로 들어가 다시 한번 놀랐다. 30~40평 크기인 공간으로 중앙에 커다린 사각 커피바 위에 3대의 에스프레소 머신이 있었고, 고객이 바리스타를 선택하는 시스템을 가지고 있었다. 이 공간은 아직도 머릿속에 선명하다. 카페 내부에 고객이 앉을 수 있는 공간이 없어서 사람들이 외부에 앉아 있었던 것이었다. 한국과는 너무 다른 광경이 카페에 대한 고정관념을 깨뜨려 버렸다. 바리스타는 원하는 메뉴를 물었고 나는 에스프레소라고 답변하였다. 왠지 마셔봐야 할 것 같았다. 지금의 나라면 사용하는 원두의 향미를 묻고 원하는 향미와 추출 방향성에 대해 바리스타와 이야기했을 것이다.

이렇게 처음 만난 커피 세상은 좋은 생두와 맛있는 커피로 가득했고 지금 그리고 여기 나의 커피 세상을 만든 뿌리가 되었다. 그 마음으로 바리스타 교육 강의안을 만들고 커피 생두를 구매하고 이 책을 쓰고 있다.

장제현 커피

2009년 겨울, 고양문화의 집에서 바리스타 기초 과정을 강의하던 남편이 2010년 1월에 커피 로스팅 과정을 개설한다고 알려 왔다. 수망 로스터기가 도구 사용 경험의 전부였을 정도로 참 무모한 도전이었다. 그는 그 당시 한국에서 로스터기를 만드는 몇 안 되는 회사 중 한 곳에서 1kg 로스터기와 6kg 로스터기를 구매하는 조건으로 사용 방법 연수를 요청했다. 다행히 공장 방문이 수락되어 전문적인 엔지니어에게 직접 배웠다. 한 달 동안 그 회사에 출근하면서 커피 로스팅 기계 구조와 사용 방법을 배웠다. 지금 생각해보면 불가능한 일이지만 그때의 절박함이 모든 것을 가능하게 만들었다. 꼭 수업을 진행해야 한다는 간절함과 절박함 그리고 부족한 자금에서 오는 열정이 시너지를 내어 다른 이들의 마음을 움직이게 했던 것 같다. 1kg 로스터기는 커피 로스팅 수업을 위해 사용했고 6kg 로스터기로 원두를 생산하였다. 그렇게 로스팅이 완성된 첫 원두는 직영으로 운영하던 작은 카페에서 에스프레소 추출에 사용되었다.

장제현 로스터의 커피 철학은 이탈리아 에스프레소에서 시작된다. 그가 로스팅한 원두 또한 이탈리아 커피 향미가 기준이었고 그것은 지금도 변하지 않는다. 처음 만든 블렌딩 원두 제품명을 영화 이미지에서 가져왔다. 2종 블렌딩 원두는 원스 Once, 5종 블렌딩 원두는 카사블랑카 Casablanca, 3종 블렌딩는 클래식 Classic. 이 순서로 제품들을 개발하였다. 장제현커피, 커피를 좋아합니다. 라는 문구도 그때 시작되었다. 로스터의 커피 철학이 그 안에 들어 있는 것 같다. 우리가 만드는 커피 향미에 관한 생각들이 점점 또렷해지면서 자연을 모티브로 하여 5가지 커피 이야기가 만들어졌다. 2018년 꽃, 나무, 바람 3가지 이야기가 먼저 만들어졌다. 2020년 체리, 테라 2가지 이야기가 추가되면서 5가지 향미 이야기가 완성되었다. 5종 블렌딩인 카사블랑카는 꽃 시리즈의 원두로, 4종 블렌딩 원두로 새로워진 클래식은 나무 시리즈로, 2종 블렌딩인 윈스는 바람 시리즈로, 마지막으로 3종 블렌딩인 디아블로는 테라 시리즈에 속해 있다. 그리고 다양한 싱글 오리진 원두가 그 향미 특성에 맞게 분류되어 생산된다. 결과적으로 5종 블렌딩인 카사블랑카는 꽃 시리즈의 원두로, 4종 블렌딩 원두로 새로워진 클래식은 나무 시리즈로, 2종 블렌딩인 윈스는 바람 시리즈로 마지막으로 3종 블렌딩인 디아블로는 테라 시리즈에 속한다. 다양한 싱글 오리진 원두가 향미 특성에 맞게 분류되어 있다.

체리	입안가득 다채로운 과즙의 향연으로 풍성한 커피
꽃	화사한 꽃내음과 달콤한 과일의 산미가 매력적 커피
나무	깔끔한 산미와 견과류의 고소한 여운이 조화로운 커피
바람	균형잡힌 바디와 다크 초콜렛의 풍미가 인상적인 커피
테라	달콤 쌉쌀한 카카오의 진한 여운이 기억되는 커피

고양커피학원

고양커피학원은 경기도 고양시 일산서구에 위치한 직업훈련시설이다. 고용노동부 HRD 직업 훈련 중 커피 관리에 해당하는 교육 프로그램을 운영하고 있다. NCS 국가직무능력표준으로 나의 커피 이야기를 담아 과정을 설계하는 것은 쉬운 일이 아니다. 좋은 바리스타를 위한 훈련 내용을 고민하고 찾는다.

NCS 국가직무능력표준 커피관리 분야의 훈련 이수 체계는 13개 교과목으로 아래와 같다.

수준	직종	커피관리	
5	지배인(Manager)	커피매장 운영	
4	부지배인 (Assist Manager)	커피 원두 선택	
		라떼아트	
		커피로스팅	
		커피블렌딩	
		커피테이스팅	
		커피기계수리	
3	선임서버 (Captain)	커피매장 영업관리	
		커피기계운용	
		커피추출운용	
		커피분류평가	
		에스프레소응용메뉴	
2	서버(Sever))	에스프레소추출	

고양커피학원은 커피기계수리를 제외한 모든 교과목을 훈련 프로그램으로 구성하여 운영하고 있다. 바리스타 훈련을 시작하는 첫 과정은 바리스타 2급 자격증이다. 에스프레소 추출과 커피음료제조 중 카푸치노를 중심에 두고 교육을 진행한다. 에스프레소 머신 기본 사용 방법 기술을 습득하는 것에 기반을 둔 훈련 프로그램으로 카페 현장에서 가장 유용한 과정임은 확실하다. 더불어 고양커피학원 교육 철학은 좋은 커피를 중심에 두고 있다. 또 다른 커피 입문 과정으로 핸드드립 과정이 있다. 커피의 시작, 커피 향미의 근원, 추출 이론을 이해하고 커피를 시음하면서 향미를 느끼며 기술적 실습으로 만들어 가는 과정이다.

한국은 교육의 중요성을 뼛속 깊이 알고 있는 국가이다. 평생교육 분야도 국가지원 사업으로 발전하고 있으며, 취업을 위한 훈련이 체계적으로 진행되는 교육선진국임은 확실하다. 하지만 커피 교육 분야에서 한 가지 아쉬운 점이 있다. 예를 들어 타 교육기관에서 바리스타 2급 자격증 기초 과정을 수료하고 중급과정에 참여한 훈련생 중 높은 비율로 에스프레소를 마셔본 경험이 없다는 것이다. 에스프레소 맛을 전혀 모르거나 추출 기술에 따른 에스프레소 향미 변화를 이해하지 못한 채 자격증 취득을 하는 것이 무슨 의미인지 잘 모르겠다. 고용노동부 산하 직업능력심사평가원이 정해준 기준으로 훈련을 진행하고 높은 등급의 훈련기관이 되기 위해 서류로 남기는 것이 가장 중요한 업무가 되고 있다. 매년 실시하는 기관 평가와 나의 커피 철학 사이에서 접점을 찾기 위해 고민하고 있다.

커피 자격증

원두 제조와 직업 훈련이 회사의 주요한 사업 부문이다. 규모 면으로는 크지 않지만, 지금까지 전문성을 위해 달려왔다. 현장에서 필요한 커피 관련 자격증을 개발하여 민간 자격증으로 승인받아 운영 중이다. 커피음료 제조기술 능력을 평가하는 NCS 활용 바리스타 자격증과 커피 향미 이해 능력을 평가하는 커피 마스터 자격증이 있다.

커피 철학과 고양커피학원의 훈련 프로그램을 기반으로 만들어진 6단계의 민간 자격증을 관리 운영하며 현재 자격증 시험을 시행하고 있다. 자격시험을 운영하기 위해 실기시험 감독관을 양성하는 교육 프로그램과 세미나를 정기적으로 개최하고 있다.

NCS 활용 바리스타 자격증

커피에 대한 지식과 이해, 다양한 추출 기법과 추출 도구를 사용하여 커피를 제조하는 능력, 고객서비스와 커피 매장을 관리 및 운용하는 능력을 기준으로 자격을 부여한다.

NCS 활용 바리스타 3급 자격증	커피 기초 이론 이해 및 핸드드립 추출 능력
NCS 활용 바리스타 2급 자격증	에스프레소 추출 및 카푸치노 제조 능력
NCS 활용 바리스타 1급 자격증	맛있는 에스프레소 추출 및 라떼아트 능력

커피 마스터 자격증

커피 향미에 대한 지식과 이해를 바탕으로 커피 향미를 구분하는 능력, 커피 향미를 구현하는 로스팅 능력, 적합한 커피 추출 방법을 설계하여 바리스타에게 효율적으로 전달하는 능력을 기준으로 자격을 부여한다.

커피 마스터 3급 자격증	커피 향미를 감별하는 테이스팅 능력
커피 마스터 2급 자격증	커피 향미를 제조하는 로스팅 능력
커피 마스터 1급 자격증	훈련기준을 설계하고 실행하는 지도사 능력

케냐와 탄자니아 국경에서 - 2018년 세렝게티

커피 이해 | Coffee Understanding

지은이 | 한미영

발행 | 초판 발행일 2024년 2월 15일

편집, 그림 | 한미영

사진 | 장제현

마케팅 | 송다혜

펴낸곳 | 고양커피 BOOKS

등록번호 | 제2024-000022호

주소 | 경기도 고양시 일산동구 호수로 688 코오롱레이크폴리스2 A-1513호

홈페이지 | www.coffeero.net email | books@coffeero.net

전화 | 031.903.1076 팩스 | 031.902.1078

ISBN 979-11-986452-0-3 13590

이 책은 저작권법에 따라 보호받는 저작물로 무단으로 전재하거나 복제할 수 없습니다.